Deutsches Zentrum für Altersfragen e.V.

Manfred-von-Richthofen-Straße 2
1000 Berlin 42 · ☎ 030/786 60 71

62

Beiträge zur Gerontologie und Altenarbeit

Zur Betriebsanalyse von Einrichtungen der offenen Altenhilfe

Teil A: Grundlagen zur Betriebsanalyse
von Einrichtungen
der offenen Altenhilfe

Teil B: Leitfaden zur Betriebsanalyse
von Einrichtungen
der offenen Altenhilfe

von
Cornelie Pfau

Berlin, im März 1986

D 100 (Dissertation Hohenheim)

ISBN 3-88962-053-1
ISSN 0175-8365

Zur Betriebsanalyse von Einrichtungen der offenen Altenhilfe
Berlin: DZA 1986
(Beiträge zur Gerontologie und Altenarbeit Bd. 62)
Pfau, Cornelie

Das Deutsche Zentrum für Altersfragen e. V. (DZA) wird institutionell gefördert vom Bundesministerium für Jugend, Familie und Gesundheit und der Senatsverwaltung für Gesundheit und Soziales, Berlin

VORWORT

Seit Beginn der siebziger Jahre wird in der Bundesrepublik Deutschland das sozialpolitische Ziel verfolgt, ein Verbleiben älterer und hilfsbedürftiger Menschen in der eigenen Häuslichkeit durch Bereitstellung der erforderlichen Hilfen zu ermöglichen. Diese Leistungsbereitstellung durch Einrichtungen der offenen Altenhilfe soll zugleich eine Verminderung der Nachfrage nach Versorgungsleistungen in Krankenhäusern und Pflegeheimen bewirken und damit zu einer Kostensenkung im stationären Bereich führen. Wenn auch die erstrebte Kostensenkung in der stationären Altenhilfe gesamtwirtschaftlich bisher nicht nachgewiesen werden konnte und über die Kosten der Versorgung durch die offenen Einrichtungen allenfalls globale Vorstellungen bestehen, so wird dennoch die Notwendigkeit eines weiteren Ausbaues der offenen Altenhilfe nicht in Frage gestellt.

Die geschilderte Ausrichtung der Altenhilfepolitik hat mittlerweile im Bereich der sozialpflegerischen Dienste zu einer Umstrukturierung geführt. Bei rückläufiger Anzahl der Einrichtungen ist eine Entwicklung zu größeren Betriebseinheiten mit steigender Ausstattung an hauptamtlichen Mitarbeitern und zu einer Bündelung und Erweiterung des Leistungsangebotes zu beobachten. Der Ausbau hauswirtschaftlicher Hilfen, psychiatrischer Betreuung, rehabilitativer Maßnahmen, von Wochenend-Notdiensten u.a.m. wird derzeit diskutiert, da das Angebot offenbar für die angestrebte Versorgung nicht ausreicht. In anderen Bereichen der offenen Altenhilfe, nämlich bei Altentagesstätten und mobilen sozialen Hilfsdiensten hat in den letzten Jahren die Anzahl dieser Einrichtungen erheblich zugenommen.

Für die Träger von Einrichtungen der offenen Altenhilfe ergibt sich aus dieser Entwicklung die Notwendigkeit, neben der betriebsübergreifenden Abstimmung des Leistungsangebotes und der Koordination der Dienste im gesamten regionalen Versorgungsverbund, diesen Einrichtungen auch aus einzelbetrieblicher Perspektive mehr Aufmerksamkeit zu widmen. Derzeit ist bei einer Mehrheit der Einrichtungen die Finanzierung ohne Zuschüsse der öffentlichen Hand und ohne Defizitausgleich durch die Träger nicht gewährleistet. Für eine dauerhafte Bereitstellung des Leistungsangebotes ist jedoch die Sicherung der Kostendeckung Voraussetzung. Um Selbstkosten und Höhe von Gebührensätzen zu bestimmen, ist volle Leistungs- und Kostentransparenz der Einrichtungen erforderlich.

Als relativ kleinen Betriebseinheiten wurde dem betrieblichen Geschehen in den Einrichtungen der offenen Altenhilfe aus einzelwirtschaftlicher und organisatorischer Sicht bisher wenig Beachtung geschenkt. Demgemäß ist das in diesen Betrieben derzeit vorhandene Informationswesen kaum ausgebaut. Dies wird zudem durch die Formen der Trägerschaft, durch Kombinationen mit oft mehreren Vertragspartnern u.a. erschwert.

Von dieser Situation in der Praxis der offenen Altenarbeit geht die vorliegende Untersuchung aus. Ihr Ergebnis ist ein für Träger und Betriebsleitung bestimmtes methodisches Instrumentarium, welches die Herstellung der Transparenz des einzelbetrieblichen Geschehens und dessen Bewertung auf der Grundlage der Zielsetzung für die jeweilige Einrichtung erlaubt. Die "Betriebsanalyse" als Methode soll der Bereitstellung der erforderlichen Informationen für die Beurteilung einer zielgerechten Betriebsführung und für eine Gebührenberechnung auf der Basis der Selbstkosten dienen. Dementsprechend werden Unterlagen bereitgestellt, welche im Einzelfall die Bestimmung von Zielvorstellungen und Erfolgsaussagen ermöglichen. Ein besonderer Schwerpunkt der Arbeit lag auf der Entwicklung des Materials zur differenzierten Leistungs- und Kostenerfassung. Das Instrumentarium ist als Rahmen angelegt und für den Einsatz in verschiedenen Typen offener Einrichtungen der Altenhilfe mit unterschiedlichen Leistungsschwerpunkten einsetzbar. Es kann sowohl für eine umfassende Betriebsanalyse als auch für die Analyse ausgewählter Teilbereiche einer Einrichtung benutzt werden. Je nach Anlaß und Zwecksetzung kann man sich auf die einmalige Durchführung beschränken oder Wiederholungen über mehrere Jahre vorsehen. Die Einsatz- und Aussagegrenzen des Instrumentariums und die fachlichen Voraussetzungen für seine Handhabung werden in der Arbeit aufgezeigt.

Für den an Grundlagen, methodischen Entwicklungen und weiterführenden Forschungsfragen Interessierten wird auf die theoretischen Grundlagen dieser Arbeit und die abschließenden Folgerungen der Verfasserin verwiesen. Es handelt sich um eine Untersuchung aus dem Bereich der Haushaltsökonomie, einer Fachrichtung, welche sich vorrangig mit der Erklärung des einzelbetrieblichen Geschehens und der Entwicklung von Handlungshilfen für Nicht-Erwerbswirtschaften (Bedarfswirtschaften) befaßt.

Die Untersuchung wurde im Rahmen des Forschungsschwerpunktes Gerontologie von der Stiftung Volkswagenwerk, Hannover, gefördert. Wir danken allen Fachkräften aus dem Bereich der Wohlfahrtspflege, welche die Entstehung des Instrumentariums unterstützt haben sowie den Trägern und Mitarbeitern der drei Einrichtungen, welche seine praktische Erprobung ermöglichten. Dem Deutschen Zentrum für Altersfragen e.V. unser Dank für die Veröffentlichung dieser Arbeit.

Stuttgart-Hohenheim
März 1986

Prof. Dr. Lore Blosser-Reisen
Lehrstuhl für Wirtschaftslehre des Haushalts am Institut für Haushalts- und Konsumökonomik der Universität Hohenheim

INHALTSÜBERSICHT Seite

Teil A: Grundlagen zur Betriebsanalyse von
  Einrichtungen der offenen Altenhilfe V

Inhaltsverzeichnis VI
Tabellenverzeichnis X
Abbildungsverzeichnis XI

I. Einführung in den Untersuchungsbereich und Problemstellung 1

II. Zielsetzung und Aufbau der Arbeit 17

III. Abgrenzung und Kennzeichnung der Einrichtungen der offenen
Altenhilfe als Untersuchungsobjekte 21

IV. Die Betriebsanalyse als Methode zur Untersuchung
von Einrichutngen der offenen Altenhilfe 49

V. Inhalte und Aussagemöglichkeiten einer Betriebsanalyse
von Einrichtungen der offenen Altenhilfe 78

VI. Das Instrumentarium zur Durchführung der Betriebsanalyse
und seine Erprobung 169

VII. Schlußbetrachtung 182

VIII. Literaturverzeichnis 185

TEIL B: Leitfaden zur Betriebanalyse von A
  Einrichtungen der offenen Altenhilfe

Inhaltsverzeichnis B
Formularverzeichnis E

I. Einführung I/ 1 - I/13

II. Allgemeine Betriebsdaten
und Zielvorstellungen II/ 1 - II/19

III. Leistungsbereich III/ 1 - III/35

IV. Mittelbereich IV/ 1 - IV/31

V. Bereich der Kostendaten V/ 1 - V/38

VI. Aufgabenfeststellung und Analyse der
Aufgabenverteilung/Funktionendiagramme VI/ 1 - VI/ 8

VII. Anhang VII/ 1

TEIL A

Grundlagen zur Betriebsanalyse von Einrichtungen der offenen Altenhilfe

INHALTSVERZEICHNIS   Seite

TABELLENVERZEICHNIS   X
ABBILDUNGSVERZEICHNIS   XI

I. EINFÜHRUNG IN DEN UNTERSUCHUNGSBEREICH UND PROBLEMSTELLUNG   1

1. Die Aufgabenstellung der Altenhilfe   1
2. Maßnahmen offener Altenhilfe   2
3. Die Entwicklung von Einrichtungen der offenen Altenhilfe   5
4. Zur Notwendigkeit einer Betriebsanalyse von Einrichtungen
    der offenen Altenhilfe   12

II. ZIELSETZUNG UND AUFBAU DER ARBEIT   17

1. Zielsetzung   17
2. Aufbau der Arbeit und methodisches Vorgehen   18

III. ABGRENZUNG UND KENNZEICHNUNG DER EINRICHTUNGEN DER OFFENEN
     ALTENHILFE ALS UNTERSUCHUNGSOBJEKTE   21

1. Kennzeichnung der Einrichtungen der offenen Altenhilfe
    unter gemeinwirtschaftlichem Aspekt   21
2. Kennzeichnung der Einrichtungen der offenen Altenhilfe
    unter bedarfswirtschaftlichem Aspekt - als Großhaushalte   27
3. Eingrenzung der Einrichtungen der offenen Altenhilfe
    unter dem Aspekt ihres Leistungsangebotes   31
4. Kennzeichnung der Einrichtungen der offenen Altenhilfe
    als offene soziale Systeme   43
5. Zusammenfassung   48

Seite

IV. DIE BETRIEBSANALYSE ALS METHODE ZUR UNTERSUCHUNG VON EINRICHTUNGEN DER OFFENEN ALTENHILFE   49

1. Die Analyse erwerbswirtschaftlicher Betriebe bzw. Unternehmen in der wirtschaftswissenschaftlichen Literatur   49
1.1. Begriff und Zwecke der Betriebsanalyse   49
1.2. Inhalte der Betriebsanalyse   51

2. Die Analyse bedarfswirtschaftlicher Betriebe in der haushaltswissenschaftlichen Literatur   56
2.1. Begriff und Zwecke der Haushaltsanalyse   56
2.2. Inhalte der Haushaltsanalyse   58

3. Die Betriebsanalyse als Methode zur Untersuchung von Einrichtungen der offenen Altenhilfe   61
3.1. Ausgangssituation   61
3.2. Zur Begriffsbestimmung der Betriebsanalyse von Einrichtungen der offenen Altenhilfe   63

4. Grundlegende Voraussetzungen zur Durchführung einer Betriebsanalyse   64
4.1. Kenntnis operationalisierter Zielvorstellungen   64
4.2. Systematisierung der Datenerfassung   65
4.3. Informationen als Grundlage einer Betriebsanalyse   65

5. Die derzeitige Situation in Einrichtungen der offenen Altenhilfe   66
5.1. Betriebliche Zielvorstellungen   66
5.2. Vorhandenes Datenmaterial   69

6. Folgerungen in bezug auf die zu erarbeitende Methode   71
6.1. Erarbeitung notwendiger Grundlagen   71
6.2. Begrenzung der Betriebsanalyse auf ausgewählte Inhalte   72
6.3. Die Einteilung in Bereiche zur Datenerfassung   75

Seite

V. INHALTE UND AUSSAGEMÖGLICHKEITEN DER BETRIEBSANALYSE VON EINRICHTUNGEN DER OFFENEN ALTENHILFE 78

1.	Zur Ziel- und Erfolgskennzeichnung	78
1.1.	Grundlagen	78
1.2.	Entwicklung eines Zielrahmens	83
1.3.	Die Entwicklung von Zielstufen, Indikatoren, Kennzahlen und Beschreibungen zur Konkretisierung des Zielrahmens	90
2.	Inhalte und Aussagemöglichkeiten der Bestandteile (Teilanalysen) der Betriebsanalyse	94
2.1.	Zur Analyse der allgemeinen Betriebsdaten und der globalen Zielvorstellungen (vgl. Teil B, II. Kapitel)	94
2.2.	Zur Nutzer- und Leistungsanalyse (vgl. Teil B, III. Kapitel)	96
2.3.	Zur Analyse der Mittel (vgl. Teil B, IV. Kapitel)	100
2.4.	Zur Analyse der Aufgabenverteilung (vgl. Teil B, VI. Kapitel)	106
2.5.	Beispiele für die Konkretisierung des Zielrahmens	108
3.	Die Kostenrechnung als Teil der Betriebsanalyse (vgl. Teil B, V. Kapitel)	140
3.1.	Zwecke der Kostenrechnung	140
3.2.	Die Kostenartenrechnung	144
3.2.1.	Der Kostenartenrahmen	144
3.2.2.	Die Kostenarten im einzelnen	147
3.3.	Die Kostenstellenrechnung	160
3.3.1.	Der Kostenstellenrahmen	160
3.3.2.	Der Betriebsabrechnungsbogen	162
3.4.	Die Auswertung des Betriebsabrechnungsbogens	164

Seite

VI.	DAS INSTRUMENTARIUM ZUR DURCHFÜHRUNG DER BETRIEBSANALYSE UND SEINE ERPROBUNG	169
1.	Das Instrumentarium zur Erfassung, Verarbeitung und Beurteilung der Betriebsdaten	169
1.1.	Die Gliederung des Instrumentariums	169
1.2.	Entwickelte Hilfen für die Anwendung des Instrumentariums	170
1.3.	Die Durchführung der Betriebsanalyse	171
2.	Die Erprobung des entwickelten Instrumentariums	172
2.1.	Auswahl und Beschreibung der untersuchten Einrichtungen	172
2.2.	Probleme bei der Anwendung des Instrumentariums zur Durchführung der Betriebsanalyse	175
2.3.	Darstellung der Ergebnisse	178
VII.	SCHLUSSBETRACHTUNG	182
VIII.	LITERATURVERZEICHNIS	185

TABELLENVERZEICHNIS

Seite

Tabelle 1: Ambulante sozialpflegerische Dienste und deren hauptberufliche Mitarbeiter 1970, 1977 und 1981   7

Tabelle 2: Entwicklung der Zahl der Beschäftigten und Mitarbeiter sozialpflegerischer Dienste nach Berufsausbildung von 1976 bis 1979 in Bayern   8

Tabelle 3: Die durchschnittliche personelle Besetzung der sozialen Dienste mit Krankenpflege in Bayern 1976   9

Tabelle 4: Sozialstationen nach Einzelträgern   23

Tabelle 5: Träger und Mitträger nach Einzelinstitutionen   24

Tabelle 6: Kennzeichnung der untersuchten Einrichtungen nach verschiedenen Merkmalen   174

ABBILDUNGSVERZEICHNIS   Seite

Abbildung 1: Unternehmenstypen nach Angebotsverhalten und
             Widmung des Wirtschaftsergebnisses   26

Abbildung 2: Die Bedarfs- bzw. Leistungsgruppen   32

Abbildung 3: Die Einteilung der Leistungen von Einrichtungen
             der offenen Altenhilfe mit Beispielen   34

Abbildung 4: Leistungsrahmen von Einrichtungen der
             offenen Altenhilfe   36 - 38

Abbildung 5: Unmittelbar und mittelbar personenbezogene
             Leistungen der Einrichtungen der offenen
             Altenhilfe zur Bedarfsdeckung   40 - 41

Abbildung 6: Leistungsbereiche und Typen von Einrichtungen
             der offenen Altenhilfe   42

Abbildung 7: Arten des Kennzahlenvergleichs   54

Abbildung 8: Überblick über die Bestandteile, die Datenerfassungs-
             bereiche und die möglichen Ergebnisse der Betriebs-
             analyse von Einrichtungen der offenen Altenhilfe   77

Abbildung 9: Das Zielsystem von Altenhilfeunternehmen im
             Spannungsfeld unterschiedlicher Interessen   80

Abbildung 10: Die Elemente des krankenhausbetrieblichen Zielsystems 84

Abbildung 11: Das Zielsystem des Krankenhauses   86

Abbildung 12: Zielrahmen von Einrichtungen der offenen Altenhilfe 87

Seite

Abbildung 13: Die Phasen der Operationalisierung der
Ziele (Beispiel)   91

Abbildung 14: Trägerschaftsstrukturen bei Sozialstationen   95

Abbildung 15: Leistungsziele einer Sozialstation (Beispiel)   111

Abbildung 16: Leistungserstellungsziele einer Sozialstation
(Beispiel)   112 - 119

Abbildung 17: Leistungsziele einer Altentagesstätte
(Beispiel)   120 - 121

Abbildung 18: Leistungserstellungsziele einer Altentagesstätte (Beispiel)   122 - 129

Abbildung 19: Personalwirtschaftliche Ziele (Beispiel)   130 - 133

Abbildung 20: Finanzwirtschaftliche Ziele (Beispiel)   134 - 137

Abbildung 21: Organisatorische Ziele (Beispiel)   138 - 139

Abbildung 22: Kostenartenrahmen   146

Abbildung 23: Leistungs-/Kostenstellenrahmen   161

I. EINFÜHRUNG IN DEN UNTERSUCHUNGSBEREICH UND PROBLEMSTELLUNG

1. Die Aufgabenstellung der Altenhilfe

Mit MAJCE und HÖRL (o. J., S. 63) wird Altenhilfe in dieser Arbeit als "ein System einer Vielzahl differenzierter und spezifischer, koordinierter und kooperativer Hilfeangebote aufgefaßt, die in Art und Intensität der Betreuungs- und Hilfsbedürftigkeit der alten Menschen entsprechen".

Als gesetzliche Grundlagen im Zusammenhang mit Altenhilfe sind das BUNDESSOZIALHILFEGESETZ (BSHG) mit den Regelungen der Hilfe zum Lebensunterhalt und der Hilfe in besonderen Lebenslagen zu nennen. Nach der unmittelbaren gesetzlichen Grundlage der Altenhilfe, dem § 75 BSHG, soll Altenhilfe dazu beitragen, "Schwierigkeiten, die durch das Alter entstehen, zu verhüten, zu überwinden oder zu mildern und alten Menschen die Möglichkeit zu erhalten, am Leben in der Gemeinschaft teilzunehmen".

Aus der Fülle der Literatur zur Aufgabenstellung der Altenhilfe sei BRANDT stellvertretend herangezogen. Er kennzeichnet die Aufgabenstellung durch eine Vielzahl von Zielformulierungen und geht vom Globalziel "Sicherung der Integration alter Menschen" aus. Für dieses Globalziel sind dann drei Hauptzielkategorien formuliert, die in weitere Ziele unterteilt und durch Maßnahmenkomplexe und ausgewählte Einzelmaßnahmen näher bestimmt sind. Die erste Hauptzielkategorie und die zugehörigen Ziele beziehen sich auf die "problemgerechte Vorbereitung auf das Alter". Die zweite Hauptzielkategorie "optimale Sicherung der Möglichkeiten einer unabhängigen und selbständigen Lebensführung im Alter" ist unterteilt in Ziele zur Beratung und Information alter Menschen, zur Sicherung angemessener Hilfen bei Hilfsbedürftigkeit und ausreichender Angebote für Maßnahmen der Gesundheitshilfe sowie zum Aufbau einer den sozialen Bedürfnissen entsprechenden sozialen Infrastruktur. Von der letzten Hauptzielkategorie, der "Realisierung eines bedarfsgerechten Angebotes an Einrichtungen der stationären Altenhilfe" werden als Ziele die Erhaltung und Wiederherstellung eines optimalen physischen und psychischen Zustandes neben weiteren Zielen, die die Wohnqualität und Optimierung der äußeren Lebensbedingungen betreffen, abgeleitet (1979, S. 23 f.).

Als Problem stellt sich für die Ableitung von Maßnahmen einer "zeitgerechten Altenhilfe" (vgl. BRANDT, 1979, S. 18) der Leerformelcharakter dieser gesetzlichen und anderer globaler Zielformulierungen in den Altenplänen der Länder und Kommunen dar. So wird der fehlende Bezug zwischen Ziel und Maßnahmen in einer Untersuchung von Altenplänen der Jahre 1959 bis 1975 kritisiert (vgl. FRIEDRICH-WUSSOW, 1978, S. 272) und das Fehlen von Informationen und Planungsgrundlagen in bezug auf Altenhilfemaßnahmen festgestellt (vgl. FÜLGRAFF, 1976, S. 819 ff.).

2. Maßnahmen offener Altenhilfe

Im Bereich der Altenhilfe ist eine Unterteilung nach den Formen der Hilfe gebräuchlich. Dabei ist auch ein Wandel der verwendeten Begriffe eingetreten, die in der Literatur jedoch nicht einheitlich und mit demselben Inhalt verwendet werden. Im folgenden wird kurz auf die Vielfalt der in der Literatur aufzufindenden Begriffe eingegangen und die für diese Arbeit zugrundegelegte Definition der offenen Altenhilfe festgelegt. Anschließend werden die möglichen Maßnahmen offener Altenhilfe aufgezeigt; die Begriffe Maßnahme und Angebot werden hier synonym verwendet.

Wurden früher mehr die Termini geschlossene, halboffene und offene Hilfen benutzt (vgl. SCHREIBER, 1976, S. 15 f.; HAAG, 1972, S. 133), so spricht man jetzt auch von stationären, teilstationären, offenen und ambulanten Hilfen (vgl. KIESAU, 1976, S. 10; GÖSSLING, 1981, S. 43 ff.). Mehrere Autoren weisen als Formen der Hilfe nur noch die stationäre (geschlossene) und die offene Hilfe aus (vgl. MAJCE/HÖRL, o. J., S. 66, 68 f.; SCHMELZER/TEBERT, 1969, S. 75, 84; BRANDT, 1979, S. 24). Vom Diakonischen Werk liegt eine Abgrenzung der einzelnen Hilfeformen - stationäre - teilstationäre - ambulante - offene Altenhilfe vor (vgl. DIAKONISCHES WERK DER EVANGELISCHEN KIRCHE IN DEUTSCHLAND 1978a, S. 22 f.).

Der stationären bzw. geschlossenen Altenhilfe werden im allgemeinen Einrichtungen zugeordnet, in denen ältere Menschen je nach dem Grad ihrer Hilfsbedürftigkeit dauernd versorgt werden, z. B. in Alten-, Altenwohn- und Altenpflegeheimen (vgl. MAJCE/HÖRL, o. J., S. 66).

Die anderen Hilfeformen beziehen sich auf ältere Menschen, die einen eigenen Haushalt führen oder in der Familie leben. In der Literatur werden die Begriffe ambulante und offene Hilfen mit verschiedenen Inhalten verwendet. Zum einen wird ambulante Altenhilfe dabei durch die Mobilität der Hilfeleistenden, offene Altenhilfe durch die Mobilität der Hilfeempfänger gekennzeichnet (vgl. DIAKONISCHES WERK DER EVANGELISCHEN KIRCHE IN DEUTSCHLAND, 1978a, S. 22 f.). Zum anderen wird ambulante Altenhilfe als ein Teil der offenen Altenhilfe angesehen; die nicht-stationären Hilfen werden also unter dem Begriff der offenen Altenhilfe zusammengefaßt (vgl. BAYERISCHES STAATSMINISTERIUM FÜR ARBEIT UND SOZIALORDNUNG, 1979, S. 8).

In dieser Arbeit werden in Anlehnung an SCHMELZER/TEBERT unter offener Altenhilfe alle Einrichtungen und Veranstaltungen verstanden, die den älteren Menschen helfen sollen, objektive Probleme wie Pflegebedürftigkeit und Ratlosigkeit oder subjektive Schwierigkeiten wie Langeweile und Einsamkeit zu bewältigen, ohne daß dabei die eigene Wohnung und damit die vertraute Umgebung aufzugeben, und ohne daß eine Freistellung von eigener Haushaltsführung damit verbunden wäre (1969, S. 75). Bei dieser Definition wird die ambulante Altenhilfe als ein Teil der offenen Altenhilfe angesehen. Die ambulante Altenhilfe trägt mit ihren Angeboten, die sie schwerpunktmäßig in der Häuslichkeit der Nutzer erbringt, zur Erhaltung der Selbständigkeit und zum Verbleiben in der gewohnten Umwelt bei.

Zu den vielzähligen Maßnahmen der offenen Altenhilfe, die es den älteren Menschen ermöglichen sollen, so lange wie möglich selbständig und unabhängig zu leben, liegen mehrere Kataloge, Zusammenfassungen und Definitionen vor (vgl. DEUTSCHER VEREIN FÜR ÖFFENTLICHE UND PRIVATE FÜRSORGE, 1979; DIAKONISCHES WERK DER EVANGELISCHEN KIRCHE IN DEUTSCHLAND, 1978a, S. 20 f.). Eine umfassende Systematik hat HAAG (1972, S. 134) schon Anfang der siebziger Jahre erstellt. Den Katalog offener und halboffener, d.h. im Hinblick auf die obengenannten Definitionen offener Hilfeformen, gliedert er in die Bereiche Beratung, gesundheitsfürsorgerische Hilfen, Vermittlungsdienste, Kommunikationshilfen, persönliche und technische Hilfen.

Eine andere Einteilung wird vom Bundesministerium für Jugend, Familie und Gesundheit (BMJFG) vorgenommen (in: BRANDT, 1979, S. 29 ff.). Von den dort genannten fünf Bereichen sind im folgenden jeweils einige Beispiele ausgewählt:

So zählen zu Information und Beratung (1) Informationen durch Massenmedien, Broschüren und Merkblätter und verschiedene (Fach-)Beratungsdienste. Unter Hilfen zur Haushaltsführung (2) werden Einzeldienste, wie Essen auf Rädern, Wäschedienste, mobile Dienste und Nachbarschaftshilfen verstanden.
Hilfen zur Erhaltung und/oder Wiederherstellung der Gesundheit (3) schließen z.B. die ambulante Kranken- und Altenpflege, Haus- und Familienpflege, Massagen und Bäder, den Verleih von Hilfsmitteln usw. ein.
Zu sozialen Kontakten und Beziehungen zur Umwelt (4) werden Besuchs- und Vorlesedienste, das Angebot von Altentages- und Altenbegegnungsstätten, Telefonketten, aber auch Maßnahmen wie behindertengerechtes Bauen gerechnet.
Der Bereich Betätigung und Freizeit (5) umfaßt das Angebot von Altenwerkstätten, gesellige, kulturelle und bildende Veranstaltungen, Ausflugsfahrten und Besichtigungen usw.

Diese Altenhilfemaßnahmen werden von verschiedenen Trägern durchgeführt. Das sind nach den Bestimmungen des Bundessozialhilfegesetzes (§ 96 BSHG) die kreisfreien Städte und Landkreise als örtliche Träger und die von den Ländern bestimmten Institutionen als überörtliche Träger. Als die maßgeblich beteiligten Träger sind jedoch die Verbände der freien Wohlfahrtspflege und die Kirchen zu nennen.

Als Einrichtungen der offenen Altenhilfe werden im Rahmen dieser Untersuchung bis zur weiteren Abgrenzung Organisationseinheiten verstanden, die zur Realisierung von Maßnahmen im Bereich der offenen Altenhilfe Leistungen anbieten. Hier sind zum einen Einrichtungen mit dem Angebot an sozialpflegerischen Diensten zu nennen wie ambulante Kranken-, Alten-, Haus- und Familienpflege, Essen auf Rädern, Nachbarschaftshilfe usw. Zum anderen zählen dazu Altentages- und Altenbegegnungsstätten mit Angeboten zur Bildung und Freizeitgestaltung. Erstgenannte Einrichtungen sind im eigentlichen Sinne nicht ausschließlich Einrichtungen der offenen Altenhilfe. Ihre Angebote sind für alle Altersgruppen gedacht und sind ebenso der Familien- und Behindertenhilfe zuzuordnen. Der größte Anteil (80 % bis 90 %) der von diesen Einrichtungen betreuten Personen jedoch ist über 60 Jahre alt (vgl. z.B. MINISTERIUM FÜR SOZIALES, GESUNDHEIT UND UMWELT RHEINLAND-PFALZ, 1984, S. 87). Deshalb werden diese Einrichtungen als Einrichtungen der offenen Altenhilfe hier voll einbezogen.

3. Die Entwicklung von Einrichtungen der offenen Altenhilfe

Das in den 60er bis 70er Jahren feststellbare Defizit an Einrichtungen der offenen Altenhilfe und der darauf folgende Ausbau waren von mehreren Faktoren beeinflußt.

In den Jahren 1950 bis 1980 nahm die Gesamtbevölkerung der Bundesrepublik Deutschland um ca. 20 % zu, die Zahl der Menschen von 65 Jahren und mehr jedoch verdoppelte sich im selben Zeitraum. 1950 betrug der Anteil dieser Altersgruppe an der Gesamtbevölkerung 9,4 %, 1980 war er auf 15,5 % angestiegen (vgl. HINSCHÜTZER/MOMBER, 1982, S. 45, 50).

Mit dem ständig wachsenden Anteil älterer Menschen stieg auch die Zahl derer, die auf Hilfe angewiesen sind. Schätzungen über die Höhe des Prozentsatzes älterer Menschen, die zur Aufrechterhaltung ihrer Selbständigkeit ambulante Hilfen benötigen, liegen bei 15 bis 20 % (vgl. DAHLEM/HAAG, 1977, S. 27). Eine neuere Untersuchung über die Zahl der zuhause lebenden Hilfsbedürftigen weist für hilfsbedürftige Personen mit 65 und mehr Jahren, je nach Schweregrad der Hilfsbedürftigkeit, Anteile von 11,1 % bis 18,2 % aus (errechnet nach BRÖG u.a., 1980, S. 41, 43).

Gleichzeitig hatten gesellschaftliche Veränderungen Auswirkungen auf das Hilfepotential. Für den ambulanten Bereich nennen GRUNOW/HEGNER als Gründe für den Rückgang nicht-professioneller Hilfen die "Schwächung des Prinzips der Nachbarschaftshilfe" (1981, S. 47) und die Veränderungen der Familien- und Haushaltsstrukturen. Auch bei den professionellen Diensten, den Gemeindepflegestationen, die größtenteils von Ordenskräften besetzt waren, zeichnete sich ein Rückgang ab. Dies führte zu einer "scherenförmigen" Entwicklung von Angebot und Nachfrage ambulanter Pflegedienste (GRUNOW/HEGNER, 1981, S. 47).

Durch die Erkenntnis, daß ältere Menschen bei entsprechender Hilfeleistung das Verbleiben in der eigenen Häuslichkeit der Versorgung in stationären Einrichtungen vorziehen, aber auch durch das Problem der Kostensteigerung in der stationären Altenhilfe, war man gezwungen, andere Wege in der Altenhilfe einzuschlagen. So wurde die Förderung der Selbständigkeit im Alter und damit verbunden auch der Vorrang offener Hilfen zu Leitsätzen der Altenhilfe (vgl. MINISTERIUM FÜR SOZIALES, GESUNDHEIT UND UMWELT RHEINLAND-PFALZ, 1984, S. 72; LEHR/THOMAE, 1976, S. 91).

Um die ambulante Versorgung der Bevölkerung mit pflegerischen Diensten sicherzustellen, versuchte man, leistungsfähige Organisationseinheiten zu bilden, indem man die vorhandenen Dienste zusammenfaßte bzw. koordinierte oder fehlende Dienste neu aufbaute. Von den Bundesländern wurden spezielle Richtlinien erlassen und Förderungsmittel in unterschiedlichem Umfang zum Ausbau und zur Finanzierung eines flächendeckenden Netzes von Einrichtungen mit gebündelten sozialpflegerischen Diensten bereitgestellt (vgl. FORUM SOZIALSTATION, 1980). Für diese Einrichtungen prägten sich Begriffe wie Sozialstationen, Diakoniestationen oder Caritaspflegestationen, deren Kernangebot sich auf die ambulante Kranken- und Altenpflege, Haus- und Familienpflege sowie auf die Vermittlung von Hilfen erstreckt. Diese Einrichtungen können jedoch noch weitere Dienste wie die Nachbarschaftshilfe oder Essen auf Rädern als erweitertes Angebot aufweisen.

1970 hat Rheinland-Pfalz als erstes Bundesland mit dem Ausbau von Sozialstationen begonnen und verfügte 1982 über 96 Stationen (MINISTERIUM FÜR SOZIALES, GESUNDHEIT UND UMWELT RHEINLAND-PFALZ, 1984, S. 63). In Bayern wuchs die Zahl dieser Einrichtungen von 57 (1976) auf 140 (1979) (BAYERISCHES STAATSMINISTERIUM FÜR ARBEIT UND SOZIALORDNUNG, o. J., S. 14), in

Baden-Württemberg (geförderte Stationen) von 11 (1973) auf 353 (1983) (MINISTERIUM FÜR ARBEIT, GESUNDHEIT UND SOZIALORDNUNG BADEN-WÜRTTEMBERG, 1979, S. 20; 1983, S. 30), und in Niedersachsen waren z. B. 1977 50 Sozialstationen anerkannt, im Jahre 1980 dagegen 200 (SCHNIPKOWEIT, 1981, S. 436). Für das Bundesgebiet ermittelte FORUM SOZIALSTATION (1982, S. 32) 1.514 staatlich geförderte Sozialstationen.

Leider gibt es keine Gesamtstatistik aller Trägergruppen über Einrichtungen der offenen Altenhilfe in der Bundesrepublik; die jeweiligen Daten können nur Einzelveröffentlichungen entnommen werden. So zeigt die Gesamtstatistik der Einrichtungen der freien Wohlfahrtspflege in den Jahren 1970, 1977 und 1981 eine deutliche Verlagerung von den Einzeldiensten zu Einrichtungen mit gebündelten ambulanten sozialpflegerischen Diensten auf (Tabelle 1):

Tabelle 1: Ambulante sozialpflegerische Dienste und deren hauptberufliche Mitarbeiter 1970, 1977 und 1981

Einrichtungen, Mitarbeiter Jahr	1970	1977	1981
Zahl der Einrichtungen insgesamt davon:	10.271	8.293	5.499
Krankenpflegestationen	8.719	6.278	3.058
Dorfhelferinnenstationen	373	448	428
Haus- und Familienpflegestationen	1.179	1.081	992
Sozialstationen	-	486	1.021
Zahl der hauptamtlichen Mitarbeiter davon:	21.145	22.151	23.655
Vollzeit	12.925	11.465	12.691
Teilzeit	8.220	10.686	10.964

Die Zahl der Einrichtungen hat, auch durch die Zusammenfassung der Dienste, von 1970 bis 1981 um ca. 46 % abgenommen; die Zahl der Mitarbeiter hat sich jedoch im selben Zeitraum um ca. 12 % erhöht (BUNDESARBEITSGEMEINSCHAFT DER FREIEN WOHLFAHRTSPFLEGE, 1970, S. 8 f.; 1977, S. 10; 1981a, S. 9, 31).

Für den Bereich der sozialpflegerischen Dienste (Sozialstationen usw.) kann am Beispiel des Landes Bayern die Veränderung der Personalstruktur nach Zahl und Qualifikation in den Jahren von 1976 bis 1979 differenzierter dargestellt werden.

Tabelle 2: Entwicklung der Zahl der Beschäftigten und Mitarbeiter sozialpflegerischer Dienste nach Berufsausbildung von 1976 bis 1979 in Bayern

Art der Berufsausbildung	Vollzeit-, teilzeit- und nebenamtlich Beschäftigte			Ehrenamtliche Mitarbeiter		
	1976	1979	Veränderung 1976–1979	1976	1979	Veränderung 1976–1979
Sozialarbeiter	68	53	− 22 %	34	37	+ 9 %
Krankenschwester, Krankenpfleger	1 779	1 782	−	139	198	+ 42 %
Altenpfleger(in)	290	378	+ 30 %	172	47	− 73 %
Haus- u. Familienpflegerin, Dorfhelferin	515	591	+ 15 %	85	472	+ 455 %
Krankenpflegehelfer(in)	351	371	+ 6 %	423	155	− 63 %
Helfer in der Altenpflege	337	668	+ 98 %	157	562	+ 258 %
Helfer in der Haus- und Familienpflege	267	377	+ 41 %	145	300	+ 107 %
Personen mit Abschluß im sozialen Bereich	82	101	+ 23 %	290	66	− 77 %
Personen mit Abschluß im nichtsozialen Bereich	306	512	+ 67 %	939	678	− 28 %
Personen ohne abgeschl. Berufsausbildung	505	382	− 24 %	1 285	1 156	+ 10 %
Personen insgesamt	4 500	5 215	+ 16 %	3 669	3 671	−

(BAYERISCHES STAATSMINISTERIUM FÜR ARBEIT UND SOZIALORDNUNG, o.J., S. 40)

Aus Tabelle 2 ist zu entnehmen, daß sich die Zahl der gegen Entgelt Beschäftigten um 16 % erhöht hat, während die Zahl der ehrenamtlichen (freiwilligen) Mitarbeiter in etwa gleich geblieben ist. Bei den gegen Entgelt Beschäftigten ist vor allem die Zahl der Personen gestiegen, die eine Ausbildung in der Alten- und in der Haus- und Familienpflege vorweisen. Auch bei den ehrenamtlichen Mitarbeitern hat sich die Zahl der Mitarbeiter mit einer Ausbildung als Haus- und Familienpflegerin bzw. Dorfhelferin und als Helfer in der Altenpflege stark erhöht.

Da verläßliche Daten zum Personalbestand in der offenen Altenhilfe in der Bundesrepublik fehlen (vgl. HINSCHÜTZER, 1983, S. 62), soll die Personalausstattung pro Einrichtung an zwei Beispielen aufgezeigt werden. So wird die durchschnittliche personelle Besetzung der sozialen Dienste mit Krankenpflege in Bayern 1976 je nach Art der Einrichtung mit 2,3 bis 21,6 Personen pro Einrichtung angegeben. Sozialstationen weisen hierbei den höchsten Personalbestand auf (vgl. Tabelle 3).

Tabelle 3: Die durchschnittliche personelle Besetzung der sozialen Dienste mit Krankenpflege in Bayern 1976

	Vollzeit- Beschäftigte	nebenamtl.	ehrenamtl. Mitglieder	Personal insges.
	je Station			
Krankenpflegestationen	1,4	0,3	0,6	2,3
Sozialstationen i. S. d. Richtlinien	7,5	7,1	7,0	21,6
sonstige Sozialstationen	3,8	4,8	5,9	14,4
Haus- und Familienpflegestationen	3,7	2,6	5,1	11,3
Altenbetreuungszentren	4,2	1,2	7,2	13,0
sonstige Sozialdienste	0,6	4,4	9,3	14,3

(BAYERISCHES STAATSMINISTERIUM FÜR ARBEIT UND SOZIALORDNUNG, 1977, S. 12)

In einer Untersuchung von 368 Sozialstationen im Jahre 1979/80 wurde folgende personelle Besetzung ermittelt. Dabei wurden nur Fachkräfte (einschließlich Teilzeitkräfte = 0,5 Personen) der Berufgruppen Krankenschwestern, Altenpflegerinnen und Familienpflegerinnen einbezogen (BRANDT/BRAUN, 1981, S. 208):

"bis 4 Personen haben   82 Stationen   (= 22,3 v.H.)
4 bis unter 6 Personen haben   101 Stationen   (= 27,4 v.H.)
6 bis unter 8 Personen haben   82 Stationen   (= 22,3 v.H.)
8 bis unter 10 Personen haben   51 Stationen   (= 13,9 v.H.)
10 bis unter 12 Personen haben 29 Stationen   (= 7,9 v.H.)
12 und mehr Personen haben   20 Stationen   (= 5,4 v.H.)
keine eigenen Fachkräfte haben   3 Stationen   (= 0,8 v.H.)"

Der wachsende Bedarf auch an anderen Diensten wie Essen auf Rädern, Reinigungsdiensten, Nachbarschaftshilfen und Beratungsstellen mußte in die Planungen im Bereich der Altenhilfe einbezogen werden. So wuchs die Zahl der Mahlzeitendienste, die von den Trägern der freien Wohlfahrtspflege getragen sind, von 232 im Jahre 1970 auf 912 im Jahre 1981. Die Zahl der Altenberatungsstellen verdoppelte sich im selben Zeitraum von 497 auf 1.009 (BUNDESARBEITSGEMEINSCHAFT DER FREIEN WOHLFAHRTSPFLEGE, 1970, S. 9; 1981a, S. 11).

Ein weiterer Schwerpunkt lag auf dem Ausbau von Maßnahmen zur Verhütung von Isolation und Einsamkeit im Alter. Die Notwendigkeit von Angeboten für ältere Menschen im kommunikativen Bereich und der Freizeitgestaltung fand ebenso ihren Niederschlag in den Planungen von Kommunen und Ländern. Für den Betrieb und Bau von Altentages- und Altenbegegnungsstätten, Altenclubs usw. wurden Richtlinien und finanzielle Förderungen in einzelnen Bundesländern geschaffen (vgl. die Zusammenstellung der Förderrichtlinien des KURATORIUMS DEUTSCHE ALTERSHILFE, 1980b, 1981, 1985/86).

Da auch für Altentagesstätten keine Gesamtstatistik für das Bundesgebiet vorliegt, können Veränderungen hier nur beispielhaft aufgezeigt werden. Die Gesamtstatistik der Einrichtungen der freien Wohlfahrtspflege weist bei der Zahl von Altentagesstätten von 1977 (1546 Einrichtungen) bis 1981 (1978 Einrichtungen) einen Anstieg von 28 % aus (BUNDESARBEITSGEMEINSCHAFT DER FREIEN WOHLFAHRTSPFLEGE, 1977, S. 9; 1981a, S. 10).

In Baden-Württemberg, Rheinland-Pfalz und Bayern zeigten sich hinsichtlich der Altentagesstätten und Altenclubs folgende Entwicklungen:

	Anzahl der Einrichtungen in den Jahren		
Baden-Württemberg	1971	1976	1979
Altenbegegnungsstätten und -clubs	936	1.800	2.350

(MINISTERIUM FÜR ARBEIT, GESUNDHEIT UND SOZIALORDNUNG BADEN-WÜRTTEMBERG, 1976, S. 425; 1979, S. 22)

Bayern	1976	1979
Altentagesstätten	131	159
Altenclubs etc.	1.582	1.749

(BAYERISCHES STAATSMINISTERIUM FÜR ARBEIT UND SOZIALORDNUNG, o. J., S. 15)

Rheinland-Pfalz	1973	1981
Altentagesstätten	132	327
Altenclubs etc.	141	446

(MINISTERIUM FÜR SOZIALES, GESUNDHEIT UND SPORT RHEINLAND-PFALZ, 1975, S. 18; MINISTERIUM FÜR SOZIALES, GESUNDHEIT UND UMWELT RHEINLAND-PFALZ, 1984, S. 80)

In den vergangenen Jahren ist also eine Veränderung in der Struktur der sozialpflegerischen Dienste zu größeren Einheiten mit ansteigender Personalausstattung festzustellen. Die Zahl der Einzeldienste wie Essen auf Rädern u.ä. ist ebenso wie die Zahl der Altentagesstätten erheblich angewachsen.

4. Zur Notwendigkeit einer Betriebsanalyse von Einrichtungen der offenen Altenhilfe

Wie schon ausgeführt, ist im Bereich der Altenhilfe ein starker Ausbau der offenen Hilfen festzustellen. Mit diesem Ausbau wird außer den schon genannten Gründen auch das Ziel verfolgt, den gravierenden Kostensteigerungen im stationären Bereich entgegenzutreten. So können z.B. Fehlbelegungen von Krankenhäusern vermieden, teure Krankenhausaufenthalte überflüssig bzw. verkürzt oder Aufnahmen in stationäre Alteneinrichtungen verzögert werden (vgl. BAYERISCHES STAATSMINISTERIUM FÜR ARBEIT UND SOZIALORDNUNG, o. J., S. 6 f., 56, 65; MINISTERIUM FÜR ARBEIT, GESUNDHEIT UND SOZIALORDNUNG BADEN-WÜRTTEMBERG, 1983, S. 30; BLUME, 1968, S. 71; SCHMELZER/TEBERT, 1969, S. 119). Allgemein wird davon ausgegangen, daß Hilfeleistungen im offenen Bereich im Vergleich zum stationären kostengünstiger erbracht werden. Eine erste Untersuchung hierzu liegt jedoch erst seit 1982 aus der Schweiz vor (vgl. RIEBEN, 1982) und eine weitere seit 1983 für die Stadt Bonn (vgl. HARTMANN u.a., 1983). Aus beiden Untersuchungen ist zu entnehmen, daß eine ambulante Betreuung mindestens bis zu einem mittleren Grad der Pflegebedürftigkeit kostengünstiger ist. Inwieweit eine ambulante Pflegestation, selbst wenn sie bestimmte Leistungen im Vergleich zu stationären Einrichtungen kostengünstiger erstellen kann, diese aus einzelbetrieblicher Sicht auch wirtschaftlich erbringt, ist hierbei jedoch nicht untersucht. Sofern die Ergebnisse dieser Untersuchungen zu verallgemeinern sind, ist also nicht bekannt, ob bei wirtschaftlichem Einsatz der Mittel eine offene Einrichtung auch bei höherem Grad der Pflegebedürftigkeit und bei gleicher Versorgungsqualität kostengünstiger als vergleichbare stationäre Einrichtungen wirtschaften könnte. Bei niedrigen und mittleren Graden der Pflegebedürftigkeit könnte eine offene Einrichtung unter Umständen bei wirtschaftlichem Einsatz der Mittel eine größere Zahl von Hilfsbedüftigen betreuen.

Für die Einrichtungen der offenen Altenhilfe, sei es bei den sozialpflegerischen Diensten oder bei Altentagesstätten, gibt es bisher keine Grundlagen für eine einzelwirtschaftliche Erfolgskontrolle. Es sind bisher weder konkrete Unterlagen für die Messung der Wirtschaftlichkeit noch

Grundlagen zur Feststellung der mit den Leistungsangeboten erreichten Bedarfsdeckung erarbeitet.

Vor allem die sozialpflegerischen Dienste unter den Einrichtungen der offenen Altenhilfe sind personalintensive Einheiten. DAHME u.a. ermittelten bei 38 % der in ihrer Untersuchung befragten Sozialstationen einen Personalkostenanteil an den Betriebskosten von über 85 %. Lediglich 14 % der Sozialstationen wiesen einen Personalkostenanteil von weniger als 75 % an den Betriebskosten aus (1980, S. 37).

Zu dem in Einrichtungen der offenen Altenhilfe geforderten und (auch zur Kosteneinsparung) gewünschten Einsatz freiwilliger Mitarbeiter liegen nur Einzeluntersuchungen oder Praxisberichte vor. Da freiwilligen Mitarbeitern in diesen Arten sozialer Einrichtungen teilweise große Bedeutung beigemessen wird (vgl. SCHMIDT, 1983; NIEDRIG, 1977), ist die Dokumentation der Arbeitsgebiete, der Zeiteinsatz, die Zahl und die Qualifikation aller Mitarbeiter, der angestellten und der freiwilligen, unerläßlich. Nur so können die Bedingungen der Leistungserstellung bzw. das Betriebsgeschehen beurteilt werden.

Auch sind verläßliche Informationen hinsichtlich zweckmäßiger Organisationsformen und ihres Einflusses auf die betriebliche Effizienz bei den neu aufgebauten Sozialstationen oder Dienstleistungszentren mit der Bündelung von Leistungen mit speziellen Einsatzleitungen bisher nicht vorhanden. Die einzelwirtschaftlichen Bedingungen der Leistungserstellung und die damit verbundenen Betriebsabläufe müssen dafür erfaßt und transparent gemacht werden.

Für den Ausbau der Einrichtungen wie auch für die Finanzierung der laufenden Betriebskosten werden öffentliche Mittel in unterschiedlichem Ausmaß bereitgestellt. Dabei gewähren die einzelnen Bundesländer verschiedene Arten von Zuschüssen in unterschiedlicher Höhe. So wird z.B. vom Land Rheinland-Pfalz bei Sozialstationen eine Zuwendung zu den Betriebskosten (Personal- und Sachkosten) in Höhe von 25 % eines bestimmten

Nettoaufwandes gewährt. Bei den Personalkosten ist eine Höchstförderung festgelegt, die sich an Zahl und Qualifikation der Mitarbeiter orientiert. Außerdem sind nach Abzug eines Trägeranteils von mindestens 10 % zu sonstigen Kosten (Einrichtungsgegenstände usw.) Zuwendungen bis zu 50 % (bei Kraftfahrzeugen höchstens 3000 DM) erhältlich (vgl. MINISTERIUM FÜR SOZIALES, GESUNDHEIT UND UMWELT RHEINLAND-PFALZ, 1982). Das Saarland hingegen beteiligt sich bei Sozialstationen je nach Träger mit verschiedenen Prozentsätzen an den Investitionskosten und an den ungedeckten Betriebskosten (vgl. FORUM SOZIALSTATION, 1980). In Baden-Württemberg können Altentagesstätten mit 40 % der Investitionsaufwendungen (Instandsetzungs- und Baumaßnahmen, zwecksentsprechende Ausstattung) höchstens jedoch mit 10 000 DM bezuschußt werden. Altentagesstätten in Bremen erhalten Zuschüsse in Höhe von 90 % für zuschußfähige Sachkosten (z.B. Raumkosten, Ausstattungsgegenstände bis 200 DM jährlich), für zuschußfähige Personalkosten (200-500 DM pro Monat), für Veranstaltungen und sonstige zuschußfähige Aufwendungen (vgl. KURATORIUM DEUTSCHE ALTERSHILFE, 1980b).

Bei den folgenden Angaben wird nicht weiter nach Zuschußarten differenziert. Es soll lediglich die Größenordnung der Zuschüsse der öffentlichen Hand angegeben werden. So wurden allein in Bayern Altenclubs und Altentagesstätten in den Jahren 1973 bis 1980 mit ca. 4,6 Mio. DM gefördert. Die staatliche Förderung der sozialpflegerischen Dienste betrug im selben Bundesland für denselben Zeitraum ca. 58,8 Mio. DM. Für 1981 und 1982 weist der Haushaltsplan des Landes Bayern für diese Dienste insgesamt 30,5 Mio. DM aus (vgl. BAYERISCHES STAATSMINISTERIUM FÜR ARBEIT UND SOZIALORDNUNG, o. J., S. 51, 79). Baden-Württemberg stellte für offene Hilfen (ohne Sozialstationen) von 1972 bis 1978 rund 17 Mio. DM und allein für Sozialstationen von 1973 bis 1979 40,77 Mio. DM bereit. Für die Jahre 1983 und 1984 sind zur Förderung von Sozialstationen insgesamt 50 Mio. DM eingeplant (vgl. MINISTERIUM FÜR ARBEIT, GESUNDHEIT UND SOZIALORDNUNG BADEN-WÜRTTEMBERG, 1979, S. 20, 22; 1983, S. 31). Niedersachsen förderte seine Sozialstationen von 1977 bis 1980 mit etwa 32 Mio. DM und plante für 1981 14,8 Mio. DM für sie ein (vgl. SCHNIPKOWEIT, 1981,

S. 435), und Rheinland-Pfalz förderte die bis 1974 neu errichteten Sozialstationen mit 9,82 Mio. DM (vgl. MINISTERIUM FÜR SOZIALES, GESUNDHEIT UND SPORT RHEINLAND-PFALZ, 1975, S. 21). Außer den Ländern gewähren auch die Landkreise und/oder Kommunen Zuschüsse. Höhe und Art können dabei den Zuschüssen des betreffenden Bundeslandes entsprechen, teilweise werden sie in anderer Form gewährt. Weitere Zuschußgeber sind die Landesversicherungsanstalten und die Arbeitsämter (vgl. FORUM SOZIALSTATION, 1984, 7.6, S. 2). Insgesamt betrachtet werden also öffentliche Mittel in beträchtlichem Umfang benötigt und eingesetzt.

Ein wesentlicher Teil der Einnahmen von Sozialstationen besteht aus Zuschüssen. Für die von BRANDT/BRAUN untersuchten Sozialstationen ergab sich, daß bei 73 % der Einrichtungen die Zuschüsse einen Anteil von über 50 % der jeweiligen Einnahmen ausmachten (1981, S. 304). Trotz öffentlicher Zuschüsse ist jedoch die Finanzierung vor allem der pflegerischen Dienste problematisch.

Der Bericht von DAHME u.a. weist für die im Jahre 1978 untersuchten Sozialstationen einen Anteil von 55 % mit Defiziten aus, die größtenteils von den Trägern der Sozialstationen selbst beglichen werden (1980, S. 38). Die Finanzierung ist demnach bei der Mehrheit dieser Einrichtungen ohne den Einsatz öffentlicher Mittel nicht gewährleistet.

Nach den Richtlinien der Länder sind die geförderten Sozialstationen angewiesen, für ihre Leistungen Entgelte zu fordern und Gebührenordnungen aufzustellen, um zumindest Teile ihrer Kosten selbst zu decken. Untersucht man bei den Einnahmen die Gruppe der Leistungsentgelte näher, so ist festzustellen, daß der größte Anteil durch die Kostenerstattung der Krankenkassen aufgebracht wird (vgl. z.B. BAYERISCHES STAATSMINISTERIUM FÜR ARBEIT UND SOZIALORDNUNG, o. J., S. 46). Jedoch sind anscheinend die zwischen den Trägern der Einrichtungen und den Krankenkassen in Verträgen ausgehandelten Gebührensätze nicht kostendeckend (vgl. hierzu z.B. DIECK, 1979a, S. 139 f.; FORUM SOZIALSTATION, 1979, S. 16; WIENAND, 1984, S. 340).

Finanzierungsmodelle für diese Einrichtungen werden als dringend notwendig erachtet (vgl. DAHLEM, 1982, S. 94; SCHLAUSS, 1976, S. 30 ff.) und liegen teilweise vor. So schlägt DIECK vor, die Kosten der Vorhaltung der öffentlichen Hand anzulasten und die Kosten der Betriebsführung durch Gebühren zu decken. Dabei geht sie von Gebührenpflichtigkeit und Berechnung der Gebühren auf der Grundlage des Prinzips der Selbstkostendeckung aus (1979a, S. 143 ff.). Ein Finanzierungsmodell wie das von DIECK vorgeschlagene oder eine Ermittlung von Selbstkosten als Grundlage für die Berechnung von Gebühren bzw. der geforderten Kostenbeiträge erfordern jedoch eine entsprechende Leistungsermittlung, Kostentransparenz und Hilfen zur Berechnung. Das methodische Instrumentarium, das diese Anforderungen auf einzelwirtschaftlicher Basis erfüllt, liegt bis jetzt nicht vor.

Verschiedene Gründe also:

- fehlende Unterlagen zur Feststellung der einzelbetrieblichen Ziele und des Erfolges sowie zur Kontrolle der Wirtschaftlichkeit
- die geringe Transparenz betrieblicher Bedingungen und Abläufe in bezug auf Personaleinsatz und Leistungserstellung
- die ungesicherte Finanzierung bei beträchtlichem Einsatz an öffentlichen Mitteln
- fehlende Unterlagen zur Ermittlung selbstkostendeckender Gebühren

machen eine systematische Erfassung und Beurteilung der Betriebsdaten von Einrichtungen der offenen Altenhilfe erforderlich. Eine Auseinandersetzung mit den Problemen der wirtschaftlichen Betriebsführung von Einrichtungen der offenen Altenhilfe ist angesichts der Knappheit der Mittel und im Hinblick auf eine bedarfsgerechte Leistungserstellung gerechtfertigt.

Die Erarbeitung einer Betriebsanalyse für Einrichtungen der offenen Altenhilfe ist zur Sicherung einer zielgerechten und wirtschaftlichen Betriebsführung erforderlich. Ein wichtiger Beitrag dazu ist in der Erarbeitung einer Kosten-/Leistungs-Rechnung bzw. einer Selbstkostenrechnung als Grundlage für Gebührenberechnungen zu sehen.

II. ZIELSETZUNG UND AUFBAU DER ARBEIT

1. Zielsetzung

Ziel der Arbeit ist die Entwicklung einer Methode der Betriebsanalyse von Einrichtungen der offenen Altenhilfe. Zum einen sind für solch eine Betriebsanalyse theoretische Grundlagen zu schaffen, zum anderen ist ein darauf aufgebautes Instrumentarium zur Durchführung dieser Betriebsanalyse zu entwickeln. Das Instrumentarium soll für den Einsatz in unterschiedlichen Einrichtungen der offenen Altenhilfe geeignet sein.

Die theoretischen Grundlagen sollen sich auf die Kennzeichnung und Abgrenzung der Untersuchungsobjekte beziehen und die Grundzüge der Betriebsanalyse als einer Methode zur Feststellung der einzelwirtschaftlichen Ziele und Erfolge von Einrichtungen der offenen Altenhilfe darlegen. Die Betriebsanalyse als Methode soll der Schaffung der erforderlichen Informationen für die Beurteilung einer zielgerechten und wirtschaftlichen Betriebsführung und für eine Gebührenberechnung auf Basis der Selbstkosten dienen und hierfür eine Anleitung geben. Zur Realisierung dieses Vorhabens sind zum einen Hilfen zur Zielklärung und Erfolgsbestimmung erforderlich. Zum anderen ist ein Schwerpunkt auf die Erarbeitung einer Leistungs-/Kostenrechnung und eines Betriebsabrechnungsbogens für die Einrichtungen der offenen Altenhilfe zu legen. Damit wird die Aufgabenstellung und der Bereich der Betriebsanalyse vorrangig auf den ökonomischen Sektor und den der Leistungserstellung begrenzt.

Das Erhebungs- und Auswertungsinstrumentarium soll die Durchführung der Betriebsanalyse in Einrichtungen der offenen Altenhilfe ermöglichen und ist auf der Basis der genannten theoretischen Grundlagen zu entwickeln. Mit Hilfe eines Leitfadens und von Formularen sollen die notwendigen Daten erfaßt, verarbeitet und beurteilt werden können. Verwendungszwecke der Betriebsanalyse sowie deren Möglichkeiten und Grenzen sind aufzuzeigen.

2. Aufbau der Arbeit und methodisches Vorgehen

Diese Arbeit gliedert sich in zwei Teile. Der erste Teil (Teil A) umfaßt die theoretisch-methodischen Grundlagen der Arbeit, eine Beschreibung des entwickelten Instrumentariums und dessen Erprobung. Der zweite Teil (Teil B) besteht aus dem Instrumentarium zur Durchführung einer Betriebsanalyse. Dieses ist auf die Erfordernisse der Praxis ausgerichtet und unabhängig vom ersten Teil zu nutzen.

Die theoretischen Grundlagen dieser Arbeit erstrecken sich nicht nur auf die Methode der Betriebsanalyse. Bei einer Auseinandersetzung mit der Betriebsanalyse müssen die Einheiten, auf die die Methode angewendet werden soll, charakterisiert sein. Deshalb sind zunächst die Untersuchungsobjekte, die Einrichtungen der offenen Altenhilfe, durch mehrere Merkmale zu beschreiben, z.B. in ihrer Eigenschaft als spezielle Bedarfsdeckungswirtschaften, als Großhaushalte mit einem speziellen Leistungsangebot. Die anschließende Darstellung der Einrichtungen der offenen Altenhilfe als offene soziale Systeme zeigt die Betriebsbereiche auf, die durch eine Betriebsanalyse untersucht werden können; gleichzeitig sind daraus die Bereiche zur Datenerfassung für das zu entwickelnde Instrumentarium abzuleiten. Nach der grundsätzlichen Abgrenzung der Untersuchungsobjekte ist die verbleibende Vielzahl unterschiedlicher Einrichtungen, die mit der Betriebsanalyse zu erfassen sein soll, nach ihrem Leistungsangebot zu typisieren. Die Betriebsanalyse muß demzufolge als Rahmen gestaltet sein, um auf die verschiedenen Einrichtungstypen anwendbar zu sein.

Bei der Entwicklung der Methode wird von Betriebsanalysen erwerbswirtschaftlicher Betriebe und den Analysen spezieller bedarfswirtschaftlicher Einheiten (Haushalte), den Haushaltsanalysen, ausgegangen. Daraus ergeben sich grundlegende Voraussetzungen zur Durchführung einer Betriebsanalyse. Hinsichtlich der Einrichtungen der offenen Altenhilfe ist zu überprüfen, ob diese Voraussetzungen erfüllbar sind. In bezug auf die zu entwickelnde Methode sind daraus Folgerungen abzuleiten: Hierbei handelt es sich vor allem um die in den Einrichtungen verfügbaren Informationen. Zum anderen werden allgemeine Grundlagen für die Methode benötigt, die bei der Erarbeitung zu berücksichtigen sind. Diese notwendigen Grundlagen beziehen sich in erster Linie auf das Problem der Ziel- und Erfolgskennzeichnung. Da eine Betriebsanalyse nur in bezug auf betriebliche Ziele erfolgen kann und Aussagen zum Grad der Zielerfüllung, dem Erfolg der Einrichtung, liefern soll, ist die Erarbeitung von Kennzahlen und Beschreibungen unumgänglich. Die genannten Grundlagen wie auch diejenigen zur Kostenrechnung, die ja einen Schwerpunkt der Arbeit darstellen soll, bilden die theoretische Basis bei der Entwicklung des Instrumentariums der Betriebsanalyse.

Auf diesen Grundlagen werden die Inhalte und Aussagemöglichkeiten der Betriebsanalyse bestimmt. Mit der Beschreibung des entwickelten Instrumentariums und dessen Erprobung wird der erste Teil der Arbeit abgeschlossen.

Literatur wurde aus den unterschiedlichsten Fachgebieten herangezogen. So erforderte allein die Kennzeichnung der Einrichtungen die Auswertung der Literatur mehrerer Gebiete. Grundlagenliteratur zur Gemeinwirtschaft, spezielle haushaltswissenschaftliche Literatur, Literatur zur Altenhilfe und zur Betriebswirtschaftslehre mußten verarbeitet werden. Da spezielle Literatur zur Betriebsführung von Großhaushalten, wenn man den Krankenhausbereich oder Literatur zum kommunalen Haushaltswesen ausklammert, nur in geringem Umfang vorhanden ist, wurden hierzu Expertengespräche bei Trägerinstitutionen und in Einrichtungen der offenen Altenhilfe durchgeführt.

Schriftliche Anfragen bei Trägerverbänden und Einrichtungen bezüglich Leistungsangebot, Finanzierung, Form des Rechnungswesens, vorhandener Arbeitshilfen usw. waren wenig erfolgreich. Sehr informativ hingegen waren Besuche bei verschiedenen Altentagesstätten und Sozialstationen, die sich in der Form des Rechnungswesens (kaufmännische Buchführung - Kameralistik), durch verschiedene Trägerstrukturen und unterschiedliche Organisationsformen hinsichtlich der Leitungsaufgaben unterschieden.

Die bei den Besuchen gewonnenen Informationen waren neben der Literatur über Betriebs- und Haushaltsanalysen sowie der einschlägigen praxisbezogenen Fachliteratur zur Arbeitsweise der Einrichtungen der offenen Altenhilfe, für die theoretischen Grundlagen der Betriebsanalyse wie auch für die parallel laufende Entwicklung des Instrumentariums notwendig. Dieses Instrumentarium liegt nun in Form eines Leitfadens mit Fragen, Bearbeitungshinweisen und Formularen zur Erfassung, Verarbeitung und Beurteilung der für die Betriebsanalyse notwendigen Daten vor (Teil B). Das Instrumentarium ist in sieben Teile gegliedert, so daß einzelne Teile, wie z.B. die Nutzer- und Leistungsanalyse oder die Arbeitszeitrechnung separat durchgeführt werden können.

Das Instrumentarium wurde in verschiedenen Stadien seiner Entwicklung in drei Einrichtungen der offenen Altenhilfe, in einer Altentagesstätte und in zwei Sozialstationen erprobt, die dabei gemachten Erfahrungen wurden bei der mehrmaligen Überarbeitung des Materials verwertet.

III. ABGRENZUNG UND KENNZEICHNUNG DER EINRICHTUNGEN DER OFFENEN ALTEN-HILFE ALS UNTERSUCHUNGSOBJEKTE

1. Kennzeichnung der Einrichtungen der offenen Altenhilfe unter gemeinwirtschaftlichem Aspekt

Zur Kennzeichnung der Einrichtungen der offenen Altenhilfe werden im folgenden mehrere Kriterien herangezogen. Das Kriterium "Gemeinwirtschaftlichkeit" soll den Standort der Einrichtungen im Rahmen unseres Wirtschaftssystems verdeutlichen.

Der Gemeinwirtschaftsbegriff, wie er heute vorherrschend gebraucht wird, beinhaltet in erster Linie den einzelwirtschaftlichen Aspekt (vgl. THIEMEYER, 1975, S. 32; VON LOESCH, 1977, S. 99). THIEMEYER versteht unter Gemeinwirtschaft "eine Einzelwirtschaft (Unternehmen, Betrieb), die im Rahmen einer sonst vorherrschenden privatwirtschaftlich- erwerbswirtschaftlichen Ordnung im öffentlichen Interesse - in einem noch zu konkretisierenden Sinn - disponiert" (1975, S. 32). Gemeinwirtschaft wird außerdem als Sammelbegriff für die o.g. gemeinwirtschaftlichen Einzelwirtschaften zur Abgrenzung von der sonstigen Privat-Erwerbswirtschaft verwendet (THIEMEYER, 1975, S. 32).

Als Unterscheidungsmerkmal der privatwirtschaftlichen von den gemeinwirtschaftlichen Unternehmungen wird die "Widmung" des Wirtschaftsergebnisses herangezogen. Diese Widmung charakterisiert gemeinwirtschaftliche Betriebe weiter als solche, die "in den Dienst allgemeiner Interessen gestellt" (OETTLE, 1972, S. 156) sein müssen oder die "an für öffentlich gehaltene Aufgaben" (WEISSER, 1976, S. 23) gebunden sind.

Durch die Zugehörigkeit der Altenhilfe zur Sozialhilfe und Sozialpolitik sind die Einrichtungen der offenen Altenhilfe - zunächst einmal unabhängig von ihrer Trägerschaft - als Wirtschaftseinheiten anzusehen, deren Aufgabenerfüllung ein öffentliches Interesse bzw. ein öffentlicher Auftrag zugrundeliegt. Damit ist das Kriterium der Widmung des Wirtschaftsergebnisses im genannten Sinne erfüllt.

Eine gebräuchliche Einteilung der gemeinwirtschaftlichen Unternehmen erfolgt nach ihrer Trägerschaft in drei Gruppen: Zur ersten Gruppe zählt man die öffentlichen Unternehmen/Betriebe, deren Träger die öffentliche Hand ist. Die zweite Gruppe umfaßt die freigemeinwirtschaftlichen Unternehmen, deren freie Träger ihre Ziele freiwillig am Gemeinwohl orientieren. Als dritte Gruppe sind die öffentlich gebundenen Unternehmen zu nennen. Darunter versteht man private Unternehmen, die aber durch Sondergesetzgebung oder Sondervorschriften "gemeinwirtschaftlich" gebunden sind (vgl. THIEMEYER, 1975, S. 33).

Als weiteres Kriterium zur Kennzeichnung der Einrichtungen der offenen Altenhilfe als gemeinwirtschaftliche Betriebe dient im folgenden die Trägerschaft der Einrichtungen. Da im Bereich der offenen Altenhilfe keine Gesamtstatistik der Einrichtungen verfügbar ist, können Aussagen zur Trägerstruktur dieser Einrichtungen nur anhand einzelner Statistiken der Bundesländer oder aufgrund spezieller Untersuchungen gemacht werden.

Vom BAYERISCHEN STAATSMINISTERIUM FÜR ARBEIT UND SOZIALORDNUNG wurden für das Jahr 1976 insgesamt 131 Altentagesstätten ausgewiesen. Dabei sind 64,9 % der Einrichtungen in der Trägerschaft der Verbände der freien Wohlfahrtspflege, die evangelische und die katholische Kirche sind Träger von 19,1 % der Einrichtungen, 10,7 % entfallen auf kommunale Träger, und 5,3 % der Altentagesstätten sind sonstigen freien Trägern zuzuordnen (1979, S. 28). 1971 waren in Baden-Württemberg 94,9 % der Altenbegegnungsstätten und -clubs in der Trägerschaft der Verbände der freien Wohlfahrtspflege, bei den restlichen 5,1 % der Einrichtungen hatten die Gemeinden und Kreise die Trägerschaft übernommen (MINISTERIUM FÜR ARBEIT, GESUNDHEIT UND SOZIALES BADEN-WÜRTTEMBERG 1973, S. 65 f.).

Aus einer umfangreichen Untersuchung über Sozialstationen aus dem Jahre 1979, bei der 368 Sozialstationen erfaßt wurden, waren 152 Stationen in Einzelträgerschaft, bei 216 Stationen waren mehrere Träger beteiligt. Aus Tabelle 4 ist ersichtlich, daß bei 51 % der Sozialstationen in Einzelträgerschaft die freien Wohlfahrtsverbände Träger sind, dann folgen die Kirchengemeinden mit 27 % und die Kommunen mit 14 % der Sozialstationen.

Tabelle 4: Sozialstationen nach Einzelträgern

Gruppe	Einzelträger	abs.	v.H.
Kommune	Kommune Landkreis	20 1	14,0
Konfessionelle Verbände	Caritas-Verband Diakonisches Werk	41 7	31,0
Nichtkonfessionelle Verbände	Arbeiterwohlfahrt Deutscher Paritätischer Wohlfahrtsverband Deutsches Rotes Kreuz	8 3 19	20,0
Kirchengemeinden	Evang. Kirchengemeinde Kath. Kirchengemeinde	27 14	27,0
Sonstiges	Vereine	12	8,0
Sozialstationen in Einzelträgerschaft insgesamt		152	100,0

(BRANDT/BRAUN, 1981, S. 124)

Tabelle 5 zeigt auf, daß bei gemeinsamer Trägerschaft von Sozialstationen vor allem die Kirchengemeinden und die freien Wohlfahrtsverbände vor den Kommunen an der Trägerschaft beteiligt sind. Die Einrichtungen der offenen Altenhilfe sind folglich den freigemeinwirtschaftlichen und den öffentlichen Betrieben zuzuordnen.

Tabelle 5: Träger und Mitträger nach Einzelinstitutionen

	Einzel-träger abs.	Mit-träger abs.	zusammen abs.	v.H.
1. Kommunale Körperschaften	21	50	71	19,3
2. Evang. Kirchengemeinde(n)	27	141	168	45,7
3. Kath. Kirchengemeinde(n)	14	135	149	40,5
4. Arbeiterwohlfahrt	8	12	20	5,4
5. Caritasverband	41	58	99	26,9
6. Deutscher Parität. Wohlfahrtsv.	3	15	18	4,9
7. Deutsches Rotes Kreuz	19	26	45	12,2
8. Diakonisches Werk	7	49	56	15,2
9. sonst. Institutionen (Krankenpflegevereine)	12	88	100	27,2
Stationen insgesamt		152	216(574)[1]	(368)

1) 574 unterschiedliche Institutionen sind an 216 Sozialstationen beteiligt

(BRANDT/BRAUN, 1981, S. 129)

Im freigemeinwirtschaftlichen Bereich sind sie Einrichtungen der freien Wohlfahrtsverbände. Zu nennen sind die beiden konfessionellen Verbände, der Caritasverband und das Diakonische Werk. Nicht konfessionelle Verbände sind die Arbeiterwohlfahrt, der Deutsche Paritätische Wohlfahrtsverband und das Deutsche Rote Kreuz. Außerdem sind hier zusätzlich die Selbsthilfegruppen anzusprechen, die als Träger auftreten, wie z.B. die

Krankenpflegevereine. Im Prinzip handeln sie nur im Interesse ihrer Mitglieder, im Bereich der Altenhilfe bieten sie jedoch Dienste an, die sonst von der öffentlichen Hand übernommen werden müßten (vgl. THIEMEYER, 1981, S. 208).

Als öffentlich-rechtliche Träger treten die evangelische und die katholische Kirche sowie die Gemeinden und Landkreise auf. In diesen Fällen sind die Einrichtungen meist als Regiebetriebe anzutreffen.

Die evangelische und katholische Kirche sind zwar Körperschaften des öffentlichen Rechts und somit juristische Personen des öffentlichen Rechts. Der heute gängige enge Sprachgebrauch hinsichtlich der juristischen Person des öffentlichen Rechts bezieht sich aber in erster Linie auf die dem staatlichen Verwaltungssystem zugeordneten rechtsfähigen Verwaltungseinheiten (vgl. WEBER, 1956, S. 449). Deshalb dürften die Einrichtungen der Kirchen ungeachtet ihrer Rechtsform dem freigemeinwirtschaftlichen Bereich zugeordnet sein. Als öffentliche Betriebe sind also nur die Einrichtungen der kommunalen Körperschaften anzusehen.

Als Merkmale zur Kennzeichnung der gemeinwirtschaftlichen Betriebe wurden bisher die Widmung des Wirtschaftsergebnisses, die Ausrichtung am öffentlichen Interesse, und die Trägerschaft herangezogen. Zur weiteren Kennzeichnung der Einrichtungen der offenen Altenhilfe kann das Kriterium des Angebots- bzw. Marktverhaltens dienen (vgl. THIEMEYER, 1975, S. 30 ff.). Zu unterscheiden ist zwischen bedarfswirtschaftlichem und erwerbswirtschaftlichem Verhalten. Bedarfswirtschaftliche Betriebe weisen als Oberziel Bedarfsdeckung aus, die sie unmittelbar anstreben. Für erwerbswirtschaftliche Betriebe ist die Erzielung von Gewinnen (in verschiedenen Intensitätsgraden) das Oberziel (vgl. THIEMEYER, 1975, S. 30 ff.) Im ersten Fall wird von einer "Zielkonzeption mit Sachzieldominanz" (KOSIOL, 1972, S. 223) bzw. von der "Dominanz der Leistungskonzeption" (WITTE/HAUSCHILDT, 1966, S. 101) ausgegangen, im zweiten Fall steht die "Zielkonzeption mit Formalzieldominanz" (KOSIOL, 1972, S. 224), d.h. das Gewinnziel im Vordergrund.

HESSELBACH kombiniert die Begriffspaare gemeinwirtschaftlich-privatwirtschaftlich und erwerbswirtschaftlich-bedarfswirtschaftlich und kommt zu folgender Einteilung (1971, S. 155; unverändert übernommene Darstellung):

Abbildung 1: Unternehmenstypen nach Angebotsverhalten und Widmung des Wirtschaftsergebnisses

	privat-wirtschaftlich	gemein-wirtschaftlich
erwerbs-wirtschaftlich	kapitalistisches Unternehmen	fiskalisches Unternehmen
bedarfs-wirtschaftlich	Selbsthilfe-Unternehmen	Versorgungs-Unternehmen

Die Einrichtungen der offenen Altenhilfe können nach den bisherigen Ausführungen wegen ihrer Sachzieldominanz als bedarfswirtschaftliche Einrichtungen und wegen der Widmung ihres Wirtschaftsergebnisses nur den als "Versorgungsunternehmen" ausgewiesenen Gemeinwirtschaften zugeordnet werden. Allerdings ist die Grenze zu den Selbsthilfeunternehmen (in diesem Zusammenhang sind damit z.B. die Krankenpflegevereine gemeint) fließend, denn sobald diese trotz des privaten Trägers mit bestimmten (auch selbstauferlegten) Auflagen Aufgaben der Gemeinschaft erfüllen und sonst dieselben Merkmale wie die Versorgungsunternehmen aufweisen, ist ihr Ausschluß schwer zu begründen. Zur weiteren Kennzeichnung der Einrichtungen der offenen Altenhilfe wird das genannte Kriterium der Bedarfswirtschaftlichkeit näher untersucht - es stellt sich als ein zentrales Kennzeichnungskriterium dar.

2. Kennzeichnung der Einrichtungen der offenen Altenhilfe unter bedarfswirtschaftlichem Aspekt - als Großhaushalte

Die übergeordnete Aufgabenstellung von Haushalten liegt in der Bedarfsdeckung der Haushaltsmitglieder. Eine grundsätzliche Kennzeichnung des Haushalts verdanken wir EGNER, der jeden Haushalt "als die Einheit der auf Sicherung der gemeinsamen Bedarfsdeckung einer Menschengruppe im Rahmen eines sozialen Gebildes gerichteten Verfügungen" (1976, S. 34) ansieht. Er charakterisiert den Haushalt durch folgende Merkmale (1976, S. 24 ff.):

- Der Haushalt ist als Sozialgebilde zu verstehen, dessen Existenz und Aufgabenstellung durch die ihm vorgegebene Menschengruppe bestimmt ist.
- Der Haushalt ist zugleich als Wirtschaftsgebilde zu verstehen, denn seine Aufgabenstellung bezieht sich auf die Eigenbedarfsdeckung und Unterhaltssicherung dieser vorgegebenen Menschengruppe.
- Der Haushalt ist eine Mittelbeschaffungs- und eine Mittelverwendungswirtschaft. Kennzeichnend ist die Einheit der Dispositionen, die sich auf diese Bereiche erstrecken. "Es geht für ihn nur um die letzten Entscheidungen in der Sorge um die Bedarfsdeckung. Alle weiteren ausführenden Funktionen, ... machen nicht mehr sein Wesen aus" (1976, S. 29).

Von anderen Haushaltsformen, vom Blutgruppenhaushalt (privater Haushalt), von den Verbandshaushalten Staat, Kirche und Verein grenzt EGNER den Anstaltshaushalt durch weitere Merkmale wie

- die künstlich gebildete Menschengruppe
- den bestimmten vorgegebenen Anstaltszweck
- die Ergänzung oder Übernahme von Leistungen zur Bedarfsdeckung (die sonst Funktionen des Familienhaushalts darstellen)

ab und bezeichnet die Anstalt als "ein auf dauerhafte Veranstaltungen aufbauendes Gebilde zur Erfüllung bestimmter Zwecke des Zusammenlebens, dessen Ordnung vom Willen der Einzelmitglieder unabhängig ist" (1976,

S. 369). Der Anstaltshaushalt hat für die Deckung der existenziellen Bedarfe seiner Mitglieder zu sorgen und verfolgt in erster Linie einen "Anstaltszweck". Dieser Anstaltszweck hat über die Unterhaltsleistung hinaus Bedeutung für das Zusammenleben der Gesamtheit.

Die Anstalt ist somit
- einmal Versorgungsgemeinschaft für ihre Insassen
- "zugleich aber Teil einer größeren Versorgungsgemeinschaft, nämlich der Gesamtheit, welcher sie die ihrem Anstaltszweck entsprechenden Leistungen zur Verfügung stellt" (EGNER, 1976, S. 370).

In den vergangenen Jahren ist ein Wandel des Terminus Anstaltshaushalt eingetreten. Mehrheitlich ist in der Literatur der Begriff des Großhaushaltes (vgl. BOTTLER, 1982; BAUER-SÖLLNER, 1983; FOLLERT, 1979) eingeführt, der sich auf dasselbe Untersuchungsobjekt bezieht. Die Begriffe Anstaltshaushalt und Großhaushalt werden synonym verwendet.

Im folgenden werden weitere Merkmale des Großhaushalts unter Heranziehung verschiedener Autoren und ihrer z.T. voneinander abweichenden Auffassung herausgestellt.

BOTTLER charakterisiert den Großhaushalt als einen Betrieb - "ein zielorientiert Aktivitäten entwickelndes, längerfristig intendiertes System von Menschen und Sachen zur Hervorbringung von Sach- und/oder Dienstleistungen" (1982, S. 13), der sich von anderen Betriebsarten zum einen durch das Ziel der unmittelbaren Bedarfsdeckung und zum anderen durch seine Leistungen der Unterhalts-, Verpflegungs- und/oder Pflegeversorgung unterscheidet. Als weitere Merkmale führt er unter anderem die gemeinwirtschaftliche Widmung des Wirtschaftsergebnisses, den Dienstleistungscharakter und die Einteilung der Großhaushaltsmitglieder in die Gruppen Großhaushaltsnutzer und Großhaushaltsmitarbeiter an (1982, S. 13 ff.).

BLOSSER-REISEN und BAUER-SÖLLNER sehen den Betriebsbegriff enger und ordnen dem Haushalt den Haushaltsbetrieb als technische Produktionsstätte unter. So definiert BLOSSER-REISEN den Haushalt (hier Privat- und Großhaushalt) als Wirtschaftseinheit "als die Gesamtheit a) der Verfügungen über knappe Mittel einer Person bzw. Personengruppe zur Deckung des Bedarfs dieser Person bzw. Personengruppe sowie b) der materiellen und institutionellen Einrichtungen, die der Bewältigung der damit verbundenen Aufgaben dienen (Haushaltsbetrieb)" (1976, S. 35; AUSGEWÄHLTE HAUSHALTSÖKONOMISCHE BEGRIFFE, 1973, S. 135).

BAUER-SÖLLNER grenzt die Anstalt (den Anstaltsbetrieb) vom Anstaltshaushalt ab "als die unter einheitlicher Leitung stehende, auf Dauer organisierte, technische Produktionseinheit, deren Leistung die unmittelbare Deckung der Bedarfe von Hilfsbedürftigen nach unterhaltswirtschaftlichem Prinzip unter einer bestimmten Aufgabenstellung ist" (1974, S. 15).

BLOSSER-REISEN und BAUER-SÖLLNER verwenden als Merkmal zur Abgrenzung von Haushalt und Haushaltsbetrieb den Grad der Dispositionsfreiheit bzw. den Grad der Autonomie (vgl. auch FOLLERT, 1979) bei der Mittelbeschaffung und Mittelverwendung, wobei BAUER-SÖLLNER nicht den Anstaltshaushalt, sondern den Anstaltsbetrieb als wesentlich für die Effizienz des Mitteleinsatzes in bezug auf die Bedarfsdeckung hervorhebt (1974, S. 14).

BOTTLER läßt das Merkmal des Grades der Dispositionsfreiheit in seine Definition des Großhaushaltes nicht einfließen, setzt sich jedoch mit dem Problem auseinander: "In der Praxis finden sich Kompetenzverteilungen in allen Abstufungen, von einer weitgehenden Zuordnung der Kompetenzen zum GH bis hin zu einer fast völligen Verlagerung zum Träger. Im letzten Fall stellt der - dann vermeintliche - GH tatsächlich nur den ausführenden Teil, die unselbständige Produktionsstätte dar" (1982, S. 25).

Als weiteres Merkmal zur näheren Bestimmung von Großhaushalten kann die Vollständigkeit der Bedarfsdeckungsleistungen herangezogen werden. Vollständigkeit bedeutet in diesem Zusammenhang, daß die Gesamtheit der Bedarfe zu decken ist, die zur Existenzsicherung des Menschen nötig ist. Zu unterscheiden sind je nach dem Grad der Vollständigkeit der Bedarfsdeckungsleistungen Groß-Vollhaushalte und Groß-Teilhaushalte (vgl.

BAUER-SÖLLNER, 1983, S. 25, S. 37; BOTTLER/SEEL, 1976, S. 320; BOTTLER, 1982, S. 20).

Zur Charakterisierung des Großhaushalts wird außerdem der Konsum der erstellten Leistungen im Organisationsbereich des Großhaushalts herangezogen (vgl. BOTTLER, 1975a, S. 220). Hier ist darauf hinzuweisen, daß speziell in Einrichtungen der offenen Altenhilfe Leistungserstellung und Leistungsabsatz bzw. -konsum nicht zwingend in den Räumlichkeiten der Einrichtung stattfinden müssen, sondern im Organisationsbereich der Einrichtung, der sich beispielsweise bei Sozialstationen bis in die Wohnung der zu versorgenden Person erstreckt.

Aus den bisher genannten Merkmalen zur Charakterisierung eines Großhaushaltes werden im folgenden diejenigen herausgegriffen und zusammengefaßt, die als Prüfkriterien für die Kennzeichnung der Einrichtungen der offenen Altenhilfe als Großhaushalte geeignet erscheinen:

- Die Eigenbedarfsdeckung der vom Haushalt zu versorgenden Menschen ist das Oberziel eines Großhaushalts.
- Er erstellt sowohl Sach- als auch Dienstleistungen zur Eigenbedarfsdeckung.
- Vollständige oder teilweise Bedarfsdeckung können sein Leistungsprogramm kennzeichnen.
- Der Konsum der Leistungen erfolgt im Organisationsbereich des Großhaushaltes.
- Die Einheit der Dispositionen über Mittelbeschaffung und Mittelverwendung kennzeichnet ihn als Wirtschaftsgebilde.
- Der Grad der Dispositionsfreiheit (Autonomie) ist durch Trägerschaft und Rechtsform bestimmt.
- Großhaushaltsnutzer und Großhaushaltsmitarbeiter sind als Personengruppen zu unterscheiden.
- Großhaushalte sind Teil einer größeren Versorgungsgemeinschaft einer Region.

Anhand dieser Merkmale lassen sich die Einrichtungen der offenen Altenhilfe als Großhaushalte wie folgt kennzeichnen:

- Sie sind Wirtschaftseinheiten, deren übergeordnete Aufgabenstellung in einer Bedarfsdeckungsaufgabe besteht. Bedarfsdeckungsaufgabe ist die im Kapitel I dargestellte Aufrechterhaltung einer unabhängigen und selbständigen Lebensführung im Alter.
- Zur Bedarfsdeckung werden Dienst- und Sachleistungen unterschiedlicher Art erstellt (z.B. Mahlzeiten, Gesundheitspflege usw.). Die Leistungsangebote der Einrichtungen umfassen i.d.R. keine Gesamtversorgung, wie sie z.B. im Altenheim vorzufinden ist. Die Einrichtungen der offenen Altenhilfe stellen deshalb Teil-Großhaushalte dar.
- Der Organisationsbereich der Einrichtungen kann sich über die Räume der Einrichtung hinaus bis in die Häuslichkeit der Nutzer erstrecken. Der Konsum der Leistungen findet in diesem Organisationsbereich statt.
- Die Einrichtungen der offenen Altenhilfe treffen zur Erfüllung ihrer Aufgabe Dispositionen über Mittelbeschaffung und Mittelverwendung. Sie weisen jedoch in Abhängigkeit von Trägerschaft und Rechtsform unterschiedliche Grade der Dispositionsfreiheit in bezug auf diese Mittelbeschaffung und Mittelverwendung auf.
- Die Personen in Einrichtungen der offenen Altenhilfe sind in Mitarbeiter und Nutzer einzuteilen. Es können jedoch auch Nutzer gleichzeitig Mitarbeiter sein, wenn sie z.B. in Teilbereichen als freiwillige Mitarbeiter Aufgaben übernehmen.
- Die Einrichtungen der offenen Altenhilfe bilden zusammen mit denen der stationären Altenhilfe ein regionales Verbundsystem der Versorgung, das die Leistungen der Privathaushalte ergänzen oder ersetzen soll.

3. Eingrenzung der Einrichtungen der offenen Altenhilfe unter dem Aspekt ihres Leistungsangebotes

Um die Einrichtungen der offenen Altenhilfe als Untersuchungsobjekte von anderen Einrichtungen der Altenhilfe eindeutig abzugrenzen, sind die von ihnen angebotenen Leistungen besonders geeignet. Dazu müssen die möglichen Leistungsangebote systematisiert werden.

Eine Systematik von Bedarfs- bzw. Leistungsgruppen für Haushalte ist von BLOSSER-REISEN (1972) und BAUER-SÖLLNER (1983, S. 36) erarbeitet worden. Abbildung 2 zeigt die möglichen Leistungsgruppen von Großhaushalten auf.

<u>Abbildung 2:</u> Die Bedarfs- bzw. Leistungsgruppen

Schlafen			
Körperpflege			
Ernährung			
Kleidung		Zwischenmenschliche Beziehungen	
Freizeitgestaltung			Sozialisation - Individuation
Arbeit			
Bildung, Ausbildung			
Gesundheitspflege, medizinische und paramedizinische Versorgung	Wohnen		
Lebenshilfe			

(BAUER-SÖLLNER, 1983, S. 36)

Innerhalb dieser Leistungsgruppen ist eine weitere Einteilung der dort zu erbringenden Leistungen möglich hinsichtlich:

- des zur Verfügungstellens von Raum mit Ausstattung
- des zur Verfügungstellens von sonstigen Ge- und Verbrauchsgütern
- der raum- und ausstattungsbezogenen Dienstleistungen
- der güterbezogenen Dienstleistungen
- der persönlichen Dienstleistungen
(vgl. BAUER-SÖLLNER, 1983, S. 37 f.)

Diese in den zuvor genannten Bedarfs- und Leistungsgruppen erstellten
Leistungen dienen der Bedarfsdeckung der zu versorgenden Personen.

Weitere Dienst- und Sachleistungen werden in den nachgeordneten Aufgabenbereichen eines Großhaushalts, z.B. in der Verwaltung, in der Küche und im Fuhrpark usw., erstellt. Eine Darstellung auch dieser Aufgabenbereiche ist von BAUER-SÖLLNER für Großhaushalte erfolgt (1974, S. 98 ff.). Dabei wird als Dienstleistung z.B. das Herstellen des Essens, als Sachleistung das fertige Menü bezeichnet.

FOLLERT typisiert Leistungen folgendermaßen: Haushaltsleistungen sind bei ihm unmittelbar personenbezogene Dienstleistungen zur Eigenbedarfsdeckung. Unter Unternehmensleistungen versteht er sämtliche Sach- und Dienstleistungen zur Fremdbedarfsdeckung, und als Regieleistungen bezeichnet er Sachleistungen und guts(sach)bezogene Dienstleistungen zur Eigenbedarfsdeckung (1977, S. 265).

Im Hinblick auf die notwendige Systematisierung der Leistungen von Einrichtungen der offenen Altenhilfe erfolgt eine Gliederung der Leistungen unter Heranziehung der Arbeiten von BAUER-SÖLLNER, BLOSSER-REISEN und FOLLERT. Es werden im folgenden

- unmittelbar personenbezogene Leistungen,
- mittelbar personenbezogene Leistungen und
- Leistungen der nachgeordneten Aufgabenbereiche

unterschieden.

Die hier gewählte Gliederung berücksichtigt zum einen, daß Einrichtungen der offenen Altenhilfe Großhaushalte sind und somit auch als Institutionen Verwaltungs- und Organisationsleistungen erbringen. Zum andern trägt sie der Tatsache Rechnung, daß die Einrichtungen ihre Leistungen z.T. aber auch in der Häuslichkeit der Nutzer anbieten.

In Abbildung 3 wird anhand von Beispielen die Zuordnung zu den einzelnen Kategorien verdeutlicht.

Abbildung 3: Die Einteilung der Leistungen von Einrichtungen der offenen Altenhilfe mit Beispielen

Leistungskategorien	Leistungen
unmittelbar personenbezogene Leistungen	Pflegerische Leistungen wie Waschen oder Füttern, Beratung, Bildung, Fahrdienst
mittelbar personenbezogene Leistungen	Wäschedienst, Reinigung der Wohnung, Herstellen des Essens in der Häuslichkeit der Nutzer
Leistungen der nachgeordneten Aufgabenbereiche	Reinigung der Einrichtung, Verwaltungsleistungen, Fuhrparkleistungen, Leistungen der Küche

Für die Abgrenzung der Untersuchungsobjekte werden in erster Linie die unmittelbaren und mittelbaren Leistungen zur Bedarfsdeckung als ausschlaggebend betrachtet. Art und Umfang der Leistungen der nachgeordneten Aufgabenbereiche ergeben sich aus den jeweiligen Bedarfsdeckungsleistungen und sind deshalb als nachgeordnete Leistungen bezeichnet.

Die von BLOSSER-REISEN und BAUER-SÖLLNER genannten Leistungen zur Bedarfsdeckung sind hier in unmittelbar und mittelbar personenbezogene Leistungen unterteilt. Die unmittelbar personenbezogenen Leistungen entsprechen bei FOLLERT den Haushaltsleistungen, die mittelbar personenbezogenen stellen dort einen Teil der Regieleistungen dar. Der andere Teil der von FOLLERT genannten Regieleistungen wird hier den Leistungen der nachgeordneten Aufgabenbereiche zugeordnet. Die Kategorie der Unternehmensleistungen wird hier nicht verwendet, da sie nicht der Eigenbedarfsdeckung, sondern der Fremdbedarfsdeckung dienen.

Bei der Aufstellung der Systematik der Leistungen von Einrichtungen der offenen Altenhilfe ist zu beachten, daß

- die in der Regel in Einrichtungen der offenen Altenhilfe angebotenen Leistungen enthalten sind und eventuell in einzelnen Einrichtungen zusätzlich anzutreffende Leistungen in die Systematik eingeordnet werden können,
- den in der Praxis bestehenden unterschiedlichen Leistungskombinationen Rechnung getragen wird; d.h. mögliche Leistungsangebote müssen systematisiert, ihre Kombination aber offen gelassen werden, so daß jede Einrichtung ihr Leistungsspektrum in der Systematik auffinden kann,
- der Ort der Leistungserstellung für die einzelnen Leistungen ersichtlich ist,
- im Hinblick auf die Betriebsanalyse und die dabei beabsichtigte Kostenrechnung die Hauptleistungs- bzw. Hauptkostenstellen aus den Leistungsgruppen und/oder Einzelleistungen abgeleitet werden können.

Hieraus wird deutlich, daß die Leistungssystematik nur als Rahmen aufgebaut sein kann. Denn nur so kann mit ihr die Vielzahl unterschiedlicher Leistungsarten und -kombinationen erfaßt werden. Der für die Systematisierung entwickelte Leistungsrahmen (Abbildung 4) wurde aus der Literatur zur Altenhilfe (vgl. z.B. HAAG, 1973; DIAKONISCHES WERK DER EVANGELISCHEN KIRCHE IN DEUTSCHLAND 1978a; GRUNOW/HEGNER/LEMPERT, 1979; DEUTSCHER VEREIN FÜR ÖFFENTLICHE UND PRIVATE FÜRSORGE, 1979) und unter Berücksichtigung der Leistungskategorien (Bedarfsgruppen) aus der haushaltswissenschaftlichen Literatur (vgl. BLOSSER-REISEN, 1972; BAUER-SÖLLNER, 1983, S. 36) zusammengestellt. Zur Untergliederung der Systematik wurden die sechs Leistungsbereiche:

1. Ambulante Pflege, Gesundheit, Rehabilitation
2. Persönliche Hilfe, Beratung
3. Hilfe zur Selbsthilfe
4. Häusliche Hilfen, Hauswirtschaft
5. Verpflegung, Beköstigung
6. Kommunikation, Freizeit, Information

Abbildung 4: Leistungsrahmen von Einrichtungen der offenen Altenhilfe

Leistungen im Organisationsbereich	
in der Einrichtung	außerhalb der Einrichtung
1. LEISTUNGSBEREICH: Ambulante Pflege, Gesundheit, Rehabilitation	
	Ambulante Kranken- und Altenpflege
	Haus- und Familienpflege
Körperpflegehilfen - Baden - Fußpflege	Körperpflegehilfen - Baden - Fußpflege
Heilgymnastik	Heilgymnastik
Bewegungstherapie	Bewegungstherapie
Massagen	Massagen
Hydrotherapie	
Ambulanz	
2. LEISTUNGSBEREICH: Persönliche Hilfe, Beratung	
Vermittlung von Hilfen	Vermittlung von Hilfen
Allgemeine Beratung, Gespräch	Allgemeine Beratung, Gespräch
Fachberatung - Recht - Gesundheit - Ernährung	Fachberatung - Recht - Gesundheit - Ernährung
	Persönliche Dienste - Besuchsdienst - Vorlesedienst - Fahrdienst - Begleitdienst

Fortsetzung Seite 37

Leistungen im Organisationsbereich (Fortsetzung)	
in der Einrichtung	außerhalb der Einrichtung
3. LEISTUNGSBEREICH: Hilfe zur Selbsthilfe	
Kurse in häuslicher Krankenpflege	Verleih von Hilfsmitteln Aktivierung der Nachbarschaft
4. LEISTUNGSBEREICH: Häusliche Hilfen, Hauswirtschaft	
	Zusammengefaßte Dienste - Nachbarschaftshilfe - Mobile Dienste Einzeldienste - Kochhilfe - Reinigungsdienst - Wäschedienst - Einkaufsdienst - Hol- und Bringdienst - Technisch-handwerkliche Hilfe
5. LEISTUNGSBEREICH: Verpflegung, Beköstigung	
Mittagstisch Cafeteria	Essen auf Rädern
6. LEISTUNGSBEREICH: Kommunikation, Freizeit, Information	
Gesellige Veranstaltungen, Unterhaltungsveranstaltungen - Feste, Feiern - Unterhaltungsfilme - Modenschau Kulturelle und religiöse Veranstaltungen - Konzerte - Theater - Dichterlesungen - Vorträge - Reiseberichte - Ökumenischer Gesprächskreis	

Fortsetzung Seite 38

Leistungen im Organisationsbereich (Fortsetzung)	
in der Einrichtung	außerhalb der Einrichtung
6. LEISTUNGSBEREICH: Kommunikation, Freizeit, Information	
Bildung - Fachvorträge - Sprachkurse, Konversation - Philosophische, theolog. psychologische Seminare - Kunstseminare - Lektüre, literarische Kreise - Gesprächskreise - Autogenes Training Hobby, Handwerk, Spiel - Malen - Werken - Basteln - Kochen - Handarbeiten - Kartenspiele - Schach - Billard - Musizieren - Singen - Laienspiel Fitness-Training, Sport - Schwimmen - Gymnastik - Kegeln - Tanzen	- Schwimmen - Wandern - Ausflüge und Besichtigungen

gebildet, denen dann Einzelleistungen und Leistungsbündel zugeordnet wurden. Ein Beispiel für ein Leistungsbündel stellt z.B. die ambulante Kranken- und Altenpflege dar, die viele Einzelleistungen zusammenfaßt (vgl. DIAKONISCHES WERK DER EVANGELISCHEN KIRCHE IN DEUTSCHLAND, 1978c, S. 24 ff.; BRENNER, 1976; BERUFSBILD, 1977).

Die im Leistungsrahmen (Abbildung 4) ausgewiesenen Leistungen umfassen unmittelbar und mittelbar personenbezogene Leistungen. Die Leistungen der nachgeordneten Aufgabenbereiche sind in den Leistungsrahmen nicht aufgenommen. Die systematisch geordneten Leistungen können den in Abbildung 2 genannten Bedarfsgruppen zugeordnet werden. Dies ist in Abbildung 5 dargestellt. Damit wird verdeutlicht, daß diese Leistungen in erster Linie Leistungen zur unmittelbaren Bedarfsdeckung der Nutzer von Einrichtungen der offenen Altenhilfe sind.

Durch die Einteilung der Leistungen nach dem Ort der Leistungserstellung wird eine Bildung von Einrichtungstypen (vgl. Abbildung 6) möglich. Unterschieden werden können:

- Einrichtungen wie Sozialstationen (auch Diakonie- oder Caritaspflegestationen genannt), Zentralen für ambulante Dienste, die ihre Leistungen schwerpunktmäßig in der Häuslichkeit der Nutzer erbringen.
- Einrichtungen wie Altentages-/Altenbegegnungsstätten, die ihre Leistungen schwerpunktmäßig in den Räumen der Einrichtung anbieten (z.B. Veranstaltungen verschiedener Art, stationäres Mittagessen, Fußpflege usw.).
- Einrichtungen mit beiden Leistungsschwerpunkten, sie werden hier Dienstleistungszentren genannt.

Abbildung 5: Unmittelbar und mittelbar personenbezogene Leistungen der Einrichtungen der offenen Altenhilfe zur Bedarfsdeckung

Leistungsbereiche	Leistungsangebote / Bedarfsgruppen	Ernährung	Schlafen	Kleidung	Körperpflege	Gesundheitspflege/ Medizinische Versorgung	Bildung (Allgemeinbildung und berufl. Aus- und Fortbildung)	Lebenshilfe (Seelsorge, Beratung)	Sport, Spiel, Erholung	Schöpferische Betätigung	Passive Entspannung (auch über Massenmedien)	Geselligkeit, Feste und Feiern	Arbeit (im Unterhalts- und/oder Erwerbsbereich)	Wohnung
Ambulante Pflege, Gesundheit, Rehabil.	Ambulante Kranken- und Altenpflege	x			x	x		x						
	Haus- und Familienpflege	x	x	x	x	(x)		x						x
	Körperpflegehilfen . - Baden				x									
	- Fußpflege				x									
	Heilgymnastik					x								
	Bewegungstherapie					x								
	Massagen					x								
	Hydrotherapie					x								
	Ambulanz					x								
Persönliche Hilfe Beratung	Vermittlung von Hilfen							x						
	Allgemeine Beratung, Gespräch							x						
	Fachberatung - Recht							x						
	- Gesundheit					x		x						
	- Ernährung	x						x						
	Persönliche Dienste - Besuchsdienst							x						
	- Vorlesedienst							x						
	- Fahrdienst							x						
	- Begleitdienst							x						
Hilfe z. Selbsth.	Kurse in häuslicher Krankenpflege					(x)	x							
	Verleih von Hilfsmitteln				x	x								

Fortsetzung Seite 41

Fortsetzung Abbildung 5

Leistungsbereiche	Leistungs-angebote / Bedarfsgruppen	Ernährung	Schlafen	Kleidung	Körperpflege	Gesundheitspflege/ Medizinische Versorgung	Bildung (Allgemein-bildung und berufl. Aus- und Fortbildung)	Lebenshilfe (Seelsorge, Beratung)	Sport, Spiel, Erholung	Schöpferische Betätigung	Passive Entspannung (auch über Massenmedien)	Geselligkeit, Feste und Feiern	Arbeit (im Unterhalts- und/oder Erwerbsbereich)	Wohnung
Häusliche Hilfen, Hauswirtschaft	Zusammengefaßte Dienste													
	- Nachbarschaftshilfe	x	x	x	x			x						x
	- Mobile Dienste	x	x	x	x			x						x
	Einzeldienste													
	- Kochhilfe	x												
	- Reinigungsdienst	x	x		x									x
	- Wäschedienst	x	x	x	x									x
	- Einkaufsdienst	x												x
	- Hol- und Bringdienst							x						
	- Technisch-handwerkliche Hilfe													x
Verpflegung, Beköstigung	Mittagstisch	x												
	Cafeteria	x												
	Essen auf Rädern	x												
Kommunikation, Freizeit Information	Gesellige Veranstaltungen Unterhaltungsveranstalt.										x	x		
	Kulturelle und religiöse Veranstaltungen							x			x			
	Bildung						x	x						
	Hobby, Handwerk, Spiel								x	x				
	Fitness-Training, Sport								x					
	Ausflüge und Besichtigungen						x		x			x		

Abbildung 6: Leistungsbereiche und Typen von Einrichtungen der offenen Altenhilfe

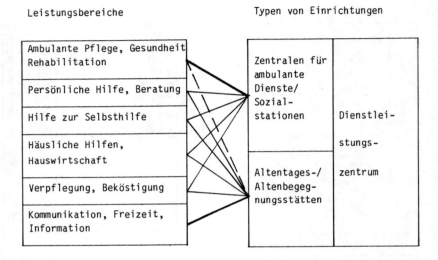

In der Praxis finden sich Sozialstationen, die auch Leistungen in den Räumen der Einrichtung anbieten, z.B. Baden. Es gibt andererseits auch Altentagesstätten, die einen Besuchsdienst anbieten. Deshalb ist die Bildung von Typen nur hinsichtlich ihrer Schwerpunkte möglich.

Die Einrichtung der offenen Altenhilfe, auf die die Betriebsanalyse anwendbar sein soll, muß einem der genannten Typen zuzuordnen sein, d.h. sie muß Leistungsbündel oder mehrere Einzelleistungen aus dem Leistungsrahmen anbieten.

Mit Hilfe des Leistungsrahmens und der Einrichtungstypen werden die Untersuchungsobjekte auch innerhalb der offenen Altenhilfe abgegrenzt, z.B. gegen Tagespflegeheime, Krankenwohnungen u.ä. Durch die Gliederung der innerhalb und außerhalb der Einrichtungen erbrachten Leistungen werden vor allem die Unterschiede zur stationären Altenhilfe deutlich.

4. Kennzeichnung der Einrichtungen der offenen Altenhilfe als offene soziale Systeme

Zur differenzierten Kennzeichnung der Einrichtungen der offenen Altenhilfe ist eine Gliederung der Einzelwirtschaft in Bereiche notwendig. So können betriebliche Strukturen und Prozesse transparent gemacht werden. Im Hinblick auf die Betriebsanalyse ist eine solche Gliederung vor allem für eine systematische Datenerfassung erforderlich. Außerdem ist dann bei begrenzten Fragestellungen die Untersuchung nur einzelner Bereiche möglich. Für eine Gliederung der Einzelwirtschaft erweist sich der Systemansatz als geeignet. Als System wird mit Ulrich "eine geordnete Gesamtheit von Elementen, zwischen denen irgendwelche Beziehungen bestehen oder hergestellt werden können" (ULRICH, 1970, S. 105) verstanden.

Die einzelne Einrichtung der offenen Altenhilfe läßt sich diesem Ansatz entsprechend durch folgende Eigenschaften charakterisieren (vgl. ULRICH, 1970, S. 111 ff.):

- Sie ist zielorientiert, denn alle Entscheidungen und Prozesse richten sich am Oberziel und an den Zielen zur Erreichung des Oberziels, der Bedarfsdeckung der vorgegebenen Menschengruppe, aus.
- Sie ist offen und dynamisch. Innerhalb der Einrichtung wie auch im Bezug zur Umwelt finden vielfältige Prozesse statt, die ständigen Veränderungen unterliegen.
- Sie ist ein soziales Gebilde und äußerst komplex. Von besonderer Bedeutung sind neben der Vielzahl von Sachbeziehungen die zwischenmenschlichen Beziehungen, z.B. zwischen Mitarbeitern und Nutzern, zwischen Mitarbeitern und Mitarbeitern und zwischen Mitarbeitern und Personen der Umwelt. Die Vielfalt der Beziehungen und Prozesse läßt eine vollständige und allumfassende Beschreibung nicht zu; es liegt also ein "äußerst komplexes" System vor (vgl. RAFFÉE, 1974, S. 81 f.).
- Sie ist ein produktives und technisches Gebilde. Durch die Erstellung von Leistungen ist die Einrichtung als produktiv und durch den Einsatz technischer Betriebsmittel wie Maschinen usw. als technisch auszuweisen (vgl. BOTTLER, 1982, S. 34 f.).

Zur Gliederung des Systems "Einrichtung der offenen Altenhilfe" werden im folgenden die Arbeiten verschiedener Autoren herangezogen, um daraus eine für diese Arbeit geeignete Ordnung abzuleiten.

Eine differenzierte Gliederung in Bereiche hat ULRICH vorgenommen. Er unterscheidet:

- die marktleistungsbezogenen Funktionsbereiche (Produktentwicklung, Produktion, Absatz),
- die betriebsmittelbezogenen Funktionsbereiche (Personalwesen, Anlagenwirtschaft, Materialwirtschaft, Informationswesen, Finanzwesen), die sich analog der wichtigsten Betriebsmittelkategorien Menschen, Anlagen, Materialien und Energie, Informationen und Zahlungsmittel ergeben;
- den bereichsübergreifenden Funktionsbereich, die Unternehmensführung (1970, S. 46 ff.).

RAFFÉE gliedert nach den "elementaren" betrieblichen Subsystemen Beschaffung, Leistungserstellung, Absatz und nach den übergreifenden Bereichen Finanzwirtschaft, Informationswirtschaft und Personalwirtschaft (1974, S. 166). Die Gliederungen dieser beiden Autoren beziehen sich auf erwerbswirtschaftliche Unternehmen.

Jedoch zieht BOTTLER den Systemansatz auch zur Bildung funktionaler Subsysteme des Großhaushalts heran. Er teilt ein in am Betriebsablauf orientierte Bereiche wie Beschaffungs- und Lagerwirtschaft, Leistungserstellungswirtschaft und Leistungsabgabewirtschaft, sowie in bereichsübergreifende abgeleitete Funktionen wie Führung, Controlling, Finanzwirtschaft und Personalwirtschaft (BOTTLER, 1976, S. 22 f.).

BLOSSER-REISEN nimmt eine Einteilung des Haushalts nach Entscheidungsbereichen vor. Hierbei stützt sie sich auf die Entscheidungsfindung als eine der zentralen Funktionen der Haushaltsführung. Der personale Bereich bestimmt die Bedarfsdeckungsaufgaben des Haushalts, die in den Hauptleistungsbereichen, dem Unterhalts- und dem Erwerbsbereich, zu erfüllen sind (1976, S. 120). Die dem Bereich der Mittel zuzuordnenden Güter, Dienste und Rechte ermöglichen die Aufgabenerfüllung im Unterhalts- und Erwerbsbereich. Als letzter Bereich ist der der Umweltbeziehungen zu nennen, der Entscheidungen des Haushalts wesentlich beeinflussen kann (BLOSSER-REISEN, 1979a, S. 62 ff.).

Der von BLOSSER-REISEN hervorgehobene personale Bereich bestimmt im wesentlichen die weiteren Teilbereiche des Haushalts durch die zu deckenden Lebensbedarfe der Haushaltspersonen. Jedoch ist hierbei zwischen den Großhaushaltsnutzern und den Großhaushaltsmitarbeitern zu unterscheiden. In den anderen genannten, nach funktionalen Gesichtspunkten gebildeten Gliederungen wird nur der personalwirtschaftliche (auf die Mitarbeiter bezogene) Aspekt aufgegriffen und durch den Teilbereich "Personalwirtschaft" ausgewiesen. Der "Nutzeraspekt" wird in diesen Gliederungen, soweit er von Bedeutung ist (z.B. beim Dienstleistungsunternehmen erwerbswirtschaftlicher Prägung oder im Großhaushalt), nicht speziell ausgewiesen. Er muß aber in den ausgewiesenen Bereichen Produktentwicklung, Produktion und Absatz (bzw. in den entsprechenden Bereichen der Autoren RAFFÉE und BOTTLER) berücksichtigt sein. Für Haushalte und hier für die Einrichtungen der offenen Altenhilfe spielt aber gerade der Bezug auf die zu versorgenden Personen eine zentrale Rolle.

Aus den vorliegenden Gliederungen wird für diese Arbeit eine auf die Einrichtungen der offenen Altenhilfe abgestimmte Einteilung in Subsysteme bzw. Bereiche abgeleitet. Hierbei wird vorrangig von den bei BLOSSER-REISEN genannten Entscheidungsbereichen, und erst in zweiter Linie von Funktionen und Prozessen ausgegangen. Außerdem ist diese Einteilung hinsichtlich der Zielsetzung der Untersuchung von der Notwendigkeit einer praktikablen Datenerfassung im Rahmen der Betriebsanalyse mitbestimmt.

Als Oberziel ist die jeweilige Bedarfsdeckung der vorgegebenen Menschengruppe anzusehen. Aus diesem Oberziel ergibt sich eine Vielzahl von Zwischen- und Unterzielen, deren Erfüllung in den Teilbereichen der Einrichtung angestrebt wird und die zur Erreichung des Oberzieles beitragen.

Die Bedarfsdeckungsaufgabe und die spezifischen Leistungsziele der Einrichtungen der offenen Altenhilfe haben sich an den Nutzern zu orientie-

ren. Im Mittelpunkt stehen demnach die Nutzerkennzeichnung und die auf
die Nutzer bezogenen Leistungen. Die Erfüllung dieser Leistungsziele erfolgt im <u>Leistungsbereich</u> der Einrichtung. Gemäß der Bedeutung der Leistungen für die Aufgabenstellung wird zunächst dieser Bereich herausgestellt. Ihm werden die nutzerrelevanten Aspekte zugeordnet. Vor allem
umschließt er alle in diesen Einrichtungen vorkommenden Leistungsarten,
die in der vorausgestellten Systematik (vgl. Abbildung 4) ausgewiesen
sind.

Als zweiter Bereich kann aus allen vorhergenannten Gliederungen ein <u>Bereich der Mittel</u> abgeleitet bzw. übernommen werden. Er umfaßt alle Entscheidungen über Mittelbeschaffung und Mittelverwendung. Ebenso wie der
Leistungsbereich kann auch der Mittelbereich weiter unterteilt werden.
Dabei scheint die Gliederung, wie sie ULRICH (1970, S. 46 ff.) nach den
verschiedenen Mittelkategorien vornimmt, als übersichtlich und für diese
Untersuchung sinnvoll. Der wichtigste Mittelbereich in Einrichtungen der
offenen Altenhilfe ist der personalwirtschaftliche Bereich, da der größte
Teil der Leistungen als von Personen erbrachte Dienstleistungen zu klassifizieren sind. Dabei ist auch der oft erhebliche Einsatz freiwilliger
Mitarbeiter zu beachten, die wesentliche Arbeitsleistungen erbringen
können. Ihr Einsatz tritt jedoch bei den Aufwandsrechnungen nicht oder
nur verhältnismäßig gering in Erscheinung.

Da die Einrichtungen der offenen Altenhilfe sich z.B. im Vergleich zu
Krankenhäusern in bezug auf Anlagen- und Materialwirtschaft als verhältnismäßig kleine Betriebe darstellen, werden diese Bereiche zum Bereich
der Sachmittel zusammengefaßt.

Um die Subsysteme des Mittelbereichs vollständig analog der ULRICH'schen
Betriebsmittelkategorien auszuweisen, sind noch die Finanzwirtschaft und
die Informationswirtschaft zu nennen. Die Finanzwirtschaft beinhaltet die
Entscheidungsaufgaben hinsichtlich der Beschaffung und Verwendung der finanziellen Mittel. Der Informationswirtschaft können nach RAFFÉE die
"Aufnahme, Speicherung, Verarbeitung und Abgabe von Nachrichten durch den
Betrieb sowie die Sachmittel und Personen, die bei der Aufnahme, Speiche-

rung, Verarbeitung und Abgabe von Informationen herangezogen werden" zugeordnet werden (1974, S. 209). Im allgemeinen wird zur Sammlung dieser Informationen das Rechnungswesen mit seinen Teilgebieten herangezogen. In bezug auf die Einrichtungen der offenen Altenhilfe sind bei der Informationswirtschaft zu berücksichtigen: Personen-, Bedarfs-, Leistungs- (output), Kapazitäts-, Mitteleinsatz- (input) und Umweltdaten (vgl. BLOSSER-REISEN, 1977, S. 254 f.).

Der Bereich der Umweltbeziehungen wird in den Gliederungen der genannten Autoren nur bei BLOSSER-REISEN (1977, S. 254 f.) explizit einbezogen. Auch bei einer Systembetrachtung der Einrichtungen der offenen Altenhilfe dürfen die Beziehungen zum "Supersystem" Umwelt nicht außer acht gelassen werden, denn viele Faktoren aus der Umwelt bestimmen das System maßgeblich. So ergibt sich die Leistungsstruktur der einzelnen Einrichtung im Zusammenspiel mit anderen Einrichtungen einer Region. Auch ist der Einfluß der von der Umwelt gegebenen Regelungen wie Gesetze und Bestimmungen groß. Außerdem sind Umweltbeziehungen gerade bei sozialpflegerischen Diensten unbedingt erforderlich, z.B. die Kontakte zu Ärzten, Krankenhäusern oder Seelsorgern. Erst dadurch wird eine bedarfsgerechte Hilfe oft erst möglich.

Nicht explizit angesprochen wird in den Gliederungen der in den Unternehmen bzw. Großhaushalten vorhandene organisatorische Aspekt. Ebenso wie die Finanz- oder Personalwirtschaft kann ein Bereich der Organisation ausgewiesen werden. Als Organisationsbegriff wird hier der instrumentale Organisationsbegriff zugrundegelegt; Organisation wird verstanden als "die durch formelle Regelungen hergestellte Ordnung oder Struktur eines sozialen bzw. soziotechnischen Systems" (JAKOB, 1980, S. 15). JAKOB erfaßt mit dieser Organisationsauffassung die Aufbaustrukturen und die Ablaufbeziehungen (Prozeßstrukturen) sowie die formellen Regelungen, die sich auf die Organisationsmitglieder sowie auf den Einsatz und die Funktionsweise von Sachmitteln beziehen.

5. Zusammenfassung

Die Einrichtungen der offenen Altenhilfe sind in diesem Kapitel als Untersuchungsobjekte für eine Betriebsanalyse durch mehrere Merkmale gekennzeichnet worden. In unserem Wirtschaftssystem sind sie durch die Widmung ihres Wirtschaftsergebnisses und die Art der Trägerschaft der Gemeinwirtschaft zuzuordnen. Sie stellen Teil-Großhaushalte mit einem bestimmten Leistungsangebot zur Bedarfsdeckung ihrer Nutzer dar. Die Einrichtungen der offenen Altenhilfe sind als offene soziale Systeme zu betrachten, die in verschiedene Bereiche gegliedert werden können. In dieser Arbeit werden als Bereiche einer solchen Einrichtung der Leistungsbereich, der Mittelbereich, der Bereich der Organisation sowie die Umweltbeziehungen ausgewiesen. Auf der Grundlage dieser Bereiche müssen im weiteren Verlauf der Arbeit die Bereiche abgegrenzt werden, die einer eigenständigen Analyse (Teilanalyse) unterworfen werden können. Mit Hilfe aller dann abgegrenzter Bereiche muß eine Einrichtung der offenen Altenhilfe als Ganzheit erfaßt werden können und durch die Zusammenführung der Teilanalysen eine umfassende Betriebsanalyse möglich sein.

IV. DIE BETRIEBSANALYSE ALS METHODE ZUR UNTERSUCHUNG VON EINRICHTUNGEN DER OFFENEN ALTENHILFE

1. Die Analyse erwerbswirtschaftlicher Betriebe bzw. Unternehmen in der wirtschaftswissenschaftlichen Literatur

1.1. Begriff und Zwecke der Betriebsanalyse

Im Gegensatz zu Literatur über Bilanz-, Kosten- und sonstige Einzelanalysen ist Literatur, die sich speziell auf die umfassende Betriebs- bzw. die Unternehmensanalyse, auf ihre Anwendung und Durchführung bezieht, nur in verhältnismäßig geringem Umfang vorhanden. Als umfassende Betriebsanalyse wird hier die Untersuchung eines Betriebes bzw. eines Unternehmens verstanden, die durch die Zusammenführung mehrerer Teilanalysen erreicht wird. Als Autoren, die sich grundlegend mit dieser Materie befaßt haben, sind u.a. SCHMALTZ (1929), GERSTNER (1936), VIEL (1958), vor allem SCHNETTLER (1960) aber auch HARTMANN (1970) und HENSELER (1979) zu nennen.

Obwohl sich die auf umfassende Analysen angelegten Arbeiten auf dasselbe Erkenntnisobjekt beziehen, ist ihre Benennung nicht einheitlich; es sind beide Begriffe vertreten, die Betriebsanalyse und die Unternehmensanalyse. Autoren, die den Begriff der Betriebsanalyse gewählt haben, verwenden einen weitgefaßten Betriebsbegriff. SCHNETTLER (1960, S. 4 f.) sieht den Begriff "Betrieb" im Sinne von Unternehmen, aber auch als die Betriebsstätte oder die Kostenstelle eines Werkes und weist so den "Bereich" der Betriebsanalyse aus. VIEL formuliert das Problem folgendermaßen: "Die Unterscheidung von Betrieb und Unternehmung hat für uns ... nur den Sinn, daß wir spezifisch betriebliche und unternehmerische Belange auseinanderhalten, ...". Bei ihm geht es bei der Betriebsanalyse nicht um Betrieb und Unternehmung als solche, sondern um "bestimmte betriebswirtschaftlich bedeutsame Sachverhalte als Resultante von wirtschaftlichen Vorgängen und Erscheinungen" (VIEL, 1958, S. 3). HENSELER definiert als Erkenntnisobjekt seiner Unternehmensanalyse die Unternehmung als System (1979, S. 13 f.).

Im folgenden wird nicht mehr nach Betriebs- und Unternehmensanalyse
unterschieden, sondern vereinfacht von der Betriebsanalyse gesprochen.
Bei SCHNETTLER beinhaltet der Begriff Betriebsanalyse die Zerlegung betrieblicher Größen und die Einordnung der Ergebnisse in größere Zusammenhänge. Dabei ist für ihn das Vordringen zu den Ursachen wesentlich
(1960, S. 3 f.). HARTMANN definiert die Betriebsanalyse als Methode,
"die durch Zerlegung der verschiedenen betrieblichen Erscheinungen eines
Betriebes nach qualitativen und quantitativen Gesichtspunkten deren Be-
stimmungsfaktoren erkennen läßt, so daß die Ursachen des gesamten betrieblichen Geschehens sichtbar werden" (1970, S. 13). Die Auswertung,
d.h. Urteilsbildung und Urteilsäußerung werden bei beiden Autoren noch
als zur Betriebsanalyse gehörend betrachtet.

In erster Linie dient die Betriebsanalyse der Gewinnung von Informationen,
die unterschiedlich genutzt werden können. Die von den Autoren genannten
eigentlichen Zwecke der Betriebsanalyse können zu drei Gruppen zusammengefaßt werden:

1. Die Bereitstellung von Unterlagen für die Betriebsführung zur "Durch-
   leuchtung" des Betriebes. Die Betriebsanalyse soll einer optimalen
   Wirtschaftsführung wie auch deren Kontrolle dienen (vgl. SCHNETTLER,
   1960, S. 3; HRUSCHKA, 1966, S. 43; HARTMANN, 1970, S. 15 ff.; VIEL,
   1958, S. 5; HENSELER, 1979, S. 16).
2. Die Bereitstellung von Unterlagen für betriebspolitische Entscheidungen, z.B. für größere finanzielle, personelle oder strukturelle
   Änderungen (vgl. SCHNETTLER, 1960, S. 3; HENSELER, 1979, S. 16).
3. Die Bereitstellung von Unterlagen zur Gewinnung von Erkenntnissen für
   die Zielbestimmung bei Prognose und Planung sowie über Ursachen für
   mögliche Zielabweichungen bei der Zielerreichung (vgl. HENSELER, 1979,
   S. 16).

Wird eine Unterscheidung nach den Interessenten der durch die Analyse zu
erhaltenden Informationen getroffen, kann mit SCHMALTZ in Betriebsanalysen zu a) internen Zwecken ("Betriebsanalyse vom Standpunkt der Betriebsleitung") und b) zu externen Zwecken eingeteilt werden (1929,

S. 7). Die oben genannten Punkte geben die Zwecke der Betriebsanalyse zu internen Zwecken (für die Betriebsführung) an, auf denen auch meist der Schwerpunkt der Darstellung der verschiedenen Autoren liegt.

Interessenten einer Betriebsanalyse zu externen Zwecken können sein: Kreditgeber, Kapitalgeber, Lieferanten, Kunden, Arbeitnehmer, Anteilseigner, Börsenspekulanten und Konkurrenten (vgl. SCHMALTZ, 1929, S. 7; HENSELER, 1979, S. 14 ff.).

1.2. Inhalte der Betriebsanalyse

Eine Betriebsanalyse befaßt sich im Prinzip nicht nur mit zahlenmäßig faßbaren Größen, sondern auch mit Tatbeständen, die nur indirekt zu erfassen und zu messen sind. SCHNETTLER unterscheidet deshalb zwei Formen der Betriebsanalyse, zum einen Analysen mit verbalen Äußerungen und zum anderen Analysen, die mit zahlenmäßig faßbaren Größen arbeiten. Er beschränkt sich jedoch bei seiner Betriebsanalyse auf die "rechnerisch faßbaren Größen" (1960, S. 4, 44). Im Hinblick auf die Einrichtungen der offenen Altenhilfe ist jedoch die Beschränkung auf nur rechnerisch faßbare Größen zu eng, da wichtige betriebliche Tatbestände hiermit nicht erfaßt werden können (z.B. Teile der Leistungsqualität).

Die Schwerpunkte der angeführten Arbeiten liegen auf den Teilanalysen der Betriebsanalyse, die als Ausgangsmaterial die Daten des vorhandenen Rechnungswesens verwenden: die Daten der Finanzbuchführung, der Kostenrechnung und der Statistik. Im Vordergrund steht die Abhandlung von Einflüssen und Bewertungsgrundlagen, die bei den Teilanalysen der Betriebsanalyse zu berücksichtigen sind. Theoretisch abgehandelt werden Finanzanalysen, speziell Bilanz-, Vermögens-, Kapital- und Liquiditätsanalysen sowie Kosten-, Aufwands- und Ertragsanalysen und Verfahren zur Messung von Produktivität, Wirtschaftlichkeit, Rentabilität und der Durchlaufsgeschwindigkeit von Objekten unterschiedlicher Art. Als Objekte der Messung kommen z.B. Vorräte oder Gesamtkapital in Frage.

Die anwendungsorientierten Arbeiten von HRUSCHKA (1966) und HARTMANN (1970) widmen auch den nicht direkt quantitativ faßbaren Tatbeständen größeren Raum und geben Hilfen für die praktische Durchführung von Betriebsanalysen. Als eine Teilanalyse sehen sie die Untersuchungen der Grunddaten des Betriebs hinsichtlich der Zielvorstellungen, der rechtlichen, wirtschaftlichen, technischen, personellen und organisatorischen Gegebenheiten. Diese werden bei den älteren Autoren als Einflußfaktoren bei der theoretischen Abhandlung der Bewertungsgrundlagen für die oben genannten Analysen einbezogen. Außer der Besichtigungsanalyse bzw. Betriebsbegehung führt HARTMANN zusätzlich eine Organisationsanalyse durch (1970, S. 148 ff.), während HRUSCHKA die betrieblichen Leistungsbereiche genauer untersucht (1966, S. 49 ff.).

Praktische Anleitungen zum Vorgehen bei der Durchführung einer Betriebsanalyse finden sich bei den letztgenannten Autoren. So gibt HRUSCHKA für die Feststellung des IST-Zustandes folgende Hilfen (1966, S. 49 ff.):

- ein systematisches Erhebungsschema, mit dessen Hilfe Informationen zum Betriebsziel, zu den Grundlagen der Betriebswirtschaft (hier: "Naturgrundlagen", "Menschengrundlagen" und "technischen Grundlagen") und zu den Leistungsbereichen Planung, Organisation, betriebliches Vorschlagswesen, Personalwesen, Finanzierung, Absatz, Beschaffung, Lagerhaltung, Transportwesen, Fertigung, Schadenverhütung und Versicherung sowie Kontrolle erfaßt werden,
- ein Rahmenschema für Betriebsanalysen mit Formularblättern und Erläuterungen zur Feststellung der allgemeinen Betriebsdaten, der Betriebsleistung und Ergebnisrechnung, der Beschäftigtenstruktur, des Anlagevermögens, der Vermögens- und Kapitalstruktur sowie der Aufwands- und Kostenstruktur.

In bezug auf das Instrumentarium zur Durchführung einer Betriebsanalyse von Einrichtungen der offenen Altenhilfe geben diese Schemata Informationen über zu untersuchende Sachverhalte. Sie können nicht in dieser Form übernommen werden, da eine andere Gliederung der Bereiche (vgl. Kapitel III. 4) zugrundeliegt. Außerdem sind in Einrichtungen der offenen Altenhilfe teilweise andere Sachverhalte zu analysieren.

Als Phasen bei der Durchführung einer Betriebsanalyse unterscheidet HENSELER die Problemfindung und Aufbereitung des Datenmaterials, bei der die Ursprungsdaten zusammengefaßt, bereinigt, gruppiert und neu gegliedert werden. Das Umformen des Materials und die Urteilsfindung vervollständigen das Vorgehen (1979, S. 23 ff., S. 52 ff.)

LATENDORF (1956) beschreibt das Vorgehen mit den Stufen:

- Sammeln und Erfassen
- Ordnen
- Bearbeiten
- Vergleichen.

Die rechnerisch faßbaren Größen werden bei der Betriebsanalyse zu Kennzahlen umgeformt und verdichtet. Dabei werden unter betriebswirtschaftlichen Kennzahlen "absolute Zahlen, wie Summen, Differenzen und Mittelwerte, oder Verhältniszahlen, wie Gliederungs-, Beziehungs- und Indexzahlen, die in konzentrierter Form über einen zahlenmäßig erfaßbaren Tatbestand informieren" (REICHMANN/LACHNIT, 1976, S. 706) verstanden.

Als wichtigstes Hilfsmittel der Betriebsanalyse gilt der Vergleich von Zahlengrößen (SCHNETTLER, 1960, S. 46), denn mit seiner Hilfe kann eine Bewertung und Beurteilung der mit der Betriebsanalyse gewonnenen Kennzahlen erreicht werden.

Unterschieden werden inner- und zwischenbetriebliche Vergleiche, die als Zeitvergleiche oder als SOLL-IST-Vergleiche durchgeführt werden (vgl. MERKLE, 1982, S. 329 f.; MEYER, 1976, S. 48 ff.). Eine Übersicht über betriebliche Kennzahlenvergleiche ist in Abbildung 7 dargestellt.

Abbildung 7: Arten des Kennzahlenvergleichs

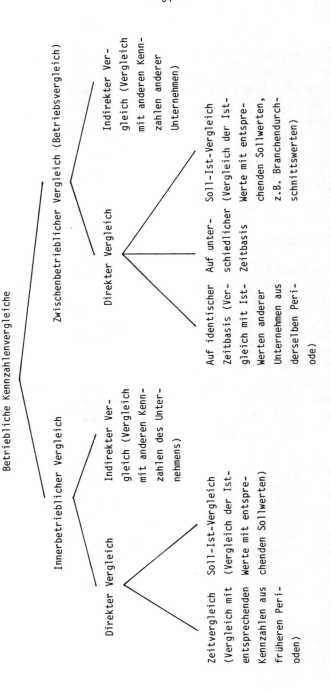

(MERKLE, 1982, S.329)

In der Betriebswirtschaftslehre existiert eine Fülle von Kennzahlen zu einzelnen Betriebsbereichen (vgl. z.b. SCHOTT, 1981; MATZENBACHER, 1978; MEYER, 1976, S. 61 ff.) und Kennzahlensystemen (vgl. z.b. LACHNIT, 1980; REICHMANN/LACHNIT, 1976; KERN, 1971; STAEHLE, 1969) die nicht nur zur vergangenheitsbezogenen Analyse, sondern auch bei der Unternehmensplanung eingesetzt werden (vgl. HUMMEL/KURRAS/NIEMEYER, 1980).

Im Hinblick auf die Verwertbarkeit für die Betriebsanalyse von Einrichtungen der offenen Altenhilfe sei aus den vorangegangenen Ausführungen zunächst festgehalten:

- Die Betriebsanalyse wird in erwerbswirtschaftlichen Betrieben vorrangig für Teilbereiche des Betriebes mit zahlenmäßig faßbaren Größen auf der Grundlage eines verfügbaren Rechnungswesens eingesetzt.
- Die anwendungsbezogenen Arbeiten zur Betriebsanalyse, welche auch die nicht direkt quantifizierbaren Bereiche des Betriebes einbeziehen und dazu Anleitungen geben, sind wegen der Ausrichtung auf erwerbswirtschaftliche Betriebe nur begrenzt auf bedarfswirtschaftliche Einrichtungen übertragbar.

Zu Beginn der Ausführungen dieses Kapitels wurde herausgestellt, daß als Ziel der Betriebsanalyse in erster Linie die Gewinnung von Informationen für die Betriebsführung für verschiedene Zwecke gesehen wird. In diesem Zusammenhang ist auch auf die Entwicklung des Controlling (vgl. z.b. HORVÁTH, 1979a, LINK, 1982) in den Wirtschaftswissenschaften hinzuweisen. HORVÁTH definiert Controlling als eine Führungsfunktion, "die in der Koordination von Planung und Kontrolle mit der Informationsversorgung besteht. Koordination bedeutet hierbei nicht nur laufende Abstimmungsprozesse, sondern auch die Gestaltung von Planungs-, Kontroll- und Informationsversorgungssystemen" (1979b, S.34).

Einsatzmöglichkeiten des Controlling werden zwar auch in nicht erwerbswirtschaftlichen Betrieben gesehen, spezifischen Schwierigkeiten begegnet man dort jedoch zur Zeit z.B. durch die nicht vorhandene operationale Definition der Leistungen bzw. der Leistungsziele (vgl. BOTTLER, 1975b, S. 200; SIEBEN/SCHNEIDER, 1982, S. 244).

Festzustellen ist, daß Controlling-Funktionen auch in nicht institutionalisierter Form zielgerichteten Systemen "immanent" sind (vgl. BOTTLER, 1975c, S. 22). Sie werden also auch in Einrichtungen der offenen Altenhilfe wahrgenommen. Betrachtet man aber die Größe der Einrichtungen der offenen Altenhilfe, deren derzeitige Situation, die vorhandenen Zielvorstellungen und die zur Erfolgsfeststellung vorliegenden Daten und Instrumente (vgl. Kapitel IV. 5), so ist eine Institutionalisierung des Controlling mit seinem vielfältigen Instrumentarium (vgl. HORVÁTH, 1979b, S. 36 ff.) den Einrichtungen nicht angemessen. Eine in gewissen Zeitabständen durchzuführende Betriebsanalyse, die der Betriebsführung die notwendigen Informationen und Grundlagen zur Einschätzung bzw. Feststellung der betrieblichen Situation bereitstellt, ist im Hinblick auf den Informationsbedarf und die Kontrollaufgaben für diese Einrichtungen als ausreichend zu betrachten.

2. Die Analyse bedarfswirtschaftlicher Betriebe in der haushaltswissenschaftlichen Literatur

2.1. Begriff und Zwecke der Haushaltsanalyse

Im Vergleich zur wirtschaftswissenschaftlichen Literatur, die sich mit der Analyse erwerbswirtschaftlicher Betriebe auseinandersetzt, liegen auf dem Sektor der Bedarfswirtschaften (hier: Privat- und Großhaushalte) zu diesem Problem nur wenig Unterlagen vor, und diese beziehen sich vorrangig auf den Privathaushalt.

Die Haushaltsanalysen von BLOSSER-REISEN (spezielle Literatur hierzu: 1976, S. 167 ff., 1979b, 1980, 1983, 1984) und v.SCHWEITZER (spezielle Literatur hierzu: 1968a, 1968b, 1969a, 1969b, 1976) entwickelten sich aus der Arbeit in der ländlich-hauswirtschaftlichen Beratung. Die Methode der Haushaltsanalyse beschränkt sich bei beiden Autorinnen jedoch nicht auf den landwirtschaftlichen Haushalt, beide sehen die Methode sowohl auf verschiedene Typen des Privathaushalts als auch auf den Großhaushalt (Anstaltshaushalt) ausgerichtet (vgl. BLOSSER-REISEN, 1976,

S. 167; v.SCHWEITZER, 1969b, S. 15). Allerdings sind Formulare und Auswertungshilfen bis jetzt nur für den privaten Haushalt entwickelt (vgl. BETZ u.a., 1985; v.SCHWEITZER, 1969a).

VON SCHWEITZER definiert ihre Haushaltsanalyse als eine Methode, "die in sich begründet und abgeschlossen zur Erfassung - d.h. objektiven Darstellung - der Struktur des Einzelhaushaltes führt" (1968a, S. 3). Bei BLOSSER-REISEN umfaßt die Haushaltsanalyse die Erfassung von Informationen zur Haushaltssituation, die Verarbeitung der Informationen zu Kennzahlen und ihre Beurteilung bezüglich der Werthaltungen und Ziele des Haushalts (1980, S. 74).

Den "Auftrag" der Haushaltsanalyse sieht v.SCHWEITZER darin, "die Struktur der Haushaltsgestaltung in bezug auf die natur- und geschichtsbezogenen Lebensbedürfnisse einer Familie und ihren individuellen Lebensstil und sozialen Lebenshaltungsstil zu bestimmen" (1969b, S. 16). BLOSSER-REISEN formuliert dies folgendermaßen: "Zweck der Analyse ist letztlich die Feststellung von Erfolg oder Mißerfolg haushälterischen Handelns, sie ist notwendige Grundlage für die Überprüfung des Zielsystems und der IST-Situation im Rahmen der Haushaltsführung" (1980, S. 74).

Mit der Haushaltsanalyse soll also festgestellt werden, ob der Lebensbedarf der Haushaltsmitglieder nach Art, Menge und Qualität im Rahmen der gegebenen Möglichkeiten bestmöglich gedeckt und ob die verfügbaren Mittel zu dieser Bedarfsdeckungsaufgabe wirtschaftlich verwendet wurden. Außerdem ist die Frage zu beantworten, ob die aus der Lebenshaltung sich ergebenden Ansprüche des Haushalts im Einklang mit dem verfügbaren Mittelpotential stehen (vgl. BLOSSER-REISEN, 1976, S. 169).

Ebenso wie die Betriebsanalyse wird eine Haushaltsanalyse zur Informationsgewinnung durchgeführt. Mit ihr sollen die Eigenart und Struktur des jeweiligen Haushalts dargestellt, die Transparenz komplexer Probleme erreicht und Handlungsmöglichkeiten zur Problemlösung erarbeitet und geprüft werden (BLOSSER-REISEN, o.J.). Die Informationen über die konkrete Haushaltssituation machen Haushaltsplanung, Haushaltsorganisation und

-kontrolle erst möglich und dienen als Grundlage für Haushaltsentscheidungen (vgl. BLOSSER-REISEN, 1980, S. 70 ff.; v.SCHWEITZER, 1968a, S. 3 f.).

2.2. Inhalte der Haushaltsanalyse

Die Feststellung der erreichten Bedarfsdeckung birgt große Probleme in sich, da quantitative und viele schwer meßbare, qualitative Elemente zu erfassen sind. Die Haushaltsanalyse muß Instrumente anwenden, die qualitative und quantitative Aussagen ermöglichen, die Ergebnisse müssen also verbal und durch rechnerisch faßbare Größen ausgewiesen werden. Vor allem die Werthaltungen und die Zielvorstellungen der Haushaltsmitglieder sowie die Bedarfssituation sind schwer zu erfassen. Analyseinstrumente hierzu bestehen in Ansätzen und sind noch weiter zu entwickeln (vgl. BLOSSER-REISEN, 1980, S. 78; 1983, S. 243, 251; BAUER-SÖLLNER, 1978).

Der grundlegende Teil einer Haushaltsanalyse wird sich immer mit den Haushaltsmitgliedern, mit ihren Ziel- und Wertvorstellungen, dem Lebensstandard und mit der Struktur des Lebensbedarfs zu befassen haben, denn diese Gegebenheiten sind die Voraussetzungen zur Beurteilung des erreichten Bedarfsdeckungsgrades (vgl. BLOSSER-REISEN, 1980, S. 78).

Mit den genannten Haushaltsanalysen werden im Prinzip dieselben Sachverhalte untersucht, jedoch wird dabei unterschiedlich vorgegangen.

VON SCHWEITZER (1968a) wendet sich nach der Erfassung der Familien- und Lebenshaltungsstruktur und den Standortdaten sowie einer Übersicht über Arbeits- und Geldeinteilung den Arbeitsbereichen der Hauswirtschaft zu. Für jeden Arbeitsbereich werden Räume, Ge- und Verbrauchsgüter, der Technisierungsstand, Geldbedarf und Geldaufwand sowie der Arbeitszeitaufwand ermittelt. Abschließend werden die Geldwirtschaft und die Arbeitswirtschaft des Haushalts analysiert.

Bei BLOSSER-REISEN schließt sich an die Analyse des personalen Bereichs die Darstellung der IST-Situation im Unterhalts- und Erwerbsbereich an.

Im Unterhaltsbereich werden ebenfalls Räume, Ge- und Verbrauchsgüter, die variablen und fixen Kosten und die Arbeitszeit erfaßt. Die Gliederung erfolgt jedoch nach den Gruppen des Lebensbedarfs und zusätzlich nach den Organisations- bzw. Aufgabenbereichen des Haushalts (1976, S. 167 ff.).

Die Analyse des Erwerbsbereichs bezieht sich auf Höhe und Struktur des Haushaltseinkommens, die Besteuerung und die soziale Sicherung, sowie auf die Feststellung der Kosten und der Arbeitszeit für die Einkommenserzielung und -sicherung.

Die Arbeitszeitkapazitätsrechnung und die Erfassung des Sach- und Finanzvermögens geben Auskunft über Art und Umfang der insgesamt zur Verfügung stehenden Mittel. Die Angaben zum Standort und den Umweltbeziehungen vervollständigen die Darstellung der Haushaltssituation (vgl. BLOSSER-REISEN, 1977, S. 253 f.; 1983, S. 241 f.).

Im Gegensatz zur Betriebsanalyse kann bei Haushaltsanalysen in den seltensten Fällen auf ein "Rechnungswesen" zurückgegriffen werden. Hier stellt schon die Erfassung von allgemeinen Daten zur Kennzeichung des Haushalts und erst recht die Erfassung von Daten z.B. über Haushaltsleistungen oder die Arbeitszeitverwendung ein Problem dar. Erst daran anschließend können die für die Analysen notwendigen Daten umgeformt, zu Kennzahlen verdichtet und zu sinnvollen Aussagen verarbeitet werden.

VON SCHWEITZER läßt die Daten erfragen, schätzen und/oder aus einer evtl. vorhandenen Buchführung (vor allem bei landwirtschaftlichen Haushalten) entnehmen. BLOSSER-REISEN hat einen anderen Weg verfolgt, bei dem die wesentlichen Daten wie Haushaltsleistungen, Produktionsbedingungen und dergleichen im Haushalt erfragt, die entsprechenden Kosten- und Arbeitszeitdaten für den Unterhaltsbereich jedoch aus einem Katalog mit standardisierten Daten (BETZ u.a., 1985) für die jeweils zutreffende Haushaltssituation entnommen werden.

Die Beurteilung der gewonnenen Daten, die hauptsächlich zu Kennzahlen verarbeitet vorliegen, erfolgt bei BLOSSER-REISEN, soweit bisher möglich, auf der Basis subjektiver Zielvorstellungen der Haushaltsmitglieder und objektiver Normdaten. Der Vergleich mit Vorgabe- oder Zieldaten setzt jedoch eine Operationalisierung der Haushaltsziele sowie ein System von objektiven Normen voraus, Bedingungen, deren Erfüllung beim gegenwärtigen Stand der haushaltswissenschaftlichen Forschung noch auf sehr große Schwierigkeiten stößt (vgl. hierzu die Arbeit von MAIERBECK, 1978). Zusätzliche Orientierungshilfe können die Daten vergleichbarer Haushalte geben.

Eine der umfassenden Betriebsanalyse für erwerbswirtschaftliche Unternehmen entsprechende Methode für Großhaushalte ist nicht bekannt. Vorhandene Methoden oder methodische Ansätze zur Feststellung des Erfolges oder für die Planung, Steuerung und Kontrolle für Großhaushalte sind zum großen Teil auf Krankenhausbetriebe ausgerichtet. Anzusprechen sind dabei Arbeiten, die sich auf die Feststellung des Behandlungserfolgs (Medical Audit) beziehen (vgl. hierzu: DER BUNDESMINISTER FÜR ARBEIT UND SOZIALORDNUNG, 1981), und zum andern diejenigen, die sich mit der Wirtschaftlichkeit von Krankenhäusern auseinandersetzen (vgl. z.B. SIEBIG, 1980, und die dort genannte Literatur). Für Krankenhäuser liegen auch Kennzahlen bzw. Kennzahlengruppen vor (vgl. EICHHORN, 1976, S. 112 ff.; BÖLKE, 1982; FREYMANN, 1982; HAUKE, 1978; HEISLER, 1982). Außerdem existiert ein ausführlicher Betriebsvergleich von Einzelwirtschaften der stationären Altenhilfe (DIECK, 1980), bei dem ebenfalls eine Vielzahl von Kennzahlen speziell für diese Art bedarfswirtschaftlicher Einrichtungen erarbeitet worden ist (DIECK, 1979b).

Dieser unternehmensmorphologisch ausgerichtete Betriebsvergleich für die unterschiedlichen Heimtypen Altenwohnheim, Altenheim, Altenpflegeheim und Mischformen basiert auf einem für die Einrichtungen der stationären Altenhilfe entwickelten Zielsystem. Dabei werden auch immaterielle Ziele einbezogen, die nicht quantifizierbar und meßbar sind: "Wir halten die Erhebung von Daten für sinnvoll, die sich zwar einer Interpretation in bezug auf den jeweiligen Zielerreichungsgrad entziehen, die jedoch geeignet sind, die Vielfältigkeit betrieblicher Strukturen und Randbedingungen des Wirtschaftens aufzuzeigen" (DIECK, 1976, S. 62). Als in quantitativer und qualitativer Hinsicht zu untersuchende Strukturmerkmale der Einzelwirtschaften der stationären Altenhilfe werden von DIECK die Zweckbestimmung, die Betriebsgröße, die Leistungen, die Organisation und die Finanzwirtschaft herangezogen (vgl. DIECK 1976, S. 81 ff.).

Zusammenfassend sei herausgestellt:

- Die Haushaltsanalyse ist bisher vorrangig für Privathaushalte entwickelt. Umfassende Methoden zur Erfolgsfeststellung von Großhaushalten sind derzeit nur aus ersten Arbeiten für Krankenhäuser und für Einrichtungen der stationären Altenhilfe bekannt.
- Eine Haushaltsanalyse erfordert zwingend die Einbeziehung qualitativer und quantitativer Daten. Eine differenzierte Kennzeichung der Bedarfsdeckungsleistungen ist Voraussetzung für die Mehrheit der angestrebten Aussagen.
- Bei Haushaltsanalysen kann (abgesehen vom Krankenhaus) nicht in jedem Fall auf ein differenziertes Informationswesen als Datengrundlage zurückgegriffen werden.

3. Die Betriebsanalyse als Methode zur Untersuchung von Einrichtungen der offenen Altenhilfe

3.1. Ausgangssituation

Sowohl die Betriebs- als auch die Haushaltsanalyse verfolgen - abgestimmt auf ihre Untersuchungsobjekte - im Prinzip dieselben allgemeinen Ziele. Mit ihrer Hilfe werden Informationen für die Betriebs- bzw. Haushaltsführung gewonnen. Beide stellen Unterlagen bereit, mit denen Aussagen zum Erfolg bzw. zu Teilerfolgen der Wirtschaftseinheit möglich sind. Erfolg wird hier verstanden als Grad der Zielerreichung (vgl. FLOHR, 1964, S. 26). Die Messung und Beurteilung des Erfolges bzw. die Darstellung der IST-Situation wird durch Kennzahlen, Kennzahlensysteme und Kennzahlenvergleiche vorgenommen. Allerdings sind für private Haushalte Kennzahlen nur in beschränktem Umfang, "Kennzahlensysteme" jedoch nicht bekannt. Für Großhaushalte liegen mehrere Beispiele für Kennzahlengruppen vor. Wie schon dargestellt, stehen im Mittelpunkt der Betriebsanalyse erwerbswirtschaftlicher Unternehmen primär zahlenmäßig faßbare Größen. Im Rahmen von Haushaltsanalysen bilden Aussagen zu qualitativen Aspekten neben denen zu quantitativen notwendig einen besonderen Schwerpunkt, wenn auch methodisch hierzu bisher nur Ansätze vorhanden sind, wie z.B. die Bedarfs- und Leistungsanalyse (vgl. BLOSSER-REISEN, 1980; BAUER-SÖLLNER, 1978).

Im Gegensatz zur Betriebsanalyse besteht für die Haushaltsanalyse (privater Haushalte) das Problem des "fehlenden" Informationswesens; das bedeutet, daß das "Urmaterial" für eine Analyse im Haushalt nicht gesammelt vorliegt. Das bedingt ein anderes Vorgehen hinsichtlich der Datenerfassung bei der Durchführung einer Haushaltsanalyse als bei der Durchführung einer Betriebsanalyse.

Wird der Krankenhausbereich einmal ausgeschlossen, findet man dieses Problem auch bei Großhaushalten. Neben den vom Rechnungswesen für die Leistungsabrechnung speziell geforderten Daten scheinen die Dokumentation differenzierter Leistungsbeschreibungen und auch eine detaillierte Leistungserfassung nicht die Regel zu sein. Dies trifft auch bei Einrichtungen der offenen Altenhilfe zu (vgl. Kapitel IV.5.2). Bei einer Analyse dieser Einrichtungen müssen diese Gegebenheiten berücksichtigt und schon die Datenerfassung darauf abgestimmt werden. Zudem kann eine Methode der Betriebsanalyse, mit der die erforderlichen Daten, auch die nicht dokumentierten, erfaßt werden können, diesen Mangel etwas ausgleichen und evtl. die Informationsgrundlagen in diesen Einrichtungen erweitern.

Soweit möglich wurde bei der Entwicklung der Betriebsanalyse für die Einrichtungen der offenen Altenhilfe in dieser Untersuchung auf die zuvor geschilderte Fachliteratur zurückgegriffen. Die vorhandenen methodischen Ansätze mußten jedoch grundsätzlich neu bearbeitet und auf die Besonderheiten dieser speziellen Form des Großhaushaltes ausgerichtet werden.

3.2. Zur Begriffsbestimmung der Betriebsanalyse von Einrichtungen der offenen Altenhilfe

Zur Begriffsfassung der "Betriebsanalyse" in dieser Arbeit sei folgendes gesagt: Für den bedarfswirtschaftlichen Bereich, für Privat- und Großhaushalte, ist bis jetzt der Begriff Haushaltsanalyse nur in der Ausrichtung auf den privaten Haushalt geprägt. Eine Unterscheidung nach Haushalt und Haushaltsbetrieb ist im Hinblick auf die unterschiedlichen Grade der Dispositionsfreiheit je nach Träger bzw. Einrichtung der offenen Altenhilfe für die durchzuführende Analyse wenig praktikabel - soll doch die Gesamtheit aller Vorgänge, die eine Einrichtung der offenen Altenhilfe betreffen, betrachtet werden. Es wird hier der Terminus Betriebsanalyse gewählt, wobei mit Betrieb nicht nur eine dem Haushalt untergeordnete technische Einheit gemeint ist, sondern ein weiter Betriebsbegriff, der den Betrieb als Einzelwirtschaft und nicht nur als Produktionswirtschaft ausweist. Für diese Arbeit scheint es zweckmäßig den Betriebsbegriff als Überbegriff für den in Kapitel III gekennzeichneten Großhaushalt "Einrichtung der offenen Altenhilfe" zu wählen.

Die Betriebsanalyse wird als Methode gesehen, wobei unter einer Methode "ein planmäßiges Verfahren zur Erreichung eines bestimmten Erkenntniszieles" (DIEDERICHSEN, 1972, S. 4) verstanden wird. Die Betriebsanalyse untersucht komplexe betriebliche Sachverhalte. Ihr Ziel ist es, der Betriebsführung Unterlagen zur Planung, Entscheidung und Kontrolle bereitzustellen und Aussagen zum Erfolg zu ermöglichen. Zur Durchführung einer Betriebsanalyse wird ein Instrumentarium benötigt, mit dessen Hilfe die wesentlichen Betriebsdaten erfaßt, verarbeitet und beurteilt werden können. Es sollen nicht nur Aussagen zu quantitativen Aspekten durch die Ermittlung und den Vergleich von Kennzahlen, sondern - soweit dies beim gegenwärtigen Stand der Forschung durchführbar ist - auch Aussagen zu qualitativen Aspekten ermöglicht werden, die teilweise nur in verbaler Form ausweisbar sind.

4. Grundlegende Voraussetzungen zur Durchführung einer Betriebsanalyse

4.1. Kenntnis operationalisierter Zielvorstellungen

Wie im vorangegangenen Kapitel dargelegt, werden die mit Hilfe einer Betriebsanalyse gewonnenen Aussagen zum Erfolg durch den Vergleich von Vorgabe-Kennzahlen mit den Kennzahlen der IST-Situation oder durch den Vergleich von Vorgaben in verbaler Form mit der Beschreibung der IST-Situation ermöglicht. Mit der Betriebsanalyse sollen jedoch nicht nur Kennzahlen und Beschreibungen dargestellt werden; es muß auch eine Beurteilung dieser Daten erfolgen. Dies wiederum setzt aber voraus, daß für die Betriebsanalyse klargestellt ist, zu welchem Zweck welche Kennzahl/Beschreibung ermittelt, d.h. zu welchem Zweck welche Daten benötigt werden.

In zielorientierten Systemen, wie Einrichtungen der offenen Altenhilfe sie darstellen, richtet sich alles Geschehen an den verfolgten betrieblichen Zielen aus. Die Betriebsanalyse, die Grundlagen für die Führung der Einrichtung bereitstellen soll - sei es zur Schwachstellenforschung, zur Planung oder zur Kontrolle - muß deshalb Informationen liefern, die im Hinblick auf diese verfolgten Ziele relevant sind.

Voraussetzung ist deshalb die Kenntnis des Zielsystems einer Einrichtung, das sich in präzisen, inhaltlich festgelegten Kennzahlen/Beschreibungen widerspiegelt. Diese präzisen, inhaltlichen Vorgaben stellen die Vergleichsbasis für die Beurteilung der Situation einer Einrichtung dar; sie gelten als Maßstab für die Feststellung des Zielerreichungsgrades.

Grundvoraussetzung für die Betriebsanalyse, die Aussagen zum Erfolg ermöglichen soll, ist also die Feststellung der Ziele einer Einrichtung, die inhaltlich präzisiert (operationalisiert) als Kennzahlen oder Beschreibungen vorliegen müssen.

4.2. Systematisierung der Datenerfassung

Der Datenerfassung bei der Durchführung einer Betriebsanalyse sollte besondere Aufmerksamkeit geschenkt werden, da ihre systematische Anlage und ihre Vollständigkeit erst eine effiziente Datenverarbeitung und -beurteilung ermöglichen. Außerdem ist eine Doppelerfassung gleicher Daten zu vermeiden. Dazu sind abgegrenzte und aufeinander abgestimmte Bereiche zur Datenerfassung notwendig. An eine Einteilung der Bereiche zur Datenerfassung werden hier folgende Forderungen gestellt:

- Sie soll sich so weit wie möglich an den Systembereichen einer Einrichtung orientieren, um die Analyse dieser Bereiche zusammenhängend zu gewährleisten.
- Sie soll so abgegrenzt sein, daß auch nur einzelne Bereiche untersucht werden können.
- Sie soll so gestaltet sein, daß in diesen Bereichen im weiteren Verlauf, bei der Datenverarbeitung und -beurteilung Aussagen in bezug auf die Ziele der Einrichtung und die Zwecke der Betriebsanalyse möglich werden.

4.3. Informationen als Grundlage einer Betriebsanalyse

Ausgangspunkt einer Betriebsanalyse sind im Einzelfall die Festlegung des Analysezweckes und hauptsächlich die benötigten Informationen über die zu untersuchende Einrichtung. Bei einem ausgebauten Informationswesen liegen sie zentral und gesammelt zu den jeweiligen Betriebsbereichen vor. In erster Linie sind das die in den einzelnen Teilen des Rechnungswesens - also die in der Finanzbuchführung, in der Kosten- und Leistungsrechnung und in den Sonderrechnungszweigen, z.B. der Statistik - erfaßten Daten.

Weitere wichtige Unterlagen zur Datengewinnung stellen Dokumente wie Verträge, Satzungen usw., aber auch gesetzliche Vorschriften, Verordnungen und Richtlinien dar, die Einfluß auf die betrieblichen Abläufe haben (vgl. HENSELER, 1979, S. 17 f.). Auch Organisationshilfsmittel wie Stellenbeschreibungen, Funktionenverteilungen, Ablaufpläne und Arbeitsanweisungen liefern Ausgangsinformationen für die Betriebsanalyse. Noch fehlende Informationen können außerdem durch eine Besichtigung des Betriebes (vgl. HARTMANN, 1970, S. 20) sowie durch Befragungen erhalten werden.

5. Die derzeitige Situation in Einrichtungen der offenen Altenhilfe

5.1. Betriebliche Zielvorstellungen

Zielvorstellungen zur Aufgabenstellung bzw. zum Zweck und Leistungsangebot der Einrichtungen finden sich in Rahmen- oder Förderungsrichtlinien der Länder, in Stellungnahmen und Arbeitshilfen der Wohlfahrtsverbände, in kommunalen Altenplänen sowie in den Satzungen der Einrichtungen. Diese Zielvorstellungen sind relativ global gehalten und ihrem Inhalt nach zwei Gruppen zuzuordnen.

Die erste Gruppe weist die Ziele aus, die mit den Einrichtungen in ihrer Gesamtheit erfüllt werden sollen. BRANDT/BRAUN (1981, S. 79) fassen in einer Synopse folgende Zielvorstellungen für Sozialstationen zusammen:

"(1) Optimale Versorgung der Bevölkerung mit ambulanten pflegerischen Diensten;
(2) Optimierung der Chance, daß die Problemlage des Klienten 'ganzheitlich' analysiert wird, und daß alle im Einzelfall erforderlichen und sinnvollen Hilfen erbracht werden (unter besonderer Berücksichtigung der Beratung);
(3) Erhaltung der Selbständigkeit älterer Menschen durch Vermeidung bzw. Verzögerung der Übersiedlung in ein Alten- oder Pflegeheim;
(4) Vermeidung bzw. Verkürzung von Krankenhausaufenthalten;
(5) Entlastung der niedergelassenen Ärzte (und Verbesserung der ambulanten ärztlichen Versorgung vor allem in ländlichen Gebieten);
(6) Übernahme grundlegender Aufgaben im Rahmen des Systems der gesundheitlichen Versorgung der Bevölkerung;
(7) Verbesserung der Arbeitsbedingungen der Mitarbeiter;

(8) Aktivierung und Unterstützung der in den Familien und in der Bevölkerung vorhandenen Hilfsbereitschaft."

Für weitere Gruppen von Einrichtungen der offenen Altenhilfe sind Zielvorstellungen vorhanden wie:

"Altentagesstätten müssen als Stätten der Begegnung für ältere Menschen geeignet sein; sie müssen so geführt werden, daß die Kräfte der älteren Menschen zur Überwindung altersbedingter Schwierigkeiten aktiviert, mitmenschliche Beziehungen hergestellt und gepflegt werden. ..." (DER SENATOR FÜR SOZIALES, JUGEND UND SPORT BREMEN, 1973) oder

"Altenbegegnung soll den älteren Menschen befähigen, sich selbst und seine Umwelt zu verstehen und zu verändern" mit den Unterzielen

- "Bildung
- natürliche Einstellung zum Altern
- Verständnis wecken zwischen Jung und Alt
- Entwickeln von Gruppenbewußtsein
- Aktivierung - Hilfsangebote zur Erhaltung der Selbständigkeit".
(DIAKONISCHES WERK DER EVANGELISCHEN KIRCHE IN DEUTSCHLAND, 1978b, S. 16).

Angaben in dieser Form sind zu global und zu unkonkret, um als Zielvorgaben gelten zu können. Als Grundlage zur Messung betrieblicher Effizienz sind sie daher nicht geeignet.

Der zweiten Gruppe sind Zielvorstellungen zuzuordnen, die auf die einzelne Einrichtung ausgerichtet sind. Hier findet man Aussagen zum Leistungsangebot, über das Personal, die Räumlichkeiten, die Sachausstattung und die Finanzierung.

Dabei werden lediglich Arten des Leistungsangebotes ausgewiesen; Umfang, Häufigkeit oder Hinweise qualitativer Art in bezug auf das Leistungsangebot sind nur vereinzelt enthalten. Das Ergebnis der Analyse dieser ausgewiesenen Leistungsangebote ist in die Systematik des entwickelten Leistungsrahmens (vgl. Abbildung 4) eingegangen.

Hinsichtlich des Personals sind vor allem bei den pflegerischen Diensten Aussagen in den Förderrichtlinien in bezug auf die Qualifikation, die Art des Anstellungsverhältnisses (z. B. Vollzeit-, Teilzeitmitarbeiter oder freiwillige Mitarbeiter) und die Zahl der Mitarbeiter in Abhängigkeit vom Einzugsgebiet der Einrichtung enthalten (vgl. MINISTERIUM FÜR SOZIALES, GESUNDHEIT UND SPORT RHEINLAND-PFALZ, 1977; DER MINISTER FÜR FAMILIE, GESUNDHEIT UND SOZIALORDNUNG SAARLAND, 1974; MINISTERIUM FÜR ARBEIT, GESUNDHEIT UND SOZIALORDNUNG BADEN-WÜRTTEMBERG, 1982).

Für Altentages- und Altenbegegnungsstätten werden als hauptamtliche Leiter vor allem Altenpfleger/-innen, Sozialpädagogen und Sozialarbeiter vorgeschlagen (vgl. DIAKONISCHES WERK DER EVANGELISCHEN KIRCHE IN DEUTSCHLAND, 1978b, S. 27; KURATORIUM DEUTSCHE ALTERSHILFE, 1980a, S. 12; ARBEITERWOHLFAHRT, 1978, S. 7).

Zu Räumlichkeiten und Sachausstattung liegen Vorschläge und Programme für alle Formen der zu untersuchenden Einrichtungen vor, seien es Sozialstationen, Altentagesstätten oder Dienstleistungszentren. Diese Programme können jedoch nur als Orientierungshilfe für Planungsvorhaben aufgefaßt werden (vgl. SOZIALREFERAT DES BÜRGERMEISTERS DER STADT STUTTGART, 1972, S. 84 ff.; DIAKONISCHES WERK DER EVANGELISCHEN KIRCHE IN DEUTSCHLAND, 1978b, S. 25 ff.; DER SENATOR FÜR ARBEIT UND SOZIALES BERLIN, 1976; DEUTSCHER CARITASVERBAND, 1978, S. 19 ff.; DIAKONISCHES WERK DER EVANGELISCHEN LANDESKIRCHE IN BADEN, 1983).

Zielvorstellungen hinsichtlich der Finanzierung von Einrichtungen der offenen Altenhilfe sind nur in begrenztem Umfang vorhanden. Die Richtlinien der Länder beinhalten für die Förderung von Altentages- und Altenbegegnungsstätten die Angabe über die Höhe der Summen, die für Investitionen und/oder laufende Betriebskosten gewährt werden (vgl. KURATORIUM DEUTSCHE ALTERSHILFE, 1980b).

Die Finanzierungsproblematik bei sozialpflegerischen Diensten ist schon im Kapitel I.4. angesprochen worden. Herauszugreifen bleibt für die Sozialstationen, daß

- der Träger die Gesamtfinanzierung zu sichern hat,
- für die Leistungen der Einrichtung Entgelte zu erheben und Gebührenordnungen zu erstellen sind,
- weitere Finanzmittel vom Träger (Eigenmittel) durch Einbeziehung von bestehenden oder, wenn möglich, neu zu schaffenden Fördervereinen (z.B. Krankenpflegevereine) sowie aus Zuschüssen der Kommunen, begründet in ihrer Eigenschaft als Träger der Daseinsvorsorge, beschafft werden sollen,
- angestrebt wird, die laufenden Betriebskosten soweit als möglich über Leistungsentgelte abzudecken.

Die von den Trägern der Sozialstationen mit den Krankenkassen abgeschlossenen Rahmenverträge (vgl. INARSO, 1981) über die Vergütung der gesetzlich verankerten Leistungen tragen zur Sicherheit der Finanzierung der Einrichtungen bei. Die ausgehandelten Gebührensätze entsprechen jedoch nicht der Kostensituation und sind nicht kostendeckend (vgl. Kapitel I.4). Problematisch für diese Einrichtungen sind Fälle, bei denen wegen der fehlenden Absicherung der Pflegebedürftigkeit Krankenkassen nicht als Kostenträger eintreten.

5.2. Vorhandenes Datenmaterial

Die Literatur erwies sich hinsichtlich der Verfügbarkeit von Informationen zum Rechnungswesen auf betrieblicher Ebene als wenig ergiebig. Die ergänzenden Studien in bestehenden Einrichtungen waren demgegenüber sehr hilfreich und vermittelten ein vielschichtiges Bild. In den Einrichtungen finden unterschiedliche Arten des Rechnungswesens Anwendung: einfache Einnahmen-/Ausgabenrechnungen, Kameralistik oder doppelte Buchführung, oft auf die Form des Rechnungswesens des Trägers abgestimmt. Für die Aufwandserfassung auf betrieblicher Ebene bestehen weder einheitliche Kontenrahmen noch einheitliche Gliederungen der Jahresabschlüsse.

Art und Umfang der Datenerfassung sind insgesamt gesehen sehr unterschiedlich und meist aus der Trägerstruktur erklärbar. So kann eine Einrichtung als eine Haushaltsstelle im Rechnungswesen des Trägers geführt werden; die gesamte Buchhaltung kann jedoch beim Träger, in der Einrichtung oder gemischt durchgeführt sein. In einer Altentagesstätte kann z. B. der Leitung für bestimmte Aufgaben ein Budget zugewiesen werden, das selbständig zu verwalten ist. Von diesem Budget werden jedoch nur bestimmte Kostenbestandteile wie Bastelmaterial, Telefon, Honorare für Vorträge usw. bestritten und erfaßt. Andere Kostenbestandteile, wie die Personalkosten für angestellte Mitarbeiter oder die Raummiete usw., werden beim Träger direkt verbucht.

In vielen Fällen werden die Gesamtkosten der Einrichtung nicht zentral erfaßt. Sind z.B. Verträge über Leistungen bei Sozialstationen mit Kooperationspartnern abgeschlossen oder werden bestimmte Leistungen von Vereinsmitgliedern (juristische Personen) erbracht, liegt die Erfassung der erforderlichen Einzeldaten ganz oder teilweise bei diesen Trägern. Es werden zwar Haushaltspläne für die Einrichtung insgesamt aufgestellt, aber erst zum Rechnungsabschluß oder zur Zuschußgewährung werden die Daten der einzelnen Partner zusammengefaßt.

Auch die Aufzeichnungen über Art und Umfang der erstellten Leistungen unterscheiden sich von Einrichtung zu Einrichtung. Die Art der erfaßten Informationen ist bei den pflegerischen Diensten meist an den von Kostenträgern (Krankenkassen usw.) zur Abrechnung vorgegebenen Unterlagen oder von Zuschußgebern geforderten Statistiken orientiert. Zur Leistungserfassung für den einzelnen Nutzer werden Leistungskarten des Caritasverbandes oder des Diakonischen Werkes eingesetzt, auch hat z.B. ein Verlag Formulare für die ambulante Arbeit entwickelt (VINCENTZ-VERLAG). Die Leistungserfassung wird nicht einheitlich vorgenommen und ist von Einrichtung zu Einrichtung nicht in jedem Fall vergleichbar (vgl. BRANDT/BRAUN, 1981, S. 287).

Für ausleihbare Pflegegeräte werden zur Erleichterung der Abrechnung Karteien geführt; in den besuchten Einrichtungen war jedoch nur bei größeren Geräten die Zahl der ausgeliehenen Geräte aufgenommen. Eine Statistik über Leihtage für alle Geräte - große und kleine -, die als Grundlage für Gebührenberechnungen dienen könnte, wurde nicht vorgefunden. Auch lagen keine Zeitangaben für Wege des Pflegepersonals zu den Patienten im ambulanten Bereich vor.

In Altentagesstätten werden für Jahresberichte u.ä. Statistiken erarbeitet. Von einer differenzierten Leistungserfassung kann aufgrund der bisherigen Erfahrung jedoch nicht ausgegangen werden.

Als Arbeitshilfen im organisatorischen Bereich der einzelnen Einrichtungen liegen meist nur Dienstpläne vor, die auf die Einrichtungen abgestimmt sind (vgl. hierzu auch SONN, 1980). Eine Analyse der Aufgaben und ihrer Verteilung sowie eine Analyse der Prozesse der Leistungserstellung sind nicht üblich.

Aufgabenbeschreibungen liegen als Muster in der Literatur vor oder sind wie Dienstanweisungen oder Stellenbeschreibungen in den Arbeitshilfen der Wohlfahrtsverbände enthalten. Es kann angenommen werden, daß die in den Einrichtungen anzutreffenden Organisationshilfsmittel zum Teil aus diesen oder ähnlichen Arbeitshilfen übernommen sind.

6. Folgerungen in bezug auf die zu erarbeitende Methode

6.1. Erarbeitung notwendiger Grundlagen

Da nach den bisherigen Erkenntnissen die vorhandenen Zielvorstellungen in der vorliegenden Form als Maßstab zur Beurteilung der betrieblichen Situation und des betrieblichen Erfolges nicht geeignet sind, muß eine grundlegende Auseinandersetzung mit den betrieblichen Zielen dieser Einrichtungen erfolgen. Dabei sind mehrere Gesichtspunkte zu beachten:

- Die für die Gesamtheit der Einrichtungen der offenen Altenhilfe relevanten Ziele bedürfen einer Ordnung. In dieses Ordnungssystem müssen die Ziele der einzelnen Einrichtung jeweils eingeordnet werden können.
- Die Zielvorstellungen sollen nicht nur auf quantitative, sondern auch auf qualitative Aspekte hin ausgerichtet sein.

- Die Zielvorstellungen müssen operationalisiert sein, d.h. sie müssen, um den Zwecken der Betriebsanalyse genügen zu können, so formuliert sein, daß sie durch praktisches Handeln verwirklicht werden können und daß diese Verwirklichung kontrolliert werden kann (vgl. HILL/FEHLBAUM/ ULRICH, 1981, S. 141 f.). Die Ziele sollen genau bezeichnet und so spezifiziert sein, daß eine Feststellung des Zielerreichungsgrades möglich ist.
- Die Verbindung zwischen den Zielen der Einrichtung und den für die Feststellung des Zielerreichungsgrades zu erfassenden Daten muß hergestellt werden.

Wegen der Heterogenität der in der Praxis vorkommenden Arten des Rechnungswesens, der unterschiedlichen Kontenrahmen, wegen des Fehlens von Kostenrechnungen müssen darüber hinaus im Zusammenhang mit den Zielen dieser Arbeit einheitliche Grundlagen für Kostenrechnungen geschaffen werden. Dafür sind neben dem zur Abgrenzung der Einrichtungen entwickelten Leistungsrahmen ein Kostenartenrahmen und ein Kostenstellenrahmen zu erstellen, die den Eigenheiten dieser Einrichtungen angepaßt sind.

Außerdem sollen einige organisatorische Hilfen entwickelt werden, die im Zusammenhang mit der Analyse des Mittelbereiches einen wirtschaftlichen Einsatz personeller Kapazitäten fördern können.

6.2. Begrenzung der Betriebsanalyse auf ausgewählte Inhalte

Die Betriebsanalyse wird als Methode zur Untersuchung komplexer betrieblicher Sachverhalte gesehen. Dies schließt jedoch nicht ein, daß mit ihr ein Gesamtbetrieb in seiner vollen Komplexität bis ins Detail untersucht werden muß. Schwerpunkte müssen bei jeder Betriebsanalyse festgelegt werden. Im vorliegenden Falle sollen eine Methode und ein Instrumentarium entwickelt werden, die zur Untersuchung der wichtigsten Betriebsbereiche geeignet sind. Zuvor muß jedoch eine grundlegende Einschränkung getroffen werden.

Eine Erfolgsaussage hinsichtlich des Oberzieles, der Erfüllung der gestellten Bedarfsdeckungsaufgabe, kann mit Hilfe dieser Betriebsanalyse nicht erreicht werden. Wohl aber soll sie Grundlagen dafür ermitteln und Erfolgsaussagen zu den untergeordneten Zielen wie dem Leistungs- und Leistungserstellungsziel bereitstellen, die sich auf die Betriebsführung und die erfolgte Leistungserstellung beziehen. Zur Verdeutlichung dieser Abgrenzung soll vergleichsweise der Prozeß der Erfolgsfeststellung im Krankenhaus herangezogen werden (vgl. hierzu EICHHORN, 1979a, S. 176 ff.; 1979b, S. 461).

Der Erfolg des Krankenhausbetriebsprozesses wird zweistufig dargestellt. Die Primärleistung des Krankenhauses besteht in der positiven Veränderung des Gesundheitszustandes der Patienten. Die Sekundärleistung setzt sich aus der Erstellung aller Einzelleistungen und aus den Pflegetagen zusammen, die zur Herbeiführung dieses Gesundheitszustandes eingesetzt werden. Als primärer Mitteleinsatz werden dabei die erstellten Leistungen, als sekundärer Mitteleinsatz die zur Leistungserstellung eingesetzten Güter, Dienste (und Rechte) bezeichnet. Der Erfolg wird entsprechend auf zwei Ebenen festgestellt. Auf der ersten Ebene wird untersucht, inwieweit sich der Gesundheitszustand der Patienten verändert hat, und mit welchen Mitteln (primärer Mitteleinsatz) er bewirkt wurde. Es wird die Leistungsfähigkeit des Krankenhauses untersucht. Auf der zweiten Ebene wird der Leistungserstellungsprozess, das Verhältnis der erstellten Leistungen zu den eingesetzten Mitteln untersucht. Um den Erfolg auf der ersten Ebene festzustellen, werden spezielle Methoden benötigt, die sich auf die Feststellung der Veränderung des Gesundheitszustandes beziehen.

Für eine Erfolgsfeststellung, die sich auf das Oberziel, die Bedarfsdeckung in Einrichtungen der offenen Altenhilfe bezieht, müßten analog hierzu Methoden zur Messung zum Beispiel der Verhinderung von Einsamkeit, der Veränderung im Gesundheitszustand von Kranken, der tatsächlich bewirkten Versorgung von älteren Menschen usw. entwickelt werden. Eine Entwicklung solcher Methoden ist im Rahmen dieser Arbeit nicht vorgesehen, denn zum einen betrifft die Auseinandersetzung mit der bedarfsgerechten Versorgung ein eigenes größeres Forschungsfeld. Zum anderen hat bei der derzeitigen Entwicklung der ökonomische Sektor Vorrang, da hier die Knappheit der Mittel und die fehlende Informationsbasis die aktuellen Probleme darstellen. Die Betriebsanalyse soll deshalb Erfolgsaussagen ermöglichen, die sich in erster Linie auf die betriebliche Leistungserstellung beziehen. Dennoch spielt der Bedarfsdeckungsaspekt eine besondere Rolle, denn aus der Aufgabenstellung wird die nutzergerechte Ausrichtung der Produktion abgeleitet. Somit wird die vielfach vernachlässigte enge Beziehung zwischen den verschiedenen Erfolgsaussagen betont.

Um ihre Aufgaben erfüllen zu können, muß die Methode den vorausgegangenen Ausführungen nach die Analyse der wichtigsten Bereiche einer Einrichtung der offenen Altenhilfe umfassen. Die in Kapitel III.4. genannten, mehr idealtypischen Bereiche müssen im Hinblick auf die gegebene Situation in der Praxis abgegrenzt werden. Die Abgrenzung der Bereiche erfolgt also auch unter dem Gesichtspunkt der Zweckmäßigkeit. Die Betriebsanalyse umfaßt die folgenden Teilanalysen:

- Die Analyse der allgemeinen Betriebsdaten und Globalziele
- Die Analyse der Nutzer und des Leistungsbereiches
- Die Analyse des Mittelbereiches, die den personalwirtschaftlichen Bereich, den Bereich der Sachmittel sowie die Finanz- und Informationswirtschaft umfaßt.

Betrachtet man die derzeitige Situation in Einrichtungen der offenen Altenhilfe, ist jedoch eine Anpassung an diese Situation notwendig. So erscheint es nicht sinnvoll, Informationswirtschaft und Finanzwirtschaft getrennt als Subsysteme des Mittelbereiches auszuweisen, da von einer "Informationswirtschaft" in Einrichtungen der offenen Altenhilfe zum gegenwärtigen Zeitpunkt nicht gesprochen werden kann. Auch sind Entscheidungen hinsichtlich der Finanzwirtschaft sehr stark durch die vorliegende Trägerstruktur und die Kostenträger (Kostenträger hier im Sinne von Personen und Institutionen, die Entgelte für Leistungen zu erbringen haben, wie Selbstzahler oder Krankenkassen) bestimmt. Deshalb wird hier nur ein Bereich der Finanzmittel ausgewiesen. Aufnahme, Speicherung und Verarbeitung von Informationen werden dem jeweils betreffenden Bereich zugeordnet: z.B. die Nutzer- und Leistungsdokumen-

tation dem Leistungsbereich, Arbeitszeitrechnung und Rechungswesen dem Mittelbereich.
- Die Analyse der Kosten; da Kostenrechnungen in Einrichtungen der offenen Altenhilfe in der Regel nicht vorliegen, muß vor einer Analyse der Kosten eine Kostenrechnung durchgeführt werden. Im Rahmen dieser Arbeit kommt dem Bereich der Kostendaten deshalb eine besondere Bedeutung zu; er wird deshalb gesondert ausgewiesen.
- Die Analyse der Umweltbeziehungen. Die Umweltbeziehungen werden nicht als gesonderter Bereich untersucht, sondern an geeigneter Stelle in die schon genannten Bereiche integriert.
- Die Analyse der Organisation. Diese ist ebenso wie die der Umweltbeziehungen in die anderen Bereiche integriert. Nur ein organisatorischer Aspekt wird einer eigenständigen Analyse unterworfen: die Analyse der Aufgabenverteilung. Diese Analyse ermöglicht im Zusammenhang mit den Analysen der anderen Bereiche eine relativ umfassende Beurteilung der Gesamtsituation in bezug auf die betriebliche Leistungserstellung.

6.3. Die Einteilung in Bereiche zur Datenerfassung

Die in Kapitel IV.4.2. als notwendig erkannte systematische Datenerfassung ist bei der Anlage des Instrumentariums zur Durchführung der Betriebsanalyse zu berücksichtigen.

Als Bereiche zur Datenerfassung bieten sich die im Hinblick auf die Erfordernisse der Betriebsanalyse abgegrenzten Analysebereiche an. Als Bereiche der Datenerfassung werden festgelegt:

- Allgemeine Betriebsdaten und Zielvorstellungen; hier sind alle grundsätzlichen Daten über Betriebszweck, -größe, -gründung sowie die vorhandenen Zielvorstellungen aufzunehmen (vgl. Teil B, II. Kapitel).
- Der Leistungsbereich, mit dem alle wichtigen Nutzer- und Leistungsdaten zu erfassen sind (vgl. Teil B, II. und III. Kapitel).
- Der Mittelbereich mit den Teilbereichen Personal, Sach- und Finanzmittel (vgl. Teil B, IV. Kapitel).

- Der Bereich der Kostendaten für die Kostenrechnung (vgl. Teil B, V. Kapitel).
- Der Bereich der Organisation, der hier auf die Untersuchung der Aufgaben und ihrer Verteilung begrenzt ist (vgl. Teil B, VI. Kapitel).

Die nun getroffene Einteilung in Bereiche zur Datenerfassung ermöglicht die systematische Erfassung und Verarbeitung von Daten, die zur Analyse der Systembereiche einer Einrichtung Voraussetzung sind. Die umfassende Betriebsanalyse besteht aus allen Teilanalysen. Die Untersuchung einzelner abgegrenzter Bereiche ist möglich.

Als Ergebnisse der Betriebsanalyse können entsprechend den Zwecken der Analyse Aussagen erwartet werden zu den Zielen und zur Zielerfüllung (Erfolg) der Einrichtung. Die Kennzeichnung der betrieblichen Situation diesbezüglich erfolgt mit Hilfe von Kennzahlen, mit denen die Sachverhalte in einzelnen Bereichen der Einrichtung aufgezeigt werden. Der Erfolg kann durch den Vergleich von SOLL-Kennzahl (Zielwert oder sonstiger Vergleichswert) mit der ermittelten IST-Kennzahl festgestellt werden.

Abbildung 8 weist die Teilanalysen als Bestandteile der umfassenden Betriebsanalyse, die gewählten Datenerfassungsbereiche sowie die angestrebten Aussagen der Betriebsanalyse im Überblick aus. Diese Aussagemöglichkeiten der Betriebsanalyse bedürfen der weiteren Betrachtung.

Abbildung 8: Überblick über die Bestandteile, die Datenerfassungsbereiche und die möglichen Ergebnisse der Betriebsanalyse von Einrichtungen der offenen Altenhilfe

Bestandteile (Teilanalysen) der Betriebsanalyse	Datenerfassungsbereiche	Mögliche Ergebnisse der Betriebsanalyse
Analyse der allgemeinen Betriebsdaten und der globalen Zielvorstellungen	Allgemeine Betriebsdaten und globale Zielvorstellungen	Aussagen zu Ziel und Erfolg der Einrichtung
Nutzer- und Leistungsanalyse	Leistungsbereich	durch
Analyse der Mittel - Personal - Sachmittel - Finanzmittel	Mittelbereich	Kennzeichung der betrieblichen Situation in den einzelnen Systembereichen durch Kennzahlen bzw. Beschreibungen
Kostenrechnung und Analyse der Kosten	Bereich der Kostendaten	Aussagen zu den Kosten der Einrichtung als Grundlage für verschiedene Zwecke (Transparenz, Kontrolle, Gebühren)
Analyse der Aufgabenverteilung	Bereich der Organisation (Aufgabenfeststellung und Aufgabenverteilung)	Aussagen zur Aufgabenstruktur

V. INHALTE UND AUSSAGEMÖGLICHKEITEN DER BETRIEBSANALYSE VON EIN-RICHTUNGEN DER OFFENEN ALTENHILFE

1. Zur Ziel- und Erfolgskennzeichnung

1.1. Grundlagen

Für eine Betriebsanalyse von Einrichtungen der offenen Altenhilfe ist eine Auseinandersetzung mit der Zielproblematik der Einrichtungen unumgänglich. Die Bereitstellung von Unterlagen zur Planung, Entscheidung und Kontrolle sowie zum Erhalt von Erfolgsaussagen erfolgt grundsätzlich im Hinblick auf die Ziele, die mit der Wirtschaftseinheit verfolgt werden.

Aus der Fülle der in der Literatur aufzufindenden Zieldefinitionen (vgl. z.B. KIRSCH, 1971, S. 126; SCHMIDT/SUDHOFF, 1967, S. 16), wird mit SCHMIDT unter einem Ziel "eine erwünschte, zu erreichende Situation" verstanden (1977, S. 113).

Ziele erfüllen Funktionen als Entscheidungskriterien, Führungs- bzw. Steuerungsinstrumente und stellen außerdem Entscheidungsvariablen dar (vgl. KUPSCH, 1983, S. 1 ff.). Um die oben genannten Funktionen erfüllen zu können, sind Ziele in einer Form auszuweisen, die eine Überprüfbarkeit ermöglichen. Jedes Ziel ist deshalb durch die drei Dimensionen Zielinhalt, Zielausmaß und den zeitlichen Bezug zu bestimmen (vgl. HEINEN, 1982, S. 98 ff.). HEINEN unterscheidet nach quantifizierbaren, d.h. zahlenmäßig bestimmbaren Zielen und nicht quantifizierbaren Zielen, die nur verbal oder nicht bzw. nur schwer verbal zu formulieren sind. Als operationale Ziele bezeichnet er solche, bei denen eine Messung möglich ist, d.h. die mit kardinalen, ordinalen oder nominalen Skalen zu messen sind (vgl. HEINEN, 1976, S. 113 ff.).

Die Feststellung des Erfolges, der hier als Grad der Zielrealisation (vgl. FLOHR, 1964, S. 10) definiert ist, setzt die Zielvorgaben als Maßstab voraus. Die zutreffende Zieloperationalisierung besitzt einen hohen Stellenwert. Sie hat einen entscheidenden Einfluß auf mögliche Erfolgsaussagen, denn "die Erfolgsrelevanz eines gegebenen Sachverhalts kann nur im Blick auf den operational definierten gewollten Sachverhalt ermittelt werden" (FLOHR, 1964, S. 26).

Die Einrichtungen der offenen Altenhilfe verfolgen als Wirtschaftseinheiten eine Vielzahl von Zielen. Eine Ordnung dieser Ziele ist deshalb durch die Unterscheidung nach ihren Beziehungsverhältnissen, nach komplementären, indifferenten oder konfliktären Zielen oder nach ihren Mittel - Zweckbeziehungen in Ober-, Zwischen- und Unterziele, sowie nach der Präferenz von Zielen in Haupt- und Nebenziele möglich (vgl. HEINEN, 1976, S. 94 ff.). Diese notwendige Abstimmung und Ordnung der Ziele findet im Zielsystem ihren Niederschlag, das "aus der geordneten Menge aller handlungsbestimmenden Ziele, die bei einer rationalen Entscheidungsfindung zu berücksichtigen sind", besteht (ZANGEMEISTER, 1970, S. 293).

Dabei kann zwischen vertikalen und horizontalen Zielordnungen unterschieden werden. Vertikale Zielordnungen entstehen aufgrund von Zweck - Mittel-Beziehungen; liegen diese Zweck - Mittel - Beziehungen in fortlaufender Reihe vor, spricht man von Zielketten. Eine andere Art vertikaler Zielordnung sind Zielebenen, die die Ordnung in der Entscheidungshierarchie in einer Wirtschaftseinheit verdeutlichen. Horizontale Zielordnungen können als Ordnungsmerkmale ein gemeinsames, direkt übergeordnetes Oberziel, den funktionalen Zielinhalt, den sachlichen Zielbezug und die Operationalität der Ziele ausweisen (vgl. ZANGEMEISTER, 1976, S. 106 ff.).

Einen großen Einfluß auf ein solches Zielsystem haben die Personen, die bei seiner Aufstellung beteiligt sind. Jeder am Zielbildungsprozeß Beteiligte hat bestimmte, individuell geprägte Vorstellungen über den erwünschten Zustand der Organisation. Diese Vorstellungen werden als Ziele für die Organisation geäußert. Um jedoch zu den Zielen **der** Organisation, d.h. zu den verbindlichen Zielen der Organisation zu kommen, gilt die Forderung, daß die Zielformulierung von einer autorisierten Gruppe, der Kerngruppe, im Rahmen eines Verhandlungsprozesses erfolgt. Inwieweit die individuellen Ziele für die Organisation zu den tatsächlichen Zielen der Organisation werden, ist von den Machtverhältnissen und der Kompromißbereitschaft innerhalb der Kerngruppe abhängig (vgl. KIRSCH, 1969, S. 668 ff.).

Beim Zielsetzungsprozeß sind in Großhaushalten mehrere Personen oder Personengruppen oder "Koalitionsteilnehmer" (vgl. GUTHARDT/SIEBEN, 1979, S. 28 ff.) beteiligt. An erster Stelle sind hier die Träger, das im Großhaushalt arbeitende Personal und die Großhaushaltsnutzer zu nennen. Diese Gruppen werden bei der Zielbildung nur teilweise dieselben Interessen verfolgen; es ist anzunehmen, daß Unterschiede in den Vorstellungen über die im Zielsystem auszuweisenden Ziele und über ihre Rangordnung bestehen.

Abbildung 9: Das Zielsystem von Altenhilfeunternehmen im Spannungsfeld unterschiedlicher Interessen

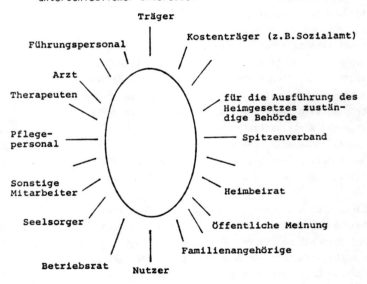

(RÜCKERT, 1974, S. 151)

RÜCKERT hat die oben genannten und weitere Gruppen, die Einfluß auf die Zielbildung in Alteneinrichtungen nehmen, dargestellt (vgl. Abbildung 9).

Er verdeutlicht damit, welche unterschiedlichen Koalitionsteilnehmer am Zielbildungsprozeß bei stationären Einrichtungen beteiligt sind. Diese Situation ist durchaus auf die Einrichtungen der offenen Altenhilfe übertragbar, an Stelle des Heimbeirates kann in diesen Einrichtungen z.B. der Seniorenbeirat einer Altentagesstätte treten.

ZANGEMEISTER (1970) hat bestimmte Grundsätze zusammengestellt, die bei der Aufstellung eines Zielsystems zu beachten sind. So stellt auch er z.B. die Forderung nach der Teamarbeit bei der Aufstellung des Zielsystems. Außerdem fordert er z.B. noch eine schriftliche und eindeutige Formulierung der Ziele, ihre Operationalität, Vollständigkeit und Situationsrelevanz ebenso wie ihre Realisierbarkeit und Widerspruchsfreiheit.

Anforderungen an ein Zielsystem wurden auch von SCHMIDT-SUDHOFF formuliert. Zu den formalen Anforderungen zählt er die Zeitfestlegung - die Angabe eines Zeitbezugs der Ziele -, die präzise und eindeutige Formulierung und ihre Elastizität, d.h. die Anpassungsfähigkeit eines Zielsystems an sich ändernde Situationen. Die materialen Anforderungen kennzeichnet er durch die Kompatibilität der Ziele - gemeint ist hier ihre Widerspruchsfreiheit -, ihre Operationalität bzw. ihre Überprüfbarkeit, ihre Quantifizierung und ihre Rangfolge (1967, S. 111 ff.).

Als allgemein gültige Forderungen an Ziele kann aus dem Vorangestellten in erster Linie ihre Operationalität abgeleitet werden, d.h. ihre Darstellung in einer Form, die eine Überprüfbarkeit und Meßbarkeit ermöglicht. Dies erfolgt durch die Bestimmung ihres Inhalts, des Ausmaßes und des zeitlichen Bezugs. Darüber hinaus können für Zielsysteme als wichtigste Forderungen die nach einer irgendwie gearteten Ordnung der Ziele, nach ihrer Vollständigkeit, Widerspruchsfreiheit, Realisierbarkeit sowie nach ihrer Elastizität zusammengefaßt werden.

Zielsysteme, die diese Anforderungen erfüllen, können nur für begrenzte Ausschnitte der Realität einer Organisation aufgestellt werden. Ein vollständiges, d.h. ein alle Ziele einer Wirtschaftseinheit enthaltendes, widerspruchsfreies, die Realität erfassendes Zielsystem wird wohl nie aufgestellt werden können. Dies kann und soll auch in dieser Arbeit nicht erfolgen. Benötigt wird jedoch ein Rahmen, der eine grobe Ordnung von Zielen ermöglicht, und eine Anleitung, wie vorhandene Ziele als Grundlage für eine Erfolgskennzeichnung und die Datenerfassung in operationalisierter Form dargestellt werden können. Die Darstellung der Ziele in diesem Zielrahmen soll deshalb folgenden Anforderungen genügen:

- Sie sollen bezüglich ihres Inhalts, ihres Ausmaßes und ihres zeitlichen Bezugs festgelegt sein.
- Sie sollen einer gewissen Ordnung unterliegen. Diese Ordnung soll außerdem gewährleisten, daß neue bzw. andere Ziele und Zieländerungen in den bestehenden Zielrahmen eingebaut werden können. Die Forderung nach Elastizität wird auch an diesen Zielrahmen gestellt.

Zu berücksichtigen sind bei der Aufstellung des Zielsystems auch die von OETTLE genannten formalen Prinzipien der Betriebsführung. Sie stellen Ausprägungen des Rationalprinzips dar und "sind insofern allgemeingültig, als ihre Vernachlässigung in jedwedem Wirtschaftssystem und unter jedweden betrieblichen Oberzielen dazu führt, daß die betrieblichen Erfolge beeinträchtigt werden" (OETTLE, 1972, S.158). Diese formalen Prinzipien stehen unter den betrieblichen Oberzielen und lassen sich auch erst nach Kenntnis der Oberziele mit Inhalt füllen, denn "zwischen ihnen auftretende Kollisionen lassen sich nur lösen, wenn die Konstellation der sie beherrschenden jeweiligen Oberziele bekannt ist" (OETTLE, 1972, S. 158). Bei diesen formalen Prinzipien der Betriebsführung handelt es sich um (vgl. OETTLE, 1980, S. 17 ff.):

- das Produktivitätsprinzip, bei dem in technisch-naturaler Hinsicht mit einem bestimmter Mitteleinsatz eine möglichst große Leistung bzw. eine verlangte Leistung mit einem möglichst kleinen Mitteleinsatz erbracht werden soll,
- das Wirtschaftlichkeitsprinzip, das aus dem Produktivitätsprinzip abgeleitet wird und bei dem die dort zugrundegelegten technisch-naturalen Größen geldlich bewertet und von ökonomischen Größen ergänzt werden. Dabei soll ein bestimmter Ertrag mit möglichst geringen Kosten bzw.

bei gegebenen Kosten ein möglichst hoher Ertrag erzielt werden,
- die Prinzipien der tolerierten und präferierten Verhaltensweisen, die besagen, daß bei betrieblichen Entscheidungen die Grenzen der Toleranz bzw. die Schwellen des wertgeschätzten Verhaltens (Präferierungsschwellen) beachtet werden,
- die Prinzipien der Erfüllungsbereitschaft, unter denen OETTLE das Liquiditätsprinzip, den Grundsatz der Lieferbereitschaft und den Grundsatz der Abnahmebereitschaft versteht.

1.2. Entwicklung eines Zielrahmens

Für Großhaushalte liegen schon mehrere Zielsysteme oder Zielrahmen vor. MAAS (1977) und EICHHORN (1976, S. 14 ff.) haben sich z.B. mit dem Zielsystem von Krankenhäusern, DIECK (1976, S. 47 ff.) und ELBERS (1977) sich mit dem Zielsystem von Alteneinrichtungen auseinandergesetzt.

Diese Zielsysteme unterscheiden sich in der Anordnung der einzelnen Ebenen in der Hierarchie, wie auch im Grad der Festlegung der jeweiligen Zielinhalte. DIECK bezeichnet als Bedarfsdeckungsziele "die für den gesamten Wirtschaftszweig 'stationärer Altenhilfe' geltenden und seine Gemeinwirtschaftlichkeit begründeten, politisch gesetzten bzw. gesellschaftlich normierten Ziele" (1976, S. 51). Diese Bedarfdeckungsziele beziehen sich auf den gesamten Bereich der stationären Altenhilfe. Als Leistungsziele weist sie "die optimale Gestaltung der Lebensbedingungen der Heimbewohner, der Maßnahmen zur Anregung und Aktivierung, der Arbeitsbedingungen des Personals, des Leistungsrahmens der Heime und der Integration des Heimes und seiner Bewohner in die bauliche und soziale Umwelt" aus und legt damit normativ für ihre Untersuchung die möglichen Ziele dieser Stufe inhaltlich fest (1976, S. 54). Diese Ziele stellen bei DIECK die Oberziele der Einzelwirtschaften dar. Die Einzelwirtschaften tragen durch die Erfüllung der Leistungsziele zur Erfüllung des Bedarfsdeckungszieles der gesamten stationären Altenhilfe bei. EICHHORN und MAAS geben als Oberziel des Krankenhauses die Deckung des Bedarfs einer Region an Krankenhausleistungen an.

Betrachtet man die einzelnen Ebenen der Zielsysteme bei MAAS und EICH-
HORN näher, so zeigen sich wesentliche Unterschiede in den auf das Oberziel folgenden Zielebenen. MAAS leitet als Unterziele das Leistungsziel,
das Erfolgs- und Liquiditätsziel ab. Ersteres bezieht sich auf die optimale qualitative und quantitative Versorgung mit Krankenhausleistungen,
das zweite auf die Kostendeckung unter Beachtung des Wirtschaftlichkeits-
prinzips als Voraussetzung zur Substanzerhaltung, das dritte auf die Li-
quiditätssicherung. Die beiden letztgenannten Ziele stellen Formalziele
des Krankenhauses dar. Diese Unterziele sind bei MAAS grafisch auf der
gleichen Ebene wie das Leistungsziel angesiedelt (vgl. Abbildung 10).

Abbildung 10: Die Elemente des krankenhausbetrieblichen Zielsystems

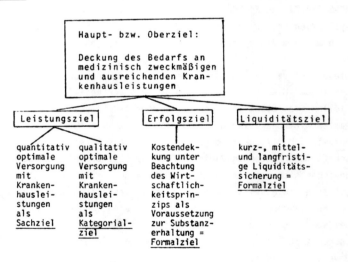

(MAAS, 1977, S. 89)

Er weist das Leistungsziel jedoch im Text als "primäres Element des Zielsystems" aus (1977, S. 89). Außerdem relativiert er diese Gleichrangig-
keit durch Aussagen wie:

- "Bei der Postulierung des Wirtschaftlichkeitsgrundsatzes als zu beachtendes Element des krankenhausbetrieblichen Zielsystems muß jedoch ausdrücklich betont werden, daß nun keinesfalls ökonomische Aspekte für die Krankenhausbetriebsführung dominieren sollen; das ökonomische Prinzip darf vielmehr nur jenen Handlungsspielraum im Bereich der Zielerreichungsentscheidungen ausfüllen, der durch die gesetzten - allerdings von ökonomischen Erwägungen auch mitbestimmten - Standards im Hinblick auf Quantität und Qualität der zu erstellenden Leistungen noch offensteht" (1977, S. 110).

- "Hingegen darf die Beachtung ökonomischen Denkens im Krankenhaus nicht bedeuten, daß das Qualitätsniveau, dem die einzelnen Leistungen gerecht werden müssen, nunmehr allein nach Wirtschaftlichkeitsgesichtspunkten festzulegen ist" (1977, S. 111).

EICHHORN ordnet grafisch auf der dem Oberziel (Deckung des Bedarfs an Krankenhausleistungen) nachgeordneten Ebene eine Vielzahl von Zielen an, wie das Leistungserstellungsziel (Art, Zahl, Qualität der Leistungen), das Bedarfsdeckungsziel (hier: Verteilung der Leistungen), das Angebotswirtschaftsziel, das Finanzwirtschaftsziel, das Personalwirtschaftsziel und das Autonomie- und Integrationsziel (vgl. Abbildung 11). Im Text jedoch wird ein Teil dieser genannten Ziele dem Leistungserstellungsziel und dem Bedarfsdeckungsziel als nachgeordnet betrachtet. Auch hier werden also dem Leistungserstellungsziel und dem Bedarfsdeckungsziel Priorität vor den nachfolgend genannten Zielen zugewiesen (1976, S. 24 ff.). Der Vorrang der Bedarfs-, Leistungs- und Leistungserstellungsziele vor anderen Zielen ist beim Aufbau eines Zielsystems für die Einrichtungen der offenen Altenhilfe zu beachten.

Abbildung 11: Das Zielsystem des Krankenhauses

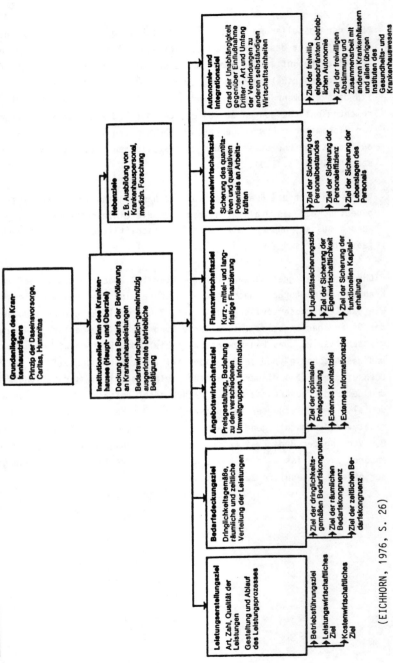

(EICHHORN, 1976, S. 26)

Die Bedarfsdeckungsleistung, die diese Großhaushalte anbieten, werden bei den genannten Autoren immer auf die Bevölkerung eines bestimmten Gebietes (des Einzugsgebietes der Einrichtung) bezogen. Dieser Gedanke wird auch in dem auf die Einrichtungen der offenen Altenhilfe abgestimmten Zielrahmen aufgegriffen. Der in Abbildung 12 dargestellte Zielrahmen wurde als Grundlage für die Betriebsanalyse entwickelt und weist vier Ebenen aus.

Abbildung 12: Zielrahmen von Einrichtungen der offenen Altenhilfe

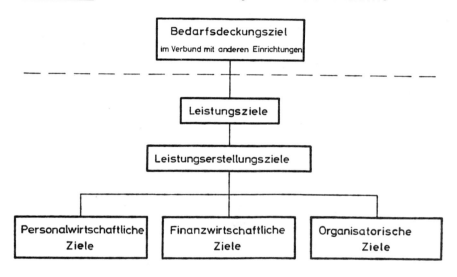

(PFAU, 1983, S. 270)

Wenn als übergeordnete Aufgabenstellung der offenen Altenhilfe die "optimale Sicherung der Möglichkeiten einer unabhängigen und selbständigen Lebensführung im Alter" (BRANDT, 1979, S. 24) angesehen wird, so kann diese Aufgabenstellung für die Menschen einer Region meist nicht nur von einer Einrichtung erfüllt werden. Sie soll deshalb durch alle Einrichtungen, die in dieser Hinsicht einen Beitrag leisten können, in einer bestimmten Region zusammen erfüllt werden (vgl. auch DIAKONISCHES WERK DER EVANGELISCHEN KIRCHE IN DEUTSCHLAND, 1978a, S. 8). Der Beitrag, den die einzelne Einrichtung zur Erfüllung dieser übergeordneten Aufgabenstellung leisten will, kennzeichnet das <u>Bedarfsdeckungsziel</u> dieser Einrichtung.

Im vorliegenden Zielrahmen (vgl. Abbildung 12) erfolgt auf der Ebene der Leistungsziele nur die Festlegung von Zielen, mit denen das Bedarfsdeckungsziel erreicht werden soll, d.h. die Festlegung der Leistungen zur unmittelbar und mittelbar personenbezogenen Bedarfsdeckung. Dabei wird konsequent den Leistungszielen Priorität zuerkannt. Mögliche Arten von Leistungen sind im Leistungsrahmen (Abbildung 4), der für die Betriebsanalyse entwickelt wurde, aufgeschlüsselt.

Das Bedarfsdeckungsziel einer Altentagesstätte könnte z.B. das Angebot von Leistungen sein, die Isolation und Einsamkeit im Alter verhindern. Aus dieser Zielvorstellung leiten sich dann die eigentlichen einzelbetrieblichen Ziele ab. So kann diese Altentagesstätte ihre Zielvorstellung im Leistungsziel näher präzisieren und folgendes Programm formulieren: Es sollen Leistungen unterschiedlicher Art wie Unterhaltungsveranstaltungen, Hobby- und Bildungsveranstaltungen angeboten werden. Außerdem sollen ein stationärer Mittagstisch und eine Cafeteria zur Verfügung stehen.

In der folgenden Ebene erfolgt die Festlegung der Leistungserstellungsziele. Die Unterscheidung zwischen Leistungs- und Leistungserstellungszielen stützt sich auf die in Kapitel III.3. getroffenen Feststellungen. Diese beiden Ebenen sind eng miteinander verbunden. Sie können vor allem dort eindeutig voneinander unterschieden werden, wo umfangreiche Produktionsprozesse bei der Leistungserstellung für den Nutzer erforderlich sind (z.B. bei der Mahlzeitenzubereitung), weniger deutlich hingegen bei unmittelbar personenbezogenen Leistungen (vgl. Abbildung 3).

Leistungserstellungsziele kennzeichnen insbesondere die Bedingungen, Verfahren und Abläufe der Produktion. Hier werden Art und Umfang der für die Leistungserstellung einzusetzenden Mittel und auch die Qualität der Leistungen festgelegt. Da die Qualität der angebotenen Leistungen stark durch das Herstellungsverfahren beeinflußt ist, wird die Bestimmung der Qualität auf der Ebene der Leistungserstellungsziele einbezogen.

Die auch für die Einrichtungen der offenen Altenhilfe als wesentlich erkannten formalen Prinzipien der Betriebsführung von OETTLE (1980) sind bei der Festlegung der Leistungserstellungsziele und in den folgenden Ebenen der Zielhierarchie zu berücksichtigen und einzubeziehen. Zu beachten sind dabei in erster Linie das Produktivitätsprinzip und das Wirtschaftlichkeitsprinzip, weil diese die Beziehungen zwischen erstellter Leistung und dem Mitteleinsatz betreffen. Das Prinzip der tolerierten und präferierten Verhaltensweisen gilt für das gesamte Außen- und Innenverhalten einer Einrichtung. Da davon ausgegangen werden kann, daß das Überschreiten von Toleranzgrenzen oder Präferierungsschwellen früher oder später zu negativen bzw. positiven Reaktionen für die Einrichtung führt, ist dieses formale Prinzip ebenfalls einzubeziehen. Anders sieht es beim Prinzip der Erfüllungsbereitschaft aus, dem OETTLE das Liquiditätsprinzip, den Grundsatz der Lieferbereitschaft und den der Abnahmebereitschaft zuordnet. Letztgenannte Grundsätze, die das generelle Einhalten von Verpflichtungen betreffen, sind ebenso bei den Zielformulierungen auf den genannten Ebenen zu beachten. Das Liquiditätsprinzip jedoch wird hier nicht nur als formales Prinzip gesehen, sondern als inhaltlich relativ festgelegt betrachtet und den finanzwirtschaftlichen Zielen zugeordnet.

Auf der nächsten Ebene der Zielhierarchie sind die personalwirtschaftlichen, die finanzwirtschaftlichen und die organisatorischen Ziele angesiedelt. Sie werden als die Sicherungsziele einer Einrichtung der offenen Altenhilfe betrachtet, denn ohne ausreichendes und qualifiziertes Personal, ohne eine gesicherte Finanzierung und ohne eine zumindest ausreichende Betriebsorganisation kann eine Einrichtung ihre Leistungserstellungsziele und damit auch ihre Leistungs- und Bedarfsdeckungsziele auf die Dauer nicht erfüllen. Diese Sicherungsziele sind hierarchisch unter den Leistungserstellungszielen angesiedelt; ihre Erfüllung ist für die Leistungserstellung unabdingbar. Der in Abbildung 12 dargestellte Zielrahmen ist Grundlage für die weiteren Ausführungen.

1.3. Die Entwicklung von Zielstufen, Indikatoren, Kennzahlen und Beschreibungen zur Konkretisierung des Zielrahmens

Um Aussagen zum Erfolg einer Einrichtung zu erhalten, muß der Zielrahmen mit den Zielen dieser Einrichtung "ausgefüllt" sein, d.h. es müssen deren betriebsspezifische Ziele zugrundegelegt werden. Die genannten inhaltlichen Zielvorgaben müssen dabei auf die einzelne Einrichtung abgestimmt werden und sind auch von dieser selbst auszuweisen.

Präzise, nach Inhalt, Ausmaß und Zeitbezug bestimmte Ziele können jedoch nicht wie der Zielrahmen für alle Einrichtungen vorgegeben werden; denn Einrichtungen mit unterschiedlichen Leistungsschwerpunkten weisen zwangsläufig auch unterschiedliche Ziele auf.

Dies stellte sich bei der Entwicklung der Betriebsanalyse als großes Problem dar. Denn für eine Betriebsanalyse, die Aussagen zum Erfolg einer Einrichtung liefern soll, müssen mehrere Anforderungen erfüllt sein:

- es ist zu begründen, <u>welche</u> Daten für die Analyse zu <u>welchen</u> Zwecken ermittelt, verarbeitet und beurteilt werden sollen,
- es ist aufzuzeigen, <u>wie</u> der Grad der Zielerreichung bestimmt und erfaßt werden kann,
- es muß die Beziehung zwischen den <u>Zielen</u> einer Einrichtung und den für die bei der Betriebsanalyse zu erfassenden <u>Daten</u> hergestellt werden.

Dies ist jedoch nur im Hinblick auf operationalisierte Ziele möglich. Das Ausfüllen des Zielrahmens war deshalb - wenn auch nur mit Hilfe von Beispielen - für die Entwicklung der Betriebsanalyse unumgänglich.

Da spezielle empirische Untersuchungen zu tatsächlich vorhandenen und verfolgten Zielen in Einrichtungen der offenen Altenhilfe im Rahmen dieser Untersuchung nicht beabsichtigt und auch nicht durchführbar waren, wurden die Literatur, die Förderrichtlinien der Länder und die Arbeitshilfen der Verbände der freien Wohlfahrtspflege auf Aussagen hin untersucht, die als Zielvorstellungen genannt oder als vermutete Zielvorstellungen zu werten sind. Diese Auswertung bezog sich auf Ziele der Ebene der Leistungs-, der Leistungserstellungs- und der Sicherungsziele.

Hier muß darauf hingewiesen werden, daß in der Literatur in bezug auf Einrichtungen der offenen Altenhilfe Aussagen zu Zielen in unterschiedlicher Form gemacht werden. Meßbare Zielangaben sind im Vergleich zu global gehaltenen Zielvorstellungen relativ selten formuliert. Oft sind lediglich Angaben zu bestimmten Sachverhalten vorzufinden, die in bezug auf Einrichtungen der offenen Altenhilfe als relevant angesehen werden. Alle diese Angaben, ob konkret als Ziel oder als einfache Darstellung eines Sachverhaltes waren in einen größeren Zusammenhang einzuordnen und so umzuformulieren, daß sie in den Zielrahmen eingebaut werden konnten. Zur Operationalisierung einer globalen Zielvorstellung wurden nach Möglichkeit Zielstufen gebildet und diese wiederum durch Indikatoren näher konkretisiert und mit Kennzahlen/Beschreibungen belegt. Dieses Vorgehen wird am folgenden Beispiel verdeutlicht (Abbildung 13).

Abbildung 13: Die Phasen der Operationalisierung der Ziele (Beispiel)

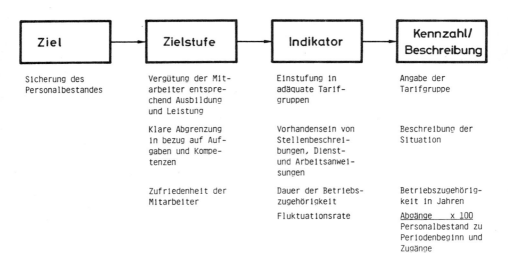

War ein Sachverhalt direkt in Form eines Indikators oder in Form einer Kennzahl/Beschreibung zu erfassen, wurde er im Zielrahmen einem zutreffenden Ziel bzw. einem zutreffenden Indikator zugeordnet.

Nun können bei der Operationalisierung von Zielen einer Ebene mehrere Zielstufen gebildet werden. In der vorliegenden Arbeit ist diese Auffächerung bewußt begrenzt. Das bedeutet, daß in manchen Fällen eine tiefere Aufgliederung in weitere Zielstufen möglich wäre, die hier nicht vorgenommen ist.

Bei der Entwicklung des Zielrahmens ist dargestellt, daß die Leistungsziele sich auf die unmittelbar und mittelbar personenbezogenen Leistungen beziehen und im Leistungsrahmen (Abbildung 4) ausgewiesen sind. Dort sind z.T. Einzelleistungen, aber auch Leistungsbündel ausgewiesen. Die genaue Bestimmung der Leistungen nach Art und Menge erfolgt in den Leistungszielen, die Festlegung der Qualität (soweit als möglich), und der jeweiligen Verfahren in den Leistungserstellungszielen. Eine Operationalisierung von Zielen ist deshalb auf der Ebene der Leistungs-, Leistungserstellungsziele und Sicherungsziele durchgeführt. Die horizontale Ordnung der Zielmengen auf der Ebene der Leistungserstellungsziele ist nach den Inhalten vorgenommen. Unterschieden ist nach:

- Zielen mit sozialen Aspekten
- Zielen mit funktional-technischen Aspekten
- Zielen mit ökonomischen Aspekten
- Zielen mit rechtlichen Aspekten
(vgl. auch ZANGEMEISTER, 1976, S. 109 ff.).

Neben den Hauptzielen, die sich auf die Erstellung der im Leistungsrahmen ausgewiesenen Leistungen beziehen, sind noch Nebenziele zu berücksichtigen, die nach Möglichkeit von der Einrichtung zu erfüllen sind, z.B. Schulung der Bevölkerung in häuslicher Krankenpflege und Mobilisierung der Nachbarschaftshilfe u.ä.

Mit der Operationalisierung der Ziele durch den Ausweis der Kennzahlen/ Beschreibung wird die Verbindung der konkreten Ziele mit den zu erfassenden Daten hergestellt. Denn genau die Daten müssen ermittelt werden, mit deren Hilfe die Kennzahlen gebildet oder mit deren Hilfe die Beschreibungen möglich werden.

Zur Bestimmung und Festlegung des jeweiligen Grades der Zielerreichung reicht dieses Vorgehen nicht aus, denn die Kennzahlen und Beschreibungen sind inhaltlich nur formal, noch ohne Zielausmaß und Zeitbezug, vorgegeben. Es muß der die Betriebsanalyse anwendenden Einrichtung überlassen bleiben, ob sie die vermutete Zielvorstellung für sich anerkennt oder nicht. Wenn nicht, kann sie ihre Zielvorstellung anhand der gegebenen Beispiele selbst bilden und konkretisieren. Die jeweilige Kennzahl/Beschreibung mit betriebsspezifischem "Inhalt" zu füllen, ist ebenso Aufgabe der betreffenden Einrichtung. Hierbei ist auch der Zeitbezug anzugeben, z.B. Tag, Woche, Jahr. Erst dann ist die Erfolgsbeurteilung möglich. Sie erfolgt durch den Vergleich der die Zielvorgabe enthaltenden Kennzahl/Beschreibung mit der Kennzahl/Beschreibung, die durch die Analyse des IST-Zustandes ermittelt wurde. Dies ist im folgenden am einfachen Beispiel der Kennzahl "Zahl der Mitarbeiter nach Qualifikation pro Jahr" verdeutlicht.

Zielvorgabe (SOLL)	ermittelte IST-Situation
2,5 Krankenschwestern/-pfleger	2,0 Krankenschwestern
1,0 Gemeindekrankenschwester	1,0 Gemeindekrankenschwester
2,5 Altenpfleger/-innen	1,5 Altenpflegerinnen
0,5 Verwaltungskraft	0,5 Verwaltungskraft

Beim Vergleich der Zielvorgabe mit der ermittelten IST-Situation ist zu ersehen, daß die gewünschte Personalbesetzung noch nicht erreicht ist.

Die in den verschiedenen Ebenen genannten Ziele des Zielrahmens werden in unterschiedlichen Bereichen der Einrichtung erfüllt. Zur Feststellung des Erfolges sind die Daten mit Hilfe der analog der Betriebsbereiche gebildeten Datenerfassungsbereiche zu ermitteln. Dabei werden z.B. zur Feststellung der Leistungserstellungsziele nicht nur Daten aus dem Leistungsbereich, sondern auch aus dem Mittelbereich benötigt.

Im folgenden werden die grundlegenden Sachverhalte umrissen, die mit den einzelnen (Teil-)analysen in den Bereichen einer Einrichtung zu untersuchen sind, und deren Ermittlung die Grundlage zur Feststellung des jeweiligen Zielerreichungsgrades darstellt.

2. Inhalte und Aussagemöglichkeiten der Bestandteile (Teilanalysen) der Betriebsanalyse

2.1. Zur Analyse der allgemeinen Betriebsdaten und der globalen Zielvorstellungen (vgl. Teil B, II. Kapitel)

Zu den allgemeinen Betriebsdaten zählen vor allem Trägerschaft und Rechtsform. Die Vielfalt der möglichen Trägerschaft allein bei Sozialstationen verdeutlicht Abbildung 14.

Als Rechtsformen sind möglich (vgl. DEUTSCHER CARITASVERBAND 1974, S. 21 ff.; FORUM SOZIALSTATION, 1984, 1.2.):

- der eingetragene Verein
- die unselbständige Einrichtung eines Vereins
- eine GmbH
- eine BGB-Gesellschaft
- ein Zweckverband
- eine unselbständige Einrichtung eines öffentlich-rechtlichen Trägers (Kommune, Kirchengemeinde).

Trägerschaft und Rechtsform sowie die vertraglichen Regelungen bestimmen die Struktur einer Einrichtung maßgeblich. So wird z.B. schon hier der Grad der Autonomie der Einrichtung in verschiedenen Sektoren (Festlegen des Leistungsangebotes, Organisation der Abrechnung, Kompetenzen der Leitung usw.) im wesentlichen festgelegt.

Abbildung 14: Trägerschaftsstrukturen bei Sozialstationen

Merkmale	begriffliche Zusammenfassung
evangelische Kirchengemeinde katholische Kirchengemeinde ökumenische Trägerschaft von Kirchengemeinden	Trägerschaft durch Kirchengemeinden
Krankenpflegevereine, Orden	Trägerschaft durch Vereine
Diakonisches Werk Caritas-Verband	Trägerschaft durch einen kirchlichen Wohlfahrtsverband
DPWV AWO DRK	Trägerschaft durch einen nicht kirchlichen Wohlfahrtsverband
Kommune Kreis einzelne kommunale Ämter	kommunale Trägerschaft
Kommune/Kreis u. Sozialamt + freier Wohlfahrtsverband Kommune/Kreis u. Sozialamt + Verein oder Kirchengemeinde Wohlfahrtsverband + Verein/Kirchengemeinde verschiedene Wohlfahrtsverbände	gemischte Trägerschaft

(GRUNOW/HEGNER/LEMPERT, 1979, S. 218)

Die Angaben zum Einzugsgebiet mit der dort lebenden Bevölkerung werden benötigt zur Feststellung des erreichten Versorgungsgrades (vgl. z.B. DIECK, 1979a, S. 134 ff., STADT BRAUNSCHWEIG, 1972, S. 99 ff.). Diese Informationen sind auch in Verbindung mit der Finanzwirtschaft einer Einrichtung von Bedeutung. So erhalten Sozialstationen teilweise Zuschüsse nach der Zahl der Einwohner oder nach Mitarbeitern. Erfolgt eine Bezuschussung nach Mitarbeitern, so orientiert sich die Zahl der zuschußfähigen Mitarbeiter an der Größe des Einzugsgebietes der Einrichtung (FORUM SOZIALSTATION, 1984, 7.6., S. 2).

Die Analyse der vorliegenden globalen Zielvorstellungen hinsichtlich Personal, Leistungen, Finanzen und Organisation stellen den Hintergrund für eine Gesamtbeurteilung des Erfolgs einer Einrichtung dar.

2.2. Zur Nutzer- und Leistungsanalyse (vgl. Teil B, III. Kapitel)

Mit den durch die Nutzer- und Leistungsanalyse ermittelten Informationen werden in erster Linie Aussagen zu den Leistungszielen sowie zu den Leistungserstellungszielen hinsichtlich der sozialen, funktional-technischen, ökonomischen und rechtlichen Aspekte gewonnen.

Die differenzierte Kennzeichnung des Nutzerkreises sowie die Dokumentation dieser Daten wird für alle Typen der Einrichtungen der offenen Altenhilfe für unerläßlich gehalten. Diese Daten dienen der Planung sowie der Erfolgskontrolle. Sie stellen weiterhin Arbeitshilfen für die Gestaltung eines bedarfsgerechten Leistungsangebotes dar (vgl. ARBEITERWOHLFAHRT, 1978, S. 10; NATIONAL INSTITUTE OF SENIOR CENTERS, 1978, S. 50; DEUTSCHER CARITASVERBAND, 1972, S. 18; LEANSE/TIVEN/ROBB, 1977, S. 57 ff.).

So wird z.B. in einer Studie über die Lebenslage alter Menschen in der Bundesrepublik Deutschland festgestellt, daß die Angebote zur Förderung sozialer Kontakte älterer Menschen schichtspezifisch strukturiert und organisiert sein müssen (vgl. WSI, 1975, S. 143, 173). Die Kenntnis des Nutzerkreises ist hierfür Voraussetzung.

Die Möglichkeiten zur Kennzeichnung des Nutzerkreises sind von den in der Einrichtung erfaßten Daten abhängig. Eine Auswertung der Daten über den Nutzerkreis bei einzelnen Leistungsarten ist bei der Betriebsanalyse hinsichtlich Alter, Geschlecht und sozialer Wohnsituation vorgesehen. Je nach Analysezweck können auch die Merkmale Schulabschluß, Beruf und Ein-

kommen zur Kennzeichnung des Nutzerkreises einbezogen werden. Für eine
Auswertung nach den letztgenannten Merkmalen müssen ausführliche Aufzeichnungen vorhanden sein. Dies dürfte zur Zeit nur begrenzt zutreffen.
Zu solch einer Auswertung wäre eine zusätzliche Befragung notwendig, wie
sie z.B. RADEBOLD u.a. in einer Altentagesstätte durchgeführt haben. In
eine zusätzliche Befragung sollten dann aber auch weitere Punkte aufgenommen werden, wie z.B. die Wünsche an das Leistungsangebot und dessen
Beurteilung aus der Sicht der Nutzer.

Der Standort einer Einrichtung soll im Einzugsgebiet möglichst zentral
gelegen sein (vgl. DER MINISTER FÜR FAMILIE, GESUNDHEIT UND SOZIALORDNUNG SAARLAND, 1974, S. 8). Für Altentagesstätten liegen auch Zielvorstellungen bezüglich der Entfernung zu den Grenzen des Einzugsgebietes
in km oder zur durchschnittlichen Dauer eines Fußweges zur Einrichtung
vor (vgl. DER SENATOR FÜR ARBEIT UND SOZIALES BERLIN, 1976, S. 2). Mit
der Betriebsanalyse müssen also Aussagen zum Standort und zur Erreichbarkeit der Einrichtung mit öffentlichen Verkehrsmitteln, mit dem Pkw
oder zu Fuß gemacht werden können. Auch ist die Zeit für den Weg zu erfassen, die von den Nutzern durchschnittlich aufgewendet werden muß.
Außerdem ergeben die Nutzerdaten in Verbindung mit den Informationen zum
Einzugsgebiet (vgl. Kapitel V.2.1.) Aussagen über den Versorgungsgrad im
Einzugsgebiet, hier z.B. in Form der Zahl der Einwohner über 60 Jahre
pro Platz einer Altentagesstätte oder der Zahl der Einwohner pro Pflegekraft bei ambulanten Diensten sowie durch die Angabe des Prozentsatzes
der Bevölkerung, der Hilfe von der Einrichtung erhält.

Welche Leistungen von Einrichtungen der offenen Altenhilfe erbracht werden, ist schon in Kapitel I und III dargestellt. Sie sind zusammengefaßt
im Leistungsrahmen (Abbildung 4) ausgewiesen. Die von der einzelnen Einrichtung angebotenen Leistungen sind nun differenziert hinsichtlich ihrer
Art, Menge (auch zeitlicher Dauer) und Qualität zu analysieren. So werden z.B. bei der häuslichen Kranken- und Altenpflege eine Vielzahl von
Einzelleistungen erbracht (vgl. die Auflistung bei BRENNER, 1976, S. 302
und RAIBLE, 1978, S. 127), die auch bei Abrechnungen z.T. ausgewiesen
werden. Bei ambulanten Diensten sollten außerdem die Dauer und die Gründe

für die Beendigung eines Einsatzes zur Feststellung des Anteils von Kurz-
und Langzeitversorgung erfaßt werden. Ebenso ist es für die Beurteilung
eines Essensdienstes oder der Cafeteria einer Altentagesstätte notwendig,
Art und Umfang der angebotenen Speisen zu kennen. Die nachgeordneten Leistungen (innerbetrieblichen Leistungen) der Gebäudereinigung, eventuell
vorhandenen Küche oder eines Fuhrparks und die Bedingungen bei der Erstellung dieser Leistungen sind ebenso zu untersuchen.

Es sind jedoch nicht nur die Leistungsangebote, sondern auch ihre Inanspruchnahme nach Art, Zahl und Ort der erstellten Leistungen sowie nach
Art und Zahl der jeweiligen Nutzer festzustellen. Nur so kann die Nutzung der Angebotskapazität, d.h. ihr Auslastungsgrad ermittelt werden.
Vor allem dienen solche Informationen in Verbindung mit der Kostenrechnung zur Kontrolle wirtschaftlichen Verhaltens. Die hier vorzunehmende
Leistungsfeststellung und Leistungsanalyse wird im haushaltswissenschaftlichen Sprachgebrauch auch als Leistungsrechnung bezeichnet.

Unerläßlich ist die Dokumentation der Leistungen. Für den Pflegebereich
sind z.B. Leistungskarten entwickelt. Entsprechende Statistiken sind zur
Zuschußgewährung vorzulegen (vgl. z.B. DEUTSCHER CARITASVERBAND, 1978,
S. 67 f.; MINISTERIUM FÜR SOZIALES, GESUNDHEIT UND SPORT RHEINLAND-
PFALZ, 1977, S. 23). Durch die Untersuchung der in einer Einrichtung
vorhandenen Hilfsmittel wie Nutzer- und Leistungskarteien können Aussagen zu den organisatorischen Zielen gemacht werden.

In bezug auf die Leistungserstellung sollen jedoch auch Aussagen zu qualitativen Aspekten ermöglicht werden. So existieren genaue Vorstellungen
über die bedarfsgerechte Gestaltung von Bildungsveranstaltungen, z.B.
über die optimale Veranstaltungszeit, über die Dauer der Veranstaltung
und über die notwendigen Pausen (vgl. SITZMANN, 1972, S. 57 f.). Als
eine wichtige Zielsetzung für Altentagesstätten wird die Mitarbeit der
älteren Menschen bei Programmgestaltung, Programmdurchführung und Verwaltung angestrebt. Diese Angebote sollen den Wünschen und Bedürfnissen
der älteren Menschen entgegenkommen (vgl. KURATORIUM DEUTSCHE ALTERSHIL-
FE, 1980a, S. 8).

An die Leistungserstellung bei pflegerischen Diensten werden die Vorstellungen einer ganzheitlichen, auf den Patienten ausgerichteten Pflege geknüpft, deren Erfolge durch die Dokumentation des Pflegeprozesses überprüft werden kann (vgl. z.B. HEROLD, 1984; SONN, 1981). Aus Angaben zu Art und Umfang der Pflegeplanung und -kontrolle sowie durch eine Auswertung der Unterlagen können Aussagen zur Pflegequalität erhalten werden.

Die Leistungsanalyse schließt die Erfassung von Tatbeständen ein, die die Erstellung der unmittelbar und mittelbar personenbezogenen Leistungen und die Leistungsabgabe beeinflussen können. Letztgenannte sind z.B. die Öffnungszeiten sowie die Information der Öffentlichkeit und der Nutzer über die Arbeit der Einrichtung.

Die Information der Bevölkerung über die Ziele, Angebote und Tätigkeiten einer Einrichtung wird allgemein als notwendig erachtet. Zur Gestaltung und Durchführung der Öffentlichkeitsarbeit liegen Informationen und Arbeitshilfen vor (vgl. DIAKONISCHES WERK DER EVANGELISCHEN KIRCHE IN DEUTSCHLAND, 1978b, S. 21 f.; DEUTSCHER CARITASVERBAND, 1978, S. 38 ff.; DIAKONISCHES WERK DER EVANGELISCH-LUTHERISCHEN KIRCHE IN BAYERN, 1982, 9. ÖFFENTLICHKEITSARBEIT).

Zusammenarbeit und Kontakte mit Institutionen und Einzelpersonen (z.B. Arzt, Krankenhaus, Sozialamt, Pfarramt) sind in der offenen Altenhilfe für eine effiziente Arbeit anzustreben (vgl. ARBEITERWOHLFAHRT, 1978, S. 9; FORUM SOZIALSTATION, 1981; LAUER, 1980). Die Forderung nach Zusammenarbeit ist auch teilweise in den Richtlinien der Länder für Sozialstationen verankert (vgl. z.B. DER MINISTER FÜR ARBEIT, GESUNDHEIT UND SOZIALES NORDRHEIN-WESTFALEN, 1977). Inwieweit diese Forderungen in der jeweiligen Einrichtung erfüllt sind, wird durch die Analyse von Art und Umfang der Öffentlichkeitsarbeit und der Umweltbeziehungen beantwortet.

2.3. Zur Analyse der Mittel (vgl. Teil B, IV. Kapitel)

Durch die Analyse des Mittelbereiches werden Aussagen zu Leistungserstellungszielen, aber auch zu personalwirtschaftlichen, finanzwirtschaftlichen und organisatorischen Zielen erarbeitet.

Die Analyse des Mittelbereiches ist in drei Teile gegliedert. Im ersten Teil werden Personal und Arbeitszeit untersucht, im zweiten der Sachmitteleinsatz, im dritten die Finanzmittel. Die Kostenrechnung ist als ein weiterer Bestandteil der Betriebsanalyse angelegt und wird in Kapitel V.3. gesondert behandelt.

Hinsichtlich des Personals wird für Einrichtungen der offenen Altenhilfe die Forderung nach qualifizierten Mitarbeitern gestellt (vgl. DIAKONISCHES WERK DER EVANGELISCHEN KIRCHE DEUTSCHLAND, 1978b, S. 28; DEUTSCHER CARITASVERBAND, 1972, S. 11). Dies ist in den Richtlinien der Länder für die Bezuschussung von Sozialstationen ausdrücklich durch die Angabe bestimmter Berufsgruppen formuliert (vgl. z.B. MINISTERIUM FÜR GESUNDHEIT UND SOZIALORDNUNG, BADEN-WÜRTTEMBERG, 1982). In den Einrichtungen der offenen Altenhilfe sind Mitarbeiter unterschiedlicher Berufsgruppen anzutreffen (vgl. hierzu GRUNOW/HEGNER/LEMPERT, 1979, S. 221). Die Vielfalt der allein in den Sozialstationen vertretenen Berufsgruppen soll folgende Aufstellung verdeutlichen:

Krankenschwester/-pfleger	Altenpflegehelfer/-in
Altenpfleger/-in	Sozialarbeiter/-in
Haus- und Familienpflegerin	Sozialpädagoge/-pädagogin
Krankenpflegehelfer/-in	Zivildienstleistender
Dorfhelfer/-in	Nachbarschaftshelfer/-in
Schwesternhelfer/-in	Verwaltungsfachkraft
Familienpflegehelfer/-in	

(vgl. BRANDT/BRAUN, 1981, S. 201; DAHME u.a., 1980, S. 39 f.)

Dieser Tatsache wie auch den möglichen Beschäftigungsverhältnissen sind bei der Analyse Beachtung zu schenken. Unterschieden wird nach Vollzeit- und Teilzeitbeschäftigten, nebenamtlichen/nebenberuflichen Mitarbeitern sowie nach ehrenamtlichen (freiwilligen) Mitarbeitern. Letztgenannte arbeiten im Gegensatz zu den anderen Beschäftigten nicht gegen Entgelt, sondern erhalten höchstens einen Auslagenersatz. Zivildienstleistende, Praktikanten, Mitarbeiter im freiwilligen sozialen Jahr sowie in der Aus- und Fortbildung sind außerdem zu berücksichtigen (vgl. HINSCHÜTZER, 1983, S. 11). In diesem Zusammenhang muß darauf hingewiesen werden, daß dem Einsatz freiwilliger Mitarbeiter große Bedeutung zugewiesen wird (vgl. z.B. SCHMACHTENBERG, 1980; SCHMIDT, 1983).

Die Fort- und Weiterbildung in der offenen Altenhilfe wird als sehr wichtig betrachtet (vgl. hierzu auch DEUTSCHES ZENTRUM FÜR ALTERSFRAGEN, 1982, S. 64). Sie dient dazu "die berufliche Arbeit der Mitarbeiter zu verbessern, um den sich verändernden Anforderungen in der Praxis besser gerecht werden zu können und um die persönliche Entfaltung und Qualifizierung der Mitarbeiter zu fördern" (HERTEL, 1981, S. 192). Die geforderte Fort- und Weiterbildung soll jedoch nicht nur auf die hauptamtlichen Mitarbeiter, sondern auch auf die freiwilligen Mitarbeiter ausgerichtet sein (vgl. HÜBINGER, 1982; FALTERMEYER/FROMMANN, 1979, S. 322 f.).

Im Zusammenhang mit dem Personal wird die Personalstruktur, d.h. werden die angestellten und freiwilligen Mitarbeiter nach Zahl, Qualifikation, Alter, Geschlecht, Dauer der Betriebszugehörigkeit, Umfang des Arbeitsverhältnisses und tariflicher Eingruppierung erfaßt. Außerdem werden Art und Umfang der Fort- und Weiterbildung, die Absicherung der Mitarbeiter, die betrieblichen Sozialleistungen und die Einsatzbereiche der Mitarbeiter untersucht. Weitere Aufschlüsse über das Erreichen einiger personalwirtschaftlicher Ziele geben z.B. die festgestellte Fluktuation und die festgestellten Krankheitsstunden. Außerdem wird den vorliegenden Absicherungen des Personals bei Unfällen oder in bezug auf Haftungsfragen nachgegangen (vgl. JACOBI, 1984; SCHLAUS, 1980; und auch ROLSHOVEN, 1979).

Wichtigster Bestandteil der Analyse dieses Bereiches ist die Arbeitszeitrechnung. Dabei sind praktizierte Formen der Arbeitszeitregelung zu berücksichtigen. Sie reichen bei vollbeschäftigten Mitarbeitern von der zusammenhängenden Arbeitszeit über den Schichtdienst bis zur freien Zeiteinteilung (vgl. FORUM SOZIALSTATION, 1984, 3.4.2.). Mit der Arbeitszeitrechnung wird die Arbeitszeitkapazität und die tatsächliche Arbeitszeit der Mitarbeiter innerhalb einer Periode erfaßt. Dabei werden die auf die einzelnen Leistungsbereiche entfallende Arbeitszeitkapazität wie auch die tatsächlich geleistete Arbeitszeit ausgewiesen. So kann z.b. bei pflegerischen Diensten durch weitere Differenzierung der durchschnittliche Zeitaufwand (Fahrt und Pflege) pro Hausbesuch ermittelt werden. Die Arbeitszeitrechnung stellt eine wesentliche Grundlage für die Beurteilung der Arbeitszeitkapazitätsauslastung, des Personaleinsatzes, einer subjektiv empfundenen Arbeitsüberlastung wie auch die Grundlage für die Kostenverteilung auf Kostenstellen dar. Außerdem kann so der oft stundenweise erfolgende Einsatz freiwilliger Mitarbeiter genau dokumentiert werden.

Zur Arbeitsweise in den Einrichtungen sollen schriftliche Regelungen vorliegen. Verbände haben deshalb Rahmendienstanweisungen, Musterdienstverträge und Stellenbeschreibungen erarbeitet. Aus diesen können Zielvorstellungen über die Durchführung von Dienstbesprechungen, der Dienstübergabe, der Fach- und Dienstaufsicht, über tarifrechtliche Eingruppierungen, Arbeitszeitregelungen und die Art sozialer Leistungen abgeleitet werden (vgl. z.B. DEUTSCHER CARITASVERBAND, 1972, S. 17 ff., 1978, S. 50 ff.; DIAKONISCHES WERK DER EVANGELISCH-LUTHERISCHEN KIRCHE IN BAYERN, 1982, 5.2. und 5.5.). Mit der Analyse werden deshalb auch die vorhandenen Vorgaben zur Arbeitsweise (Dienstanweisungen usw.) wie auch die tatsächlichen Regelungen sowie die Häufigkeit und Dauer der Dienstbesprechungen erfaßt.

Zum Bereich der Sachmittel liegen unterschiedliche Empfehlungen vor. Sie beziehen sich zum einen auf die Zahl und die Art der benötigten Räume. Zum anderen werden außer zum Raumprogramm bei den pflegerischen Diensten Angaben zur Grundausstattung bezüglich Geräten und (auch verleihbaren)

Pflegehilfsmitteln, Instrumenten, Medikamenten und sonstigen Materialien gemacht. Bei den Altentagesstätten beziehen sich die Angaben hauptsächlich auf die Möblierung der einzelnen Räume, Geschirr und Geräte wie z.B. Phonogeräte und Musikinstrumente (vgl. z.B. DER MINISTER FÜR ARBEIT, GESUNDHEIT UND SOZIALES NORDRHEIN-WESTFALEN, 1977; DIAKONISCHES WERK DER EVANGELISCHEN KIRCHE IN DEUTSCHLAND, 1978b, S. 25, 27).

Erfassung und Analyse der eingesetzten Sachmittel beziehen sich deshalb auf die Art und Nutzung der Räumlichkeiten und der Ausstattung. Die Ausstattung wird über Inventarlisten, und wenn diese nicht vollständig sind, bei einer Begehung erfaßt. Dabei sind Anschaffungsdatum und Anschaffungspreis mitzuerfassen. Diese Informationen bilden zum einen Grundlagen für die Kostenrechnung. Zum andern ermöglichen sie in Verbindung mit den Daten der Leistungsanalyse direkte Aussagen zu den Leistungserstellungszielen hinsichtlich der Auslastung der zur Verfügung stehenden Sachmittel (z.B. Räume und verleihbare Hilfsmittel).

Qualitative Aspekte bei der Leistungserstellung sind z.B. bei der Wahl der eingesetzten Mittel einzubeziehen. Qualitative Anforderungen an bedarfsgerechte Räumlichkeiten und bedarfsgerechte Ausstattung sind in der deutschen Literatur in bezug auf behindertengerechte Gestaltung oder im Hinblick auf Möblierung, Beleuchtung und Sauberkeit nur aus einzelnen Veröffentlichungen abzuleiten (vgl. STEMSHORN, 1979; MODERNE SITZMÖBEL, 1982; BELEUCHTUNG, 1982; HYGIENE, 1980). Sehr detaillierte Zielvorstellungen lassen sich hingegen aus den Veröffentlichungen des National Institute of Senior Centers ableiten. Die dort gemachten Angaben beziehen sich auf den Einrichtungstyp Altentagesstätte oder Dienstleistungszentrum. Angesprochen sind außer den genannten Sachverhalten z.B. die Notwendigkeit verschiedener Räume für unterschiedliche Aktivitäten (laute und leise Zonen), die ausreichende Beleuchtung, die behindertengerechte Gestaltung von Zugängen und Treppen usw. Außerdem wird auf das Sicherheitsbedürfnis der Nutzer durch die Berücksichtigung von Feuersicherungen, Handläufen u.ä. eingegangen (vgl. NATIONAL INSTITUTE OF SENIOR CENTERS, 1978, S. 54 ff.; JORDAN, 1975).

Diese Anforderungen werden bei der Analyse der Sachmittel berücksichtigt, so daß bei Altentagesstätten Räume und Ausstattung hinsichtlich ihrer bedarfsgerechten Gestaltung (z.B. Beleuchtung, Sicherheit, Orientierung, Eignung für Behinderte) beurteilt werden können.

Grundlagen zum Bereich der finanziellen Mittel, z.b. über die Art und Ausgestaltung des Rechnungswesens oder in bezug auf spezielle Anforderungen an Haushaltspläne, liegen in der Literatur für Einrichtungen der offenen Altenhilfe kaum vor. Die amerikanische Literatur zu Altentagesstätten enthält dagegen Angaben über die Zwecke, den Aufbau und den Inhalt eines Haushaltsplanes sowie über die dort vorkommenden Arten der Buchführung (vgl. LEANSE/TIVEN/ROBB, 1977, S. 67 ff.). Die meisten Informationen beziehen sich hauptsächlich auf die schon in Kapitel IV.5.1. genannten Punkte über die Zielvorstellungen zur Finanzierung. Abzuleiten für Einrichtungen der offenen Altenhilfe ist dabei, daß zur Erfolgsfeststellung im Bereich der Finanzierung als Grundvoraussetzung ein Rechnungswesen vorhanden sein muß, das den Grundsätzen ordnungsmäßiger Buchführung unterliegt. Aus der Literatur, vor allem aber aus Expertengesprächen und Besuchen in den Einrichtungen ist bekannt, daß als Buchführungssysteme die kaufmännische Buchführung und die Kameralististik eingesetzt sind. Auch in den Satzungen der Einrichtungen finden sich Hinweise zum Rechnungswesen. Dabei wird lediglich auf die Erstellung von Haushaltsplänen, Stellenplänen, Jahresrechnungen, Abschlüssen und Verwendungsnachweisen abgestellt (vgl. z.B. DIAKONISCHES WERK DER EVANGELISCHEN LANDESKIRCHE IN BADEN, 1983). Über eine weitere Ausgestaltung des Rechnungswesens werden nur mit Hilfe von Musterkontenplänen allgemeine Angaben gemacht über mögliche Einnahme-(Ertrags)arten und Ausgaben-(Aufwands)arten sowie über die Institutionen und Personen, die für eine Kostenerstattung in Frage kommen.

Als mögliche Finanzierungsmittel der laufenden Betriebskosten von Altentagesstätten sind zu nennen und bei der Analyse entsprechend zu beachten:

- Eigenmittel der Träger,
- Eintrittsgelder oder Beiträge zu Veranstaltungen,
- evtl. Förder- oder Mitgliedsbeiträge, Spenden,
- Zuschüsse der Kommunen im Rahmen ihrer Zuständigkeit als Sozialhilfeträger und Träger der kommunalen Daseinsvorsorge,
- Zuschüsse von Wohlfahrtsverbänden und
- Zuschüsse des Kreises und/oder Landes.

Die Finanzierungsmittel von Sozialstationen gliedern sich ähnlich, wobei ein Schwerpunkt auf den Entgelten aus Leistungen liegt:

- Entgelte (Selbstzahler, Krankenkassen, sonstige Träger der sozialen Sicherung wie Unfallversicherung, Rentenversicherung usw., Krankenpflegevereine),
- Zuschüsse,
- Eigenmittel und
- Spenden.

Wie schon in Kapitel IV.5.2. erwähnt, wird bei den ambulanten Pflegediensten die Buchführung für die Einrichtungen nicht in jedem Falle zentral, d.h. in der Station bzw. bei einem Partner durchgeführt, sondern die einzelnen Vertragspartner (bzw. Träger) bleiben in der Buchführung selbständig. Aufwand und Erträge (bzw. Einnahmen und Ausgaben), die die einzelnen Träger für die Einrichtung am Jahresende ermittelt haben, werden dann zusammengestellt und ergeben den Jahresabschluß für die Einrichtung. Dieses Vorgehen bedeutet, daß eine auf die Einrichtung bezogene Kostenrechnung in solchen Fällen eine Analyse der betreffenden Haushaltsstellen bei den einzelnen Vertragspartnern bzw. Trägern erfordert. Eine Kontrolle der Wirtschaftlichkeit wie auch die Ermittlung von Gebühren wird durch diese Art der Rechnungslegung erschwert. Deshalb ist für die betreffende Einrichtung einer zentralen Buchführung ein Vorrang einzuräumen.

Wegen des geringen Ausweises von finanzwirtschaftlichen Zielen in der Literatur zu Einrichtungen der offenen Altenhilfe sind diesbezügliche Ziele aus der sonstigen haushalts- und betriebswirtschaftlichen Literatur abgeleitet. Sie erlauben Aussagen zur Gestaltung der Kapital- und Vermögensstruktur sowie zur Sicherung der Zahlungsfähigkeit, der Kostendeckung und der Einrichtungskapazitäten (vgl. z.B. DIECK, 1976, S. 138 ff.; EICHHORN, 1976, S. 125 ff.; PERRIDON/STEINER, 1984, S. 11 ff., S. 289 ff.).

In die Analyse der finanziellen Mittel sind die Auswertung des vorliegenden Buchführungssystems und der Form der Buchführung einbezogen. Daraus ergeben sich (teilweise auch durch die Auswertung der Buchführung vergangener Jahre) die Angaben über die Art der Finanzierung des im Erhebungszeitraumes vorhandenen Anlagevermögens sowie zu dessen Anschaffungskosten. Angaben zur Ausgaben-/Aufwandsstruktur und zur Struktur der zugeführten finanziellen Mittel im Erhebungsjahr werden aus dem Jahresabschluß übernommen. Dabei wird die Zuführung der finanziellen Mittel nach den Einnahme-/Ertragsarten näher untersucht (vgl. hierzu die Einnahmen-/Ertragsarten, Abbildung 22 bzw. Teil B, S. V/3).

Im Hinblick auf finanzwirtschaftliche Ziele erhält man aus der Analyse des Mittelbereiches außerdem Informationen über die prozentuale Verteilung der Ausgaben-/Aufwandsarten an den(m) Gesamtausgaben/Gesamtaufwand und die der Einnahme-/Ertragsarten an den Gesamteinnahmen/Gesamterträgen in der Periode sowie über die Liquidität zu bestimmten Zeitpunkten.

2.4. Zur Analyse der Aufgabenverteilung (vgl. Teil B, VI. Kapitel)

In der vorhandenen Literatur wie auch in den Arbeitshilfen verschiedener Verbände sind die in der Einrichtung der offenen Altenhilfe anfallenden Aufgaben in unterschiedlichem Umfang skizziert. Zum einen werden Aufgaben genannt, die mit der Erstellung der unmittelbar und mittelbar personenbezogenen Leistungen verbunden sind. Dies sind z.B. bei pflegerischen Diensten das Waschen oder Verbinden von Personen. Bei Altentagesstätten ist das z.B. das Angebot von verschiedenen Veranstaltungen. Darüber hinaus werden andere Aufgaben genannt, die z.B. nur der Leitung einer Einrichtung zugeordnet werden (vgl. z.B. DEUTSCHER CARITASVERBAND, 1972, S. 32), oder die in einer Einrichtung in den nachgeordneten Bereichen zu erfüllen sind. Wenn man von den der Einsatzleitung zugeordneten Aufgaben absieht, wird dabei nicht angegeben, wem die jeweiligen Aufgaben mit welcher Funktion zugeordnet sind. Im allgemeinen wird durch Stellenbeschreibungen der Forderung nach Kompetenzabgrenzung, Aufgabenfestlegung und Verantwortlichkeit für den einzelnen Mitarbeiter Rechnung getragen. Stellenbeschreibungen liegen aber bisher nur vereinzelt als Muster vor.

Die Feststellung aller auftretender Aufgaben und das Zusammenwirken der einzelnen Stellen im Überblick läßt sich jedoch am ehesten durch das Funktionendiagramm erreichen (vgl. BISANI, 1982). Auch für eine erste Analyse der Aufgabenverteilung stellt das Funktionendiagramm ein geeignetes Instrument dar. Mit einem Funktionendiagramm werden "simultan die Verteilung der Aufgaben und die zu ihrer Erfüllung notwendigen spezifischen Funktionen der Aufgabenträger" erfaßt (DRESSLER u.a., 1975, S. 194).

Um eine Analyse der Aufgabenverteilung zu ermöglichen, wurden die in der Literatur genannten Aufgaben zusammengestellt und gegliedert. Diese Zusammenstellung ist in einem Funktionendiagramm für Altentagesstätten und in einem zweiten für Sozialstationen für die beiden Typen von Einrichtungen der offenen Altenhilfe verarbeitet (Teil B, VI. Kapitel).

Mit den Funktionendiagrammen wird in erster Linie die Aufgabenverteilung untersucht, wie sie in den nachgeordneten Bereichen einer Einrichtung anzutreffen ist. Es sind auch Aufgaben einbezogen, die auf die Hauptleistungen ausgerichtet sind, aber nicht zwingend von jedem dort eingesetzten Mitarbeiter durchgeführt werden müssen, z.B. Erstbesuche oder das Durchführen von Kursen in der häuslichen Krankenpflege.

Die Aufgaben sind in den Funktionendiagrammen nach verschiedenen Bereichen gegliedert. Nicht weiter aufgeschlüsselt sind die zentralen Aufgaben, die auf die Hauptleistungsbereiche entfallen. Als weitere Bereiche sind die Aufgaben der Gesamtleitung, allgemeine Aufgaben, Aufgaben der Einsatzleitung, Aufgaben der Verwaltung und hauswirtschaftliche Aufgaben ausgewiesen.

Die einzelnen Funktionen, die bei der Erfüllung einer Aufgabe von den jeweiligen Stelleninhabern ausgeübt werden, sind in diesen Funktionendiagrammen auf sieben begrenzt. Sie sind aus den bei HÄFELI/KAUFMANN genannten Funktionen ausgewählt (1976, S. 66) und werden für diese Analyse als ausreichend betrachtet. Aus dieser Aufgabenanalyse sind hauptsächlich Aussagen zu organisatorischen Zielen hinsichtlich der Aufbaustruktur der Einrichtung und des Arbeitsablaufes zu erwarten. Sie erlaubt die Überprüfung der tatsächlichen Aufgabenverteilung und kann hierbei zutagetretende Schwachstellen aufdecken. Außerdem kann sie als Grundlage für Stellenbeschreibungen herangezogen werden.

2.5. Beispiele für die Konkretisierung des Zielrahmens

Als Grundlage für die Betriebsanalyse sind für die beiden Einrichtungstypen "Sozialstation" und "Altentagesstätte" Beispiele vor allem für die Leistungserstellungsziele, die personalwirtschaftlichen, die finanzwirtschaftlichen und die organisatorischen Ziele erarbeitet. Dabei finden sich Unterschiede in den Leistungserstellungszielen hauptsächlich aufgrund der verschiedenen Leistungsschwerpunkte. Es kann jedoch davon ausgegangen werden, daß in beiden Einrichtungstypen dieselben grundlegenden Sicherungsziele erfüllt werden müssen.

Hier ist zu beachten, daß die aufgestellten Ziele, Zielstufen und Kennzahlen/Beschreibungen in sehr unterschiedlichen Konkretisierungsgraden vorliegen und auch auf den gleichen Ebenen nicht als gleichrangig zu betrachten sind. Auch auf die Schwierigkeit der Grenzziehung zwischen den Ebenen der Zielhierarchie und auf die z.T. notwendige pragmatische Vorgehensweise wird noch einmal verwiesen. Mit der Erarbeitung und Darstellung dieser Beispiele sind drei Absichten verbunden.

Zum ersten sind in ihnen die Altentagesstätten und Sozialstationen betreffenden Aussagen der Literatur verarbeitet und zusammengefaßt: Diese Sachverhalte sind bei der Betriebsanalyse in Form von Kennzahlen/Beschreibungen zu erfassen und bei der Beurteilung mit der jeweiligen Zielvorstellung zu vergleichen. Die Beispiele stecken außerdem den Rahmen für die Erfassung der wichtigsten Betriebsdaten ab. Eine solche Zusammenstellung kann jedoch nur unvollständig erfolgen. Eine bestimmte Einrichtung wird in jedem Falle noch mehr Ziele (ob bewußt oder unbewußt) verfolgen oder auch je nach Betriebspolitik bzw. Einstellung andere Ziele ausweisen.

Zum zweiten soll mit der Aufstellung der Beispiele den Anwendern der Betriebsanalyse ein Weg aufgezeigt werden, wie Kennzahlen/Beschreibungen selbst gebildet und wie sie in größere Zusammenhänge eingeordnet werden können.

Zum dritten ist im Hinblick auf die hier entwickelte Methode beabsichtigt, mit diesen Beispielen aufzuzeigen, wie globale Zielvorstellungen mit Hilfe von Indikatoren in meßbare Kennzahlen/Beschreibungen überführt und somit operationalisiert werden können. So wird die Beziehung zwischen den unkonkret formulierten Zielen einer Einrichtung und den bei der Betriebsanalyse zu erfassenden Daten hergestellt.

Durch die Leistungsziele werden alle Leistungen grundlegend nach Art und Umfang gekennzeichnet. In den Beispielen zu den Leistungszielen ist dies allgemein formuliert mit "Angebot der Leistungen in bestimmter Art und in bestimmtem Umfang", da das gewünschte Leistungsspektrum von jeder einzelnen Einrichtung selbst zu bestimmen ist. Das Leistungsprogramm kann sich dabei aus den im Leistungsrahmen ausgewiesenen Leistungen zusammensetzen und wird deshalb hier nur durch einzelne Beispiele veranschaulicht.

Die Leistungserstellungsziele beziehen sich auf die Festlegung von Zielen, die mit der Erfüllung der Leistungsziele verbunden sind. Das betrifft die Ziele bezüglich der nachgeordneten Aufgabenbereiche, der Art der angewandten Verfahren und der Qualität von Leistungen. Geordnet sind diese Ziele nach sozialen, funktional-technischen, ökonomischen und rechtlichen Aspekten. Diese Beispiele sind nicht wie die Beispiele der Leistungsziele inhaltlich festgelegt. Es wird die Kennzahl nur formal angegeben.

Enge Zusammenhänge bestehen zwischen den Leistungserstellungszielen und den Sicherungszielen einer Einrichtung. Die Leistungserstellungsziele berücksichtigen bei der Erstellung bedarfsgerechter Leistungen das vorhandene Mittelpotential. Sachverhalte bezüglich des Personals, der finanziellen Mittel, der Kosten sowie organisatorische Gegebenheiten werden aber auch mit den Sicherungszielen erfaßt. Teilweise besteht die Möglichkeit, bestimmte Ziele den Leistungserstellungszielen und/oder den betreffenden Sicherungszielen zuzuordnen; eine Abgrenzung ist in manchen Fällen schwer zu treffen. Bei den Leistungserstellungszielen sind unter ökonomischen Aspekten z.B. Ziele erfaßt, bei denen ein Zusammenhang zwischen der Leistungserstellung und dem Mittelpotential besteht (z.B. Arbeitszeit pro Leistung oder Kosten pro Leistung). Die Leistungserstellungsziele beziehen also nur einen Teil des Mittelpotentials ein.

Bei den Sicherungszielen hingegen werden die auf das Gesamtpotential abgestellten Ziele veranschaulicht. Den Sicherungszielen sind also die grundlegenden Ziele zugeordnet, die z.B. zur Sicherung des Personalbestandes, zur Sicherung der finanziellen Mittel und einer reibungslosen Organisation zu erfüllen sind.

In den Abbildungen 15 bis 21 werden die Beispiele für die Leistungs- und Leistungserstellungsziele für Sozialstationen und Altentagesstätten sowie für die personalwirtschaftlichen, finanzwirtschaftlichen und organisatorischen Ziele dargestellt.

Abbildung 15: Leistungsziele einer Sozialstation (Beispiel)
(wechselnde Zeiteinheit)

Ziele	Zielstufen	Indikatoren	Kennzahlen/Beschreibungen
Allgemeine Formulierung: Angebot von Leistungen bestimmter Art und bestimmten Umfanges		Angebotene Leistungsbündel und ihre Leistungsbestandteile	Beschreibung der Leistungsbündel und ihrer Bestandteile nach Art, Zahl, Häufigkeit und Zeitpunkt ihres Angebotes
		Angebotene Einzelleistungen	Art und Zahl möglicher Einzelleistungen nach Häufigkeit und Zeitpunkt des Angebotes
Spezielle Formulierung: Angebot von Kranken- und Altenpflege		Hausbesuche Nachtwachen Leistungen des Leistungsverzeichnisses der Einrichtung	80 Hausbesuche/Tag nach Bedarf Grundpflege (Waschen, Baden,....), Behandlungspflege (Spritzen,....)
Angebot von Essen auf Rädern		Tiefgefrorene Einzelmenüs	Ø 500 Essen pro Tag Auslieferung Montag bis Freitag
Nachbarschaftshilfe		Kinderbetreuung Hausreinigung, Einkaufen	20 Std./Woche mit verschiedenen Helfern 100 Std./Woche

Abbildung 16: Leistungserstellungsziele einer Sozialstation (Beispiel)
(jeweils bezogen auf eine Zeiteinheit: Monat oder Jahr)

Ziele	Zielstufen	Indikatoren	Kennzahlen/Beschreibungen
Soziale Aspekte: Erstellung bedarfsgerechter Leistungen und Durchführung damit verbundener Aufgaben zur Erfüllung der Leistungsziele (Hauptziele)	Erreichbarkeit von Hilfen in Notlagen und außerhalb der Dienstzeit	Dienst- und Öffnungszeiten der Einrichtung	Angabe der Dienstzeiten - nach Std./Woche - nach Wochentagen ja/nein, Beschreibung
		Vorhandensein eines Bereitschaftsdienstes	ja/nein
		Vorhandensein eines Anrufbeantworters	ja/nein
		Absprachen mit anderen Einrichtungen	Beschreibung der Absprachen
	Gewährleisten einer qualifizierten Hilfe (Pflege)	Qualifikation und/oder Erfahrung der Mitarbeiter	Zahl d.ausgebildet.Mitarb. x 100 / Gesamtmitarbeiterzahl (evtl. nach Leistungsstellen) Zahl d.Mitarb.je Berufsgr. x 100 / Gesamtmitarbeiterzahl
		Interne und externe Schulung	Zahl der Veranstaltungen
			Inhalte der Veranstaltungen
		Pflegeplanung und -kontrolle (Vorhandensein eines Pflegeheftes)	Umfang der Pflegeplanung, Art des Vorgehens
		Betreuungsaufwand	Arbeitsstunden der Mitarbeiter nach Leistungs-/Kostenstellen und insgesamt sowie pro Nutzer

	Besprechen von Pflegetechniken	Arbeitsstunden pro Hausbesuch nach Leistungsstellen
		ja/nein
	Vorhandensein von Hilfsmitteln (Karteien), die wichtige Informationen über den Nutzer enthalten	ja/nein
		Angabe der Hilfsmittel
		Inhalte (Namen, Adressen ...) der Hilfsmittel
Erreichen eines gewünschten Versorgungsgrades der älteren Menschen im Einzugsgebiet	Einzugsgebiet der Einrichtung	Angabe in km²
	Bevölkerung über 60 Jahre im Einzugsgebiet	Zahl der Personen über 60 Jahre nach Geschlecht und Altersstufen
	Nutzerstruktur	Zahl der Nutzer nach Geschlecht, Einkommen, Schulbildung, Altersstufen
	Versorgungsgrad	$\dfrac{\text{Zahl der Nutzer}}{\text{Gesamtnutzerzahl}} \times 100$ (nach verschiedenen Merkmalen)
		$\dfrac{\text{Zahl der Nutzer}}{\text{Zahl der über 60 Jährigen im Einzugsgebiet}} \times 100$ (nach verschiedenen Merkmalen)
	Art und Umfang der benötigten Hilfen	Auflistung der Hilfen
		Häufigkeit

Fortsetzung Seite 114

Ziele	Zielstufen	Indikatoren	Kennzahlen/Beschreibungen
		Erfüllte und nicht erfüllte Hilfeersuchen	Zahl der erfüllten und der nicht erfüllten Hilfeersuchen
			Gründe für die Nichterfüllung
		Zufriedenheit mit den Leistungen	Zahl der Beschwerden
			Gründe für die Beschwerden
			$\dfrac{\text{Zahl der beanstandet.Leist.} \times 100}{\text{Zahl der Gesamtleistungen}}$
	Sicherstellen einer umfassenden Hilfe durch Kontaktpflege und Zusammenarbeit mit anderen Einrichtungen	Art der Einrichtungen und Kontakte	Angabe der Einrichtungen Beschreibung der Kontakte
		Vermittlung von Hilfe	Angabe von Stellen, an die vermittelt wurde Zahl der Vermittlungen
		Aushilfe bei Engpässen (z.B. gemeinsamer Einsatzplan) Informationsaustausch	Beschreibung der Situation Häufigkeit und Art
	Information von Nutzern und Öffentlichkeit über die Arbeit der Einrichtung	Informationsveranstaltungen	Zahl der Veranstaltungen ø Dauer der Veranstaltungen ø Zahl der Besucher pro Veranstaltung
		Schriftliche Informationen (Broschüren, Berichte, Informationen über Leistungen und Kosten, Jahresberichte)	Angabe der Arten schriftlicher Informationen
			Häufigkeit der Herausgabe dieser Informationen

Erstellung der Leistungen unter Einbeziehung von Nebenzielen, die die Einrichtung (in den meisten Fällen) verfolgt	Aktivieren vorhandener Hilfsbereitschaft der Bevölkerung	Verbreitung der Informationen durch geeignete Stellen	Inhalte der Informationen Beschreibung der Gestaltung (Großdruck, Übersichtlichkeit usw.)
		Aufgaben für freiwillige Mitarbeiter	Angabe der jeweiligen Stellen (z.B. das Pfarramt, Zeitung, Sozialamt, Ärzte usw.)
			Angabe der Tätigkeiten
		Gewinnung freiwilliger Mitarbeiter	Angabe der Maßnahmen
		Einsatz freiwilliger Mitarbeiter	Zahl der freiwilligen Mitarbeiter
			$\dfrac{\text{Zahl d.freiwillg.Mitarbeiter} \times 100}{\text{Zahl der Gesamtmitarbeiter}}$
			$\dfrac{\text{Zahl d.freiwill.Mitarbeiter} \times 100}{\text{Zahl d.angestellten Mitarbeiter}}$
		Arbeitsstunden freiwilliger Mitarbeiter	Zahl der Arbeitsstunden
			$\dfrac{\text{Zahl der Arbeitsstunden}}{\text{der freiwilligen Mitarbeiter} \times 100}$ / Zahl der Gesamtarbeitsstunden
	Aktivieren der Hilfe zur Selbsthilfe	Angebote und Aktivitäten zur Hilfe zur Selbsthilfe	Anzahl der Kurse/Unterweisungen in häuslicher Krankenpflege o.ä.
			Inhalte der Kurse
			Zahl möglicher Teiln. pro Veranst.
			Ø Zahl der Teiln. pro Veranstaltung

Fortsetzung Seite 116

Ziele	Zielstufen	Indikatoren	Kennzahlen/Beschreibungen
Funktional-technische Aspekte: Erstellung bedarfsgerechter Leistungen mit geeigneten Mitteln	Erreichbarkeit des Standortes	Lage im Einzugsgebiet	peripher oder zentral
		Vorhandensein öffentlicher Verkehrsmittel	Angabe der Verkehrsmittel
		Haltestellen in der Nähe der Einrichtung	Entfernung in m von der Einrichtung
		Parkmöglichkeiten für Privatfahrzeuge bei der Einrichtung	vorhanden/nicht vorhanden
	Bereitstellen bedarfsgerechter Räumlichkeiten für verschiedene Leistungsbereiche	Vorhandensein geeigneter Räume	Auflistung der Räume: Zahl der Räume Nutzungsmöglichkeit Größe
		Lagermöglichkeiten für pflegerische Hilfsmittel	vorhanden/nicht vorhanden
	Bereitstellen bedarfsgerechter Grundausstattung an Mobiliar und Geräten	Mindestausstattung nach vorliegenden Richtlinien oder Empfehlungen	Beschreibung der Ausstattung
		Vorhandensein der wichtigsten technischen Geräte	Angabe der Geräte
		Vorhandensein von Kraftfahrzeugen	Anzahl der Kraftfahrzeuge

	Bereitstellen von ausreichendem und qualifiziertem Personal	siehe Personalwirtschaftliche Ziele	
	Bereitstellen ausreichender Finanzmittel	siehe Finanzwirtschaftliche Ziele	
	Gewähren eines reibungslosen Arbeitsablaufs	siehe Organisatorische Ziele	
Ökonomische Aspekte: Erstellung bedarfsgerechter Leistungen mit einem wirtschaftlichen Einsatz der Mittel	Auslasten der zur Verfügung stehenden Sachmittel	Vorhandensein von Maschinen, Geräten und Räumen	Angabe d. Maschinen und Geräte
		Nutzung der Maschinen, Geräte und Räume	$\dfrac{\text{tatsächl. Nutzungszeit}}{\text{mögliche Nutzungszeit}} \times 100$
			Häufigkeit der Nutzung
	Auslasten der Leistungsangebote	Inanspruchnahme der Leistungsangebote	Zahl der erbrachten Einzelleistungen
			Zahl der Hausbesuche
			Zahl der Nutzer nach Leistungsarten
			$\dfrac{\text{Zahl der (Einzel-)leistungen}}{\text{Zahl d. Nutzer der Leistungen}}$
			⌀ Zahl der Hausbesuche pro Nutzer
		Kapazitätsausnutzungsgrad	$\dfrac{\text{Zahl der erbrachten Leistungen}}{\text{Zahl d. möglichen Leistungen}} \times 100$

Fortsetzung Seite 118

Ziele	Zielstufen	Indikatoren	Kennzahlen/Beschreibungen
	Auslasten der zur Verfügung stehenden Arbeitszeitkapazität	Kapazitätsausnutzungsgrad	Zahl der Hausbesuche x 100 / Zahl der möglichen Hausbesuche Ø Zahl der Leistungen pro Nutzer Zahl der Arbeitsstunden pro Leistungsart und insgesamt Zahl der Pflegestunden für ambulante Pflege tatsächliche Arbeitszeit x 100 / Arbeitszeitkapazität (nach Leistungsarten u. insg.)
	Anwenden kostengünstiger Verfahren bei der Leistungserstellung	Verhältnis von Zeitaufwand und Leistung Verhältnis von Kosten und Leistung (Festlegen einer Kostengrenze)	benötigte Arbeitsstunden pro Leistung nach Leistungsarten maximale Kosten pro Leistungen einer Leistungsart
Rechtliche Aspekte: Erstellung bedarfsgerechter Leistungen unter Berücksichtigung von Gesetzen und Vorschriften	Absichern der Nutzer durch Unfall- und Haftpflichtversicherung	Abschluß der Versicherungen und Zahlung der Prämien	Art der Versicherungen Höhe der Versicherungssumme Höhe der Prämien
	Abstimmen des Leistungsangebotes aufgrund vorliegender Förderungsrichtlinien und Verträge	Überprüfen des Leistungsangebotes anhand von Richtlinien und Verträgen	Angabe der wichtigsten Inhalte

Schutz von Nutzerdaten bei Vorliegen einer Kartei nach den Bestimmungen des Datenschutzgesetzes	Verpflichtung der Mitarbeiter auf das Datengeheimnis	Art des Vorgehens
Einhalten von Liefer-, Pacht- und Mietverträgen	Reklamationen und Beschwerden o.ä.	Angabe der Zahl der Reklamationen Gründe für die Reklamationen
Einhalten von Zahlungsfristen	Mahnungen	Zahl und Höhe der Mahnungen
Beachten von Gebührenpflichten und Nutzung von Möglichkeiten der Gebührenbefreiung	Bezahlung von GEMA-Gebühren, Rundfunk- und Fernsehgebühren bzw. Befreiung von der jeweiligen Gebührenpflicht	Höhe der Gebühren
Absichern der Gebäude und Ausstattung	Abschluß von Versicherungen und Zahlung der Prämien (Einbruch, Leitungsschaden, Gebäudebrand u.ä.)	Art und Umfang der Versicherungen
		Höhe der Prämien

Abbildung 17: Leistungsziele einer Altentagesstätte (Beispiel)
(wechselnde Zeiteinheit)

Ziele	Zielstufen	Indikatoren	Kennzahlen/Beschreibungen
Allgemeine Formulierung: Angebot von Leistungen bestimmter Art und bestimmten Umfanges		Angebotene Leistungsbündel und ihre Leistungsbestandteile	Beschreibung der Leistungsbündel und ihrer Bestandteile nach Art, Zahl, Häufigkeit und Zeitpunkt ihres Angebotes
		Angebotene Einzelleistungen	Art und Zahl möglicher Einzelleistungen nach Häufigkeit und Zeitpunkt ihres Angebotes
Spezielle Formulierung: Angebot von Unterhaltungsveranstaltungen		Feste	Weihnachtsfeier am 22.12. ab 16.00, mit noch festzulegendem Programm Sommerfest am 21.6.
Angebot von Bildungsveranstaltungen		Sprachkurse	Englisch für Anfänger, 1 x pro Woche, Di. 14.00 - 15.00 Französisch für Fortgeschrittene, 1 x pro Woche, Mi. 15.00 - 16.00
Angebot von Hobbyveranstaltungen		Arbeiten mit Holz	Schnitzen 1 x pro Woche, Mi. ab 16.00
		Textiles Werken	Maschinennähen 1 x pro Woche, Mo. ab 15.00 Sticken 14tägig, Do. ab 14.00

	Auswahlmenü	
Angebot eines stationären Mittagstisches		Mo. - Fr. und So. von 12.00 bis 13.00, je 2 Menüs zur Auswahl für 30 Personen pro Tag
Angebot einer Cafeteria	warme und kalte Getränke warme und kalte Speisen	Mo. - Fr. und So. 13.00 - 18.00 Kaffee, Tee, Säfte usw. Kuchen, Gebäck, Toast nach wechselnder Karte

Abbildung 18: Leistungserstellungsziele einer Altentagesstätte (Beispiel)
(jeweils bezogen auf eine Zeiteinheit: Monat oder Jahr)

Ziele	Zielstufen	Indikatoren	Kennzahlen/Beschreibungen
Soziale Aspekte: Erstellung bedarfsgerechter Leistungen und Durchführung damit verbundener Aufgaben zur Erfüllung der Leistungsziele (Hauptziele)	Ausrichten der Angebote an Nutzerbedürfnissen	Berücksichtigung von Wünschen der Nutzer mit Hilfe von Wunschlisten, Kummerkasten u.a.	Beschreibung der Maßnahmen
		Öffnungszeiten der Einrichtung	Angabe der Öffnungszeiten - nach Std./Woche - nach Wochentagen
		Begegnungszeit	Gesamtbegegnungszeit in Std.
			Gesamtbegegnungszeit an Werk- bzw. Sonn- und Feiertagen in Std.
		Dauer von Veranstaltungen,	Angabe der Dauer in Minuten
		Pausen	Angabe der Dauer in Minuten
		Tageszeiten der Angebote	Angabe
		Zufriedenheit mit den Leistungen	Zahl der Beschwerden Gründe für die Beschwerden
	Gewährleisten gewisser Qualitätsstandards	Qualifikation und/oder Erfahrung der Mitarbeiter	Zahl der ausgebildeten Mitarbeiter x 100 Gesamtmitarbeiterzahl (evtl. nach Leistungsstellen)
			Zahl der Mitarbeiter je Berufsgruppe x 100 Gesamtmitarbeiterzahl

	Interne und externe Schulung	Zahl der Veranstaltungen
	Betreuungsaufwand	Arbeitsstunden pro Mitarbeiter nach Leistungs-/Kostenstellen, insgesamt und pro Nutzer
Erreichen eines gewünschten Versorgungsgrades der älteren Menschen im Einzugsgebiet	Einzugsgebiet der Einrichtung	Angabe in km²
	Bevölkerung über 60 Jahre im Einzugsgebiet	Zahl der Personen über 60 Jahre nach Geschlecht und Altersstufen
	Bekanntheitsgrad der Einrichtung	$\dfrac{\text{Zahl der Personen, die die Einrichtung kennen}}{\text{Bevölkerung im Einzugsgebiet}} \times 100$
	Nutzerstruktur (Stammbesucher)	Zahl der Nutzer nach Geschlecht, Einkommen, Schulbildung, Altersstufen
	Versorgungsgrad	$\dfrac{\text{Zahl der Nutzer}}{\text{Gesamtnutzerzahl}} \times 100$ nach verschiedenen Merkmalen $\dfrac{\text{Zahl der Nutzer}}{\text{Zahl der über 60 Jährigen im Einzugsgebiet}} \times 100$ nach verschiedenen Merkmalen
Zusammenarbeit mit anderen sozialen Einrichtungen	Informationsaustausch	Häufigkeit und Art der Kontakte
	Vermittlung von Hilfe	Zahl der Vermittlungen Angabe der Stellen, an die vermittelt wird

Fortsetzung Seite 124

Ziele	Zielstufen	Indikatoren	Kennzahlen/Beschreibungen
	Information von Nutzern und Öffentlichkeit über die Arbeit der Einrichtung	Informationsveranstaltungen	Zahl der Veranstaltungen ø Dauer der Veranstaltungen ø Zahl der Besucher pro Veranstaltung
		Schriftliche Informationen (Broschüren, Monatsprogramme, Zeitungsanzeigen, Jahresberichte)	Angabe der Arten schriftlicher Informationen Häufigkeit der Herausgabe dieser Informationen
		Verbreitung der Informationen durch geeignete Stellen	Angabe der jeweiligen Stellen (z.B. das Pfarramt, Zeitung, Sozialamt, Ärzte etc.)
Erstellung der Leistungen unter Einbeziehung von Nebenzielen, die die Einrichtung (in den meisten Fällen) verfolgt	Aktivieren vorhandener Hilfsbereitschaft der Bevölkerung	Gewinnung freiwilliger Mitarbeiter	Beschreibung der Maßnahmen
		Aufgaben für freiwillige Mitarbeiter	Angabe der Aufgaben
		Einsatz freiwilliger Mitarbeiter	Zahl der freiwilligen Mitarbeiter $\frac{\text{Zahl der freiw. Mitarbeiter} \times 100}{\text{Zahl der Gesamtmitarbeiter}}$ $\frac{\text{Zahl der freiw. Mitarbeiter} \times 100}{\text{Zahl der angestellten Mitarbeiter}}$
		Arbeitsstunden freiwilliger Mitarbeiter	Zahl der Arbeitsstunden $\frac{\text{Zahl der Arbeitsstunden der freiwilligen Mitarbeiter} \times 100}{\text{Zahl der Arbeitsstunden aller Mitarbeiter}}$

	Aktivieren älterer Menschen für die Arbeit in der Einrichtung	Mitarbeit älterer Menschen in den Gremien der Einrichtung	Angabe der Art und des Umfangs der Mitarbeit
		Beteiligung der Nutzer an der Programmgestaltung	Angabe der Art der Beteiligung
		Übernahme von Aufgaben durch die Nutzer	Angabe von Art und Umfang übernommener Aufgaben
Funktional-technische Aspekte: Erstellung bedarfsgerechter Leistungen mit geeigneten Mitteln	Erreichbarkeit des Standortes	Lage im Einzugsgebiet	peripher oder zentral
		Vorhandensein öffentlicher Verkehrsmittel	Angabe der Verkehrsmittel
		Haltestellen in der Nähe der Einrichtung	Entfernung in m von der Einrichtung
		Vorhandensein eines Fahrdienstes	ja/nein
		Parkmöglichkeiten für Privatfahrzeuge bei der Einrichtung	vorhanden/nicht vorhanden
	Bereitstellen bedarfsgerechter Räumlichkeiten für verschiedene Leistungsbereiche	Problemloser Zugang zur Einrichtung (für Gehbehinderte oder Rollstuhlfahrer)	Beschreibung des Zugangs
		Vorhandensein von Räumen mit "lauten Zonen" für Unterhaltung u.ä., sowie von "leisen Zonen" für individuelle Gespräche usw.	Zahl der Räume
			Nutzung der Räume
			Größe der Räume bzw. Platzkapazität

Fortsetzung Seite 126

Ziele	Zielstufen	Indikatoren	Kennzahlen/Beschreibungen
		Zugänglichkeit der Räume auch für behinderte ältere Menschen	Beschreibung der Situation, z.B. Haltegriffe, Türschwellen
		Leichtmöglichste Orientierung in der Einrichtung	Beschreibung der Situation, z.B. farbliche Gestaltung, Wegweiser, Piktogramme, Großschrift usw.
		Sauberkeit der Räume	Beschreibung des Reinigungsverfahrens
			Angabe der Häufigkeit der Reinigung
		Schutz der Nutzer vor Unfall und Krankheit	Beschreibung des zutreffenden Sachverhaltes, z.B.
			rutschsichere Böden
			sichere Elektroinstallationen
			keine Stufen als Stolperfallen
			Handläufe
			Vorhandensein bezeichneter Notausgänge
			Leicht erreichbare Feuerlöscher
			Notrufanlage
			angemessenes Raumklima, Art und Stärke der Beleuchtung, Lärmvermeidung, Vermeiden von Zug
	Bereitstellen bedarfsgerechter Grundausstattung an Mobiliar und Geräten	Mindestausstattung nach vorliegenden Richtlinien oder Empfehlungen	Beschreibung der Ausstattung

		Vorhandensein der wichtigsten technischen Geräte	Angabe der Geräte
	Bereitstellen von ausreichendem und qualifiziertem Personal	Möblierung, die zur Bequemlichkeit und Sicherheit der älteren Menschen beiträgt	Beschreibung der Möbel (Tiefe der Sitzflächen, Höhe der Tische, Design; Polsterung usw.)
		siehe Personalwirtschaftliche Ziele	
	Bereitstellen ausreichender Finanzmittel	siehe Finanzwirtschaftliche Ziele	
	Gewähren eines reibungslosen Arbeitsablaufs	siehe Organisatorische Ziele	
Ökonomische Aspekte: Erstellung bedarfsgerechter Leistungen mit einem wirtschaftlichen Einsatz der Mittel	Auslasten der zur Verfügung stehenden Sachmittel	Vorhandensein von Maschinen, Geräten und Räumen	Angabe der Maschinen und Geräte
		Nutzung der Maschinen, Geräte und Räume	$\frac{\text{tatsächliche Nutzungszeit} \times 100}{\text{mögliche Nutzungszeit}}$
			Häufigkeit der Nutzung
	Auslasten der Leistungsangebote	Inanspruchnahme der Leistungsangebote	Zahl der erbrachten Einzelleistungen
			Zahl der Nutzer nach Leistungsarten

Fortsetzung Seite 128

Ziele	Zielstufen	Indikatoren	Kennzahlen/Beschreibungen
			Ø Zahl der (Einzel)-leistungen pro Nutzer
		Verhältnis von Angebot und Inanspruchnahme	Zahl d.erbrachten Leistungen x 100 / Zahl der möglichen Leistungen
	Auslasten der zur Verfügung stehenden Arbeitszeitkapazität	Kapazitätsausnutzungsgrad	Zahl der Arbeitsstunden pro Leistungsart und insgesamt tatsächliche Arbeitszeit x 100 / Arbeitszeitkapazität (nach Leistungsarten und insg.)
	Anwenden produktiver und kostengünstiger Verfahren bei der Leistungserstellung	Verhältnis von Zeitaufwand und Leistung	Arbeitsstunden pro Leistung nach Leistungsarten
		Verhältnis von Kosten und Leistung (Festlegen einer Kostengrenze)	maximale Kosten pro Leistung einer Leistungsart
	Absichern der Nutzer durch Unfall- und Haftpflichtversicherungen	Abschluß der Versicherungen und Zahlung der Prämien	Art der Versicherungen Höhe der Versicherungssumme Höhe der Prämien
Rechtliche Aspekte: Erstellung bedarfsgerechter Leistungen unter Berücksichtigung von Gesetzen und Vorschriften	Beachten von Vorschriften des Lebensmittelgesetzes beim Umgang mit Lebensmitteln	Vorhandensein der Gesetzessammlung	ja/nein

Abstimmen des Leistungsangebotes aufgrund vorliegender Förderungsrichtlinien und Verträge	Überprüfen des Leistungsangebotes anhand von Richtlinien und Verträgen	Angabe der wichtigsten Inhalte
Schutz von Nutzerdaten bei Vorliegen einer Kartei nach den Bestimmungen des Datenschutzgesetzes	Verpflichtung der Mitarbeiter auf das Datengeheimnis	Art des Vorgehens
Einhalten von Liefer-, Pacht- und Mietverträgen	Reklamationen und Beschwerden o.ä.	Angabe der Zahl der Reklamationen Gründe für die Reklamationen
Einhalten von Zahlungsfristen	Mahnungen	Zahl und Höhe von Mahnungen
Beachten von Gebührenpflichten und Nutzung von Möglichkeiten der Gebührenbefreiung	Bezahlung von GEMA-Gebühren, Rundfunk- und Fernsehgebühren bzw. Befreiung von der jeweiligen Gebührenpflicht	Höhe der Gebühren
Absichern der Gebäude und der Ausstattung	Abschluß von Versicherungen und Zahlung der Prämien (Einbruch, Leitungsschaden, Gebäudebrand u.ä.)	Art und Umfang der Versicherungen Höhe der Prämien

Abbildung 19: Personalwirtschaftliche Ziele (Beispiel)
(jeweils bezogen auf eine Zeiteinheit: Monat oder Jahr)

Ziele	Zielstufen	Indikatoren	Kennzahlen/Beschreibungen
Sicherung eines ausreichenden Personalbestandes	Decken des Bedarfs an angestellten und freiwilligen Mitarbeitern	Personalstruktur	Zahl der Mitarbeiter unterteilt nach verschiedenen Merkmalen (Alter, Geschlecht, Anstellungsverhältnis, Berufsgruppe)
			$\frac{\text{Zahl der Mitarbeiter nach verschiedenen Merkmalen} \times 100}{\text{Gesamtmitarbeiterzahl}}$
		Stellenplan	Zahl der besetzten Stellen
		Personalschlüssel (Verhältnis von Mitarbeitern zu Nutzern)	1 Mitarbeiter: ... Nutzer
		Einsetzen von Aushilfskräften in Notfällen und Arbeitsspitzen	Zahl der Aushilfskräfte
		Beschäftigungsgrad	$\frac{\text{IST-Personalbestand} \times 100}{\text{SOLL-Personalbestand}}$
	Qualifikation der Mitarbeiter	Anteil ausgebildeter Mitarbeiter	$\frac{\text{Zahl ausgebild. Mitarb.} \times 100}{\text{Gesamtmitarbeiterzahl}}$
		Vertretene Berufsgruppen	Angabe der Berufsgruppen
			$\frac{\text{Zahl der Mitarb. je Berufsgruppe}}{\text{Gesamtmitarbeiterzahl}}$

		Teilnahme an Fort- und Weiterbildungsveranstaltungen	Zahl der Veranstaltungen/ Inhalte der Veranstaltungen
			Zahl der teilnehmenden Mitarbeiter an diesen Veranstaltungen x 100 / Gesamtmitarbeiterzahl
		Interne Schulung	Art und Inhalte der internen Schulung
		Fachberatung	Zahl der Beratungsgespräche
			Inhalte der Beratungen
Sicherung des Personalbestandes und der Personal-effizienz durch entsprechende Arbeitsbedingungen	Vergüten der Mitarbeiter entsprechend Ausbildung und Leistung	Einstufung in adäquate Tarifgruppen	Angabe der jeweiligen Tarifgruppe
			Zahl der Mitarbeiter pro Tarifgruppe
		Zulagen/Zeitausgleich bei Überstunden	Angabe der Regelungen
	Gewähren von bestimmten betrieblichen Sozialleistungen	Ersatz entstehender Unkosten bei freiwilligen Mitarbeitern	Angabe der Regelungen
		Einsatz von Dienstwagen auch für Privatfahrten gegen Entschädigung	Angabe der Regelungen
		Dienstkleidung	Angabe der Regelungen
		Verpflegungszuschüsse	Angabe der Regelungen

Fortsetzung Seite 132

Ziele	Zielstufen	Indikatoren	Kennzahlen/Beschreibungen
		betriebl. Zusatzversorgung	Angabe der Regelungen
		Urlaub	Zahl der Urlaubstage nach Altersstufen
	Einsatz bedarfsgerechter Hilfs- und Arbeitsmittel	Einsatz von Hilfsmitteln	Zahl und Art der vorhandenen Hilfsmittel
	Zufriedenheit der Mitarbeiter	Dauer der Betriebszugehörigkeit	Betriebszugehörigkeit in Jahren
		Fluktuationsrate	$\frac{\text{Abgänge}}{\text{Personalbestand zu Periodenbeginn und Zugänge}} \times 100$
		Personalwechsel	$\frac{\text{Zugänge} + \text{Abgänge}}{\emptyset \text{ Gesamtmitarbeiterzahl}} \times 100$
		Krankheit	$\frac{\text{Krankheitsstunden}}{\text{Arbeitsstunden insgesamt}} \times 100$
	Information der Mitarbeiter über betriebliche Vorgänge und sie betreffende Regelungen	Informationsveranstaltungen	Zahl der Informationsveranstaltungen
			Angabe wesentlicher Inhalte
		Dienstbesprechungen	Zahl der Dienstbesprechungen
	Bereitstellen von organisatorischen Regelungen in bezug auf Aufgaben und Kompetenzen zur Vermeidung von Konflikten	Vorhandensein von Stellenbeschreibungen, Dienstanweisungen Dienstplänen, Arbeitsanweisungen	Angabe der vorliegenden Hilfsmittel
		Einsatz der Stellenbeschreibungen, Dienstanweisungen usw.	ja/nein

Absicherung der Mitarbeiter für verschiedene Risiken und Lebenslagen	Versichern der Mitarbeiter in der gesetzlichen Sozialversicherung nach gesetzlichen bzw. tarifrechtl. Vorschriften	Anmeldung und Beitragszahlung beim Sozialversicherungsträger	Höhe der Beiträge
		Anmeldung und Beitragszahlung zur betrieblichen Altersversorgung	Höhe der Beiträge
	Absichern der Mitarbeiter bei Unfällen	Anmeldung und Beitragszahlung bei der zutreffenden Berufsgenossenschaft	Höhe der Beiträge
		Abschluß von Haftpflichtversicherungen	Höhe der Beiträge
		Abschluß von Kaskoversicherungen bei Dienstwagen	Konditionen
			Höhe der Beiträge
	Schutz der Mitarbeiter vor Überlastung und Unfällen	Überstunden	$\frac{\text{Zahl der Überstunden} \times 100}{\text{Arbeitsstunden insges.}}$
		Krankenstunden	$\frac{\text{Krankenausfallstunden} \times 100}{\text{Arbeitsstunden insgesamt}}$
		Beachten der Sicherheitsvorschriften	Zahl der Unfälle nach Ursachen
	Beachten gesetzlicher Vorschriften beim Einsatz der Mitarbeiter	Anwendung des Mutterschutzgesetzes	
		Arbeitsstättenverordnung	

Abbildung 20: Finanzwirtschaftliche Ziele (Beispiel)
(jeweils bezogen auf eine Zeiteinheit: Monat oder Jahr)

Ziele	Zielstufen	Indikatoren	Kennzahlen/Beschreibungen
Sicherung der Finanzwirtschaft der Einrichtung	Sichern der Zahlungsfähigkeit	Finanzierungsregeln	$\frac{\text{langfristiges Vermögen}}{\text{langfristiges Kapital}} \times 100$ $\frac{\text{Eigenkapital}}{\text{Anlagevermögen}} \times 100$
		Liquiditätsgrade zu bestimmten Zeitpunkten	$\frac{\text{Zahlungsmittel}}{\text{kurzfristige Verbindlichkeiten}} \times 100$ $\frac{\text{Zahlungsmittel + kurzfristige Forderungen}}{\text{kurzfristige Verbindlichkeiten}} \times 100$
		Finanzplan	Gleichgewicht von Ausgaben und Einnahmen
		Struktur und Höhe der einzelnen Positionen des Finanzplanes	Angabe der entsprechenden Daten
	Sichern der Kostendeckung	Überprüfung und Nennung mögl. Finanzierungsquellen	Angabe der Finanzierungsquellen
		Inanspruchnahme und Höhe - kommunaler Finanzhilfen - kirchlicher - staatlicher	Höhe der Hilfen
		Abschluß von Verträgen mit Kostenerstattungsträgern, z.B. Krankenkassen, Sozialämtern	Angabe der Vertragsinhalte

Höhe der Einnahmen nach Finanzierungsquellen	Einnahmen in DM pro Finanzierungsquelle $\frac{\text{Einnahmen pro Finanzq.}}{\text{Gesamteinnahmen}} \times 100$
Entgeltfreie und entgeltpflichtige Leistungen des Leistungsangebots	Angabe der jeweiligen Leistungen Höhe des Entgelts
Staffelung der Entgelte z.B. nach Einkommen (soziale Vertretbarkeit der Entgelte)	Gebührenordnung
Höhe und Zusammensetzung der Kosten nach Kostenarten und Kostenstellen Höhe der Kosten pro Leistung	Gesamtkosten Kostenartensummen Kosten pro Leistung Kosten pro Kostenstelle $\frac{\text{Summe einer Kostenart}}{\text{Gesamtkosten}} \times 100$ $\frac{\text{Kosten nach Kostenstellen}}{\text{Gesamtkosten}} \times 100$
Kostendeckungsquote einzelner Finanzierungsquellen	$\frac{\text{Einnahmen durch ...}}{\text{Gesamtkosten}} \times 100$
Deckung der Kosten durch Eigenmittel in bestimmtem Umfang	$\frac{\text{Eigenmittel}}{\text{Gesamtkosten}} \times 100$

Fortsetzung Seite 136

Ziele	Zielstufen	Indikatoren	Kennzahlen/Beschreibungen
	Sichern der Einrichtungs- kapazitäten	Substanzielle oder nominelle Kapitalerhaltung	Angabe des Abschreibungsverfahrens $$\frac{\text{Abschreibungen auf } \ldots \times 100}{\text{Gesamtabschreibungen}}$$ (nach Güterarten o. Kostenstellen) $$\frac{\text{Abschreibungen} \times 100}{\text{Anlagevermögen}}$$ Angabe der Abschreibungssätze in %
		Verzinsung des Fremdkapitals	Angabe des Zinssatzes in % $$\frac{\text{Zinskosten} \times 100}{\text{Gesamtkosten}}$$ (Zinskostenbelastung)
		und	
		Verzinsung des Eigenkapitals oder: Verzinsung des betriebs- notwendigen Vermögens	Angabe des Zinssatzes in % Angabe des Zinssatzes in %
		Einbeziehung der Kosten für Instandhaltung	Angabe in DM Angabe in % vom Anschaffungswert
		Inanspruchnahme kostensenkender Regelungen	Angabe, z.B. von Gebührenbefreiung, Steuervergünstigung

Gestalten der Vermögens- und Kapitalstruktur	Vermögensstruktur	$\dfrac{\text{Anlagevermögen}}{\text{Gesamtvermögen}} \times 100$
		$\dfrac{\text{Umlaufvermögen}}{\text{Gesamtvermögen}} \times 100$
		$\dfrac{\text{Anlagevermögen}}{\text{Umlaufvermögen}} \times 100$
	Kapitalstruktur	$\dfrac{\text{Eigenkapital}}{\text{Gesamtkapital}} \times 100$ (Eigenkapitalquote)
		$\dfrac{\text{Fremdkapital}}{\text{Gesamtkapital}} \times 100$ (Fremdkapitalquote)
		$\dfrac{\text{Fremdkapital}}{\text{Eigenkapital}} \times 100$ (Verschuldungsgrad)

Abbildung 21: Organisatorische Ziele (Beispiel)
(jeweils bezogen auf eine Zeiteinheit: Monat oder Jahr)

Ziele	Zielstufen	Indikatoren	Kennzahlen/Beschreibungen
Sicherung einer betriebsgerechten Aufbaustruktur	Festlegen der Organisationsstruktur	Vorhandensein eines Organigramms	ja/nein
	Gliedern des Aufgabenkomplexes in Aufgaben und Stellen	Vorhandensein von Aufgabengliederungen	ja/nein Angabe der Gliederungskriterien
		Vorhandensein eines Stellenplans	ja/nein Angabe der vorhandenen Stellen
	Festlegen der einzelnen Aufgaben und Kompetenzen	Vorhandensein von Stellenbeschreibungen	ja/nein
Sicherung und Gestaltung eines reibungslosen Arbeitsablaufs	Kenntnis der anfallenden Aufgaben auch beim Ausfallen von Mitarbeitern (Krankheit, Urlaub)	Dienstbesprechungen	Zahl der Dienstbesprechungen
		Informationsveranstaltungen	Zahl der Informationsveranstaltungen
		Vorhandensein von Dienstplänen	ja/nein
	Festlegen von Urlaubs- und Krankheitsvertretung	Vorhandensein von Urlaubs- und Vertretungsplänen	ja/nein
	Festlegen von Bereitschafts- und Notdiensten	Vorhandensein entsprechender Pläne	ja/nein Angabe der Bereitschaftszeiten

Verfügbarkeit von geeigneten Hilfsmitteln zur Erfassung und Speicherung notwendiger Daten zur Aufgabenerfüllung in verschiedenen Arbeitsbereichen	Absprache mit anderen Einrichtungen	Art der Einrichtungen und getroffene Vereinbarungen
	Vorhandensein von Nutzerkarteien, Leistungsdokumentation, Mitarbeiterkarteien, Statistiken unterschiedlicher Art	Angabe der Hilfsmittel Art der aufgenommenen Daten
	Vorhandensein eines sinnvollen Formularwesens (z.B. für Abrechnungen)	Beschreibung des Formularwesens

3. Die Kostenrechnung als Teil der Betriebsanalyse
(vgl. Teil B, V. Kapitel)

3.1. Zwecke der Kostenrechnung

Bei der Entwicklung der Kostenrechnung als einen Teil der Betriebsanalyse sind die unterschiedlichen Gegebenheiten der Praxis zu berücksichtigen. So ist zu beachten, daß in Einrichtungen der offenen Altenhilfe das kaufmännische oder das kameralistische Buchführungssystem Anwendung finden (vgl. Kapitel IV.5.2.). Kostenrechnungen werden in diesen Einrichtungen kaum durchgeführt. Die in dieser Arbeit entwickelte Kostenrechnung muß daher aus den Unterlagen beider Buchführungssysteme oder auch aus einer eventuell vorhandenen Einnahmen-Ausgabenrechnung ableitbar sein. Dabei können Nebenrechnungen in unterschiedlichem Ausmaß erforderlich werden, z.B. die Ermittlung von Abschreibungen im Falle einer kameralistischen Buchführung.

Einrichtungen der offenen Altenhilfe haben als bedarfswirtschaftliche und gemeinwirtschaftliche Betriebe (vgl. Kapitel III.1. und Kapitel III.2.) keine Gewinnerzielungsabsicht. Deshalb beschränkt sich diese Kostenrechnung in erster Linie auf die Ermittlung von Selbstkosten. Generell werden durch die Ermittlung der Selbstkosten Informationen für die Betriebsführung als Entscheidungsgrundlagen bereitgestellt. Da differenzierte Untersuchungen über die Kostenstruktur einzelner Einrichtungen bisher kaum bekannt sind und auch nur an Beispielen für Sozialstationen vorliegen (vgl. HARTMANN u.a., 1983), muß die Kostenrechnung im Rahmen der Betriebsanalyse es ermöglichen, die vorhandenen Kostenstrukturen der jeweiligen Einrichtung transparent zu machen und/oder Informationen über die realisierten Prozesse liefern. Dabei soll die Selbstkostenrechnung nicht nur zur Kostenträgerstückrechnung (Preisermittlung) durchgeführt werden; mit ihr sollen so weit als möglich auch andere Rechnungszwecke verfolgt werden können.

Ein erster Rechnungszweck sei die Ermittlung der Selbstkosten als Grundlage für Gebührenkalkulationen. Dabei ist zu beachten, daß durch die zu ermittelnden Gebühren nicht in jedem Falle volle Kostendeckung erreicht werden muß. Entscheidungen über die Höhe von Kostenbeiträgen können sich u.a. auf das Ergebnis einer solchen Kalkulation stützen.

Ein weiterer Rechnungszweck sei die Ermittlung des Betriebsergebnisses zur Feststellung des erreichten Kostendeckungsgrades. Schwerpunkte bei der Erarbeitung des Instrumentes liegen auf den Hilfen zur Kostenermittlung für diese beiden Rechnungszwecke.

Ein dritter Rechnungszweck sei die Ermittlung der Selbstkosten zur Wirtschaftlichkeitskontrolle. Generell kann die Ermittlung der Selbstkosten auch als Grundlage für inner- und zwischenbetriebliche Vergleiche dienen.

Inwieweit diese drei Rechnungszwecke mit dem Instrument verfolgt werden können, soll im folgenden geklärt werden.

Die Ermittlung der Selbstkosten als Grundlage für Gebührenkalkulationen und zur Feststellung des erreichten Kostendeckungsgrades setzt als Kostenrechnungssystem eine Vollkostenrechnung voraus (vgl. SCHWEITZER/ KÜPPER/HETTICH, 1983, S. 298). Beim jetzigen Stand des Rechnungswesens in Einrichtungen der offenen Altenhilfe sind Plankostenrechnungen wegen fehlender oder unzureichender Datenbasis noch nicht durchzuführen. Auch sind die für Plankostenrechnungen grundlegenden Beziehungen zwischen Kostenhöhe und Kosteneinflußgrößen in diesen Einrichtungen noch nicht erforscht. Aus diesen Gründen wird hier eine IST-Kostenrechnung für eine vergangene Periode durchgeführt. Sie wird für die ersten beiden Rechnungszwecke, auf denen der Schwerpunkt dieser Kostenrechnung liegt, als ausreichend angesehen. Berücksichtigt man außerdem die Betriebsgröße sowie den Personalbestand und die Personalqualifikation in den Einrichtungen (vgl. Kapitel I.3.), ist die Einführung einer Plankostenrechnung zur Wirtschaftlichkeitskontrolle zur Zeit nicht zu verwirklichen.

Wirtschaftlichkeitskontrollen durch den Vergleich von Plan- und Istkosten können mit der IST-Vollkostenrechnung nicht durchgeführt werden, da ein zuverlässiger Vergleichsmaßstab fehlt. Die IST-Kostenrechnung kann aber dann als eine Ausgangsbasis für Wirtschaftlichkeitsuntersuchungen dienen, wenn mit Hilfe des Betriebsabrechnungsbogens in den einzelnen Kostenstellen Transparenz über Art und Höhe der entstandenen Kosten erreicht wird.

Nur eine Form der Plankostenrechnung, die zukünftige Verbrauchsmengen aufgrund einer optimalen Faktorkombination festlegt, von erwarteten Kostengüterpreisen ausgeht und Planbeschäftigung bestimmt, ist geeignet, die zur Kontrolle der Wirtschaftlichkeit erforderlichen Plangrößen vorzugeben. Die hierzu notwendigen Informationen sind in Einrichtungen der offenen Altenhilfe noch nicht vorhanden. Mit Hilfe von Kostenwerten aus IST-Kostenrechnungen mehrerer Perioden kann jedoch eine Weiterentwicklung zu einer Budgetkostenrechnung erfolgen.

Die Budgetkostenrechnung, wie HENTZE sie für den Krankenhausbereich beschreibt, weist die "vorausberechneten Istkosten" aus und basiert auf den Istkosten der Vergangenheit. Dabei werden die voraussichtlichen Istverbräuche mit den voraussichtlichen Istpreisen multipliziert. Im Vergleich zu den Haushaltsplänen, die im allgemeinen nur ausgabewirksame Aufwendungen berücksichtigen, enthalten die für Teilbereiche, z.B. Hauptkostenstellen, angegebenen Budgetkosten primäre (einschließlich kalkulatorischer Kosten) und sekundäre Kosten (1979, S.156 ff.). Eine Vorgabe von Budgetkosten in diesen Teilbereichen oder auch Kostenstellen kann zum Zweck der Kostenplanung erfolgen (vgl. EISELE, 1985, S. 562 und SCHWEITZER/KÜPPER/HETTICH, 1983, S. 241 ff.). Im Gegensatz zu Kostenvorgaben mit Sollcharakter sind Budgetkosten als Maßstab zur Wirtschaftlichkeitskontrolle nur unzureichend geeignet, weil ihnen Standards für Kosten und Leistungen fehlen.

Eine Erweiterung der vorgesehenen Kostenrechnung auf Istkostenbasis ist nach der Durchführung in mehreren Perioden aufgrund der dann vorliegenden Kostenwerte einzelner Kostenstellen durch Einbeziehung von zu erwartenden Mengen- und Preisveränderungen zu einer Budgetkostenrechnung möglich (vgl. auch BERGMANN, 1985). Das Einbeziehen von zu erwartenden

Preis- und Mengenveränderungen ist ebenso notwendig, wenn die auf der Nachkalkulation basierenden Kostensätze die Grundlage für zukünftige Gebührensätze bzw. Kostenerstattungen darstellen.

Diese Selbstkostenrechnung geht von einem Selbstkostenbegriff aus, der alle Personal- und Sachkosten einschließlich der Kosten der Substanzerhaltung (Instandhaltung, Abschreibungen) umfaßt, die durch die Leistungsbereitschaft und die Leistungserstellung bei sparsamer Wirtschaftsführung verursacht werden (in Anlehnung an: BUNDESARBEITSGEMEINSCHAFT DER FREIEN WOHLFAHRTSPFLEGE, 1981b, S. 15). Es wird ein wertmäßiger Kostenbegriff zugrundegelegt.

Da die Einrichtungen der offenen Altenhilfe sich hinsichtlich ihrer Leistungsschwerpunkte und ihrer Buchführungssysteme unterscheiden, kann das Instrument zur Durchführung der Kostenrechnung nur als Rahmen gestaltet sein. Um den vorgegebenen Rechnungszwecken dienen zu können, wurden Grundlagen für die Kostenarten- und die Kostenstellenrechnung geschaffen.

Eine vielseitige Anwendung diese Instrumentes soll auch durch die Durchführung von Kalkulationen ermöglicht werden, die nicht nur die Kostenarten einbeziehen, die im bisher genannten Selbstkostenbegriff enthalten sind. Das Instrument soll so flexibel gestaltet sein, daß es auch z.B. bei Unterstellung des pagatorischen (ausgabenorientierten) Kostenbegriffs anwendbar ist. Es soll dem Anwender je nach Rechnungszweck in die Lage versetzen, bestimmte Kostenarten in die Rechnung einzubeziehen oder auszuklammern. Dabei ist allerdings unterstellt, daß der Anwender die Auswirkungen der Nichtberücksichtigung einzelner Kostenarten, z.B. bei Gebührenberechnungen, kennt. Die folgenden Ausführungen gehen jedoch in erster Linie vom eingangs festgelegten Selbstkostenbegriff aus.

Als Grundlagen für die Kostenrechnung wurden ein auf die Einrichtungen der offenen Altenhilfe abgestimmter Kostenartenrahmen und ein Kostenstellenrahmen erarbeitet.

3.2. Die Kostenartenrechnung

3.2.1. Der Kostenartenrahmen

Zur Ermittlung der in Einrichtungen der offenen Altenhilfe relevanten Kostenarten wurden sowohl Kontenpläne einzelner Einrichtungen als auch Kontenrahmen für Großhaushalte (vgl. DIAKONISCHES WERK DER EVANGELISCHEN KIRCHE IN DEUTSCHLAND, 1979; DIAKONISCHES WERK DER EVANGELISCHEN KIRCHE IN WÜRTTEMBERG, 1978; MUSTERKONTENPLAN 1978) sowie spezielle Arbeitshilfen für Einrichtungen der offenen Altenhilfe diesbezüglich ausgewertet (z.B. TAYLORIX; DIAKONISCHES WERK DER EVANGELISCHEN LANDESKIRCHE IN BADEN, 1983). Die zitierten Kontenrahmen für Großhaushalte, die bei kaufmännischem Buchführungssystem verwendet werden, sind formal nach dem dekadischen und funktional nach dem Abschlußgliederungsprinzip aufgebaut.

Als Beispiel für die (meist identische) Kontenklassengliederung wird die des Musterkontenrahmens des DIAKONISCHEN WERKES DER EVANGELISCHEN KIRCHE IN DEUTSCHLAND (1979) herangezogen:

Kontenklasse 0   Anlagevermögen
Kontenklasse 1   Umlaufvermögen, Aktive Rechnungsabgrenzung, Bilanzverlust
Kontenklasse 2   Eigenkapital, Sonderposten, Wertberichtigungen, Rückstellungen, langfristige Verbindlichkeiten
Kontenklasse 3   Andere Verbindlichkeiten, Passive Rechnungsabgrenzung, Bilanzgewinn
Kontenklasse 4   Betriebliche Erträge
Kontenklasse 5   Andere Erträge
Kontenklasse 6   Aufwendungen
Kontenklasse 7   Aufwendungen
Kontenklasse 8   Zuführung/Auflösung von Rücklagen, Gewinn- und Verlustrechnung, Eröffnungs- und Abschlußkonten, Abgrenzung der Erträge/Aufwendungen, die nicht in die Kostenrechnung eingehen, kalkulatorische Kosten.

Eine andere Gliederung weisen die Kontenrahmen für Einrichtungen mit kameralistischer Buchführung auf. Kontenrahmen von Trägern wie z.B. einer Kommune oder einer Kirchengemeinde sind nach Aufgabengebieten bzw. Sachgebieten gegliedert und dann innerhalb dieser Gebiete nach Einnahme- und Ausgabearten gruppiert (vgl. hierzu z.B. INNENMINISTERIUM BADEN-WÜRTTEMBERG, 1973, S. 511 ff.; GORNAS, 1976, S. 188 ff.; FUCHS/ZENTGRAF, 1981, S. 95 ff.).

Die genannten Kontenrahmen sind nicht speziell auf Einrichtungen der offenen Altenhilfe ausgerichtet. Deshalb wurden angegebene Aufwands- bzw. Kostenarten der Kontenklasse 6 und 7 (kaufmännische Buchführung) und die Ausgabearten (kameralistische Buchführung) überprüft, inwieweit sie für die Einrichtungen der offenen Altenhilfe relevant sind. Außerdem waren die Kontenpläne einzelner Einrichtungen wertvolle Hilfen zur Kontrolle der ausgewählten Kostenarten.

Im entwickelten Kostenartenrahmen (Abbildung 22; Teil B, S. V/3) sind die Kostenarten nach Kostenartengruppen gegliedert sowie in aufwandsgleiche und kalkulatorische Kosten aufgeteilt. Die Numerierung des Kostenartenrahmens ist von der Numerierung der Aufwands- und Ertragskonten in der verwendeten Literatur bzw. in den vorliegenden Kontenrahmen abgeleitet. Im Kostenartenrahmen sind Kostenarten aufgenommen, die bei der Selbstkostenrechnung teilweise nur alternativ eingesetzt werden dürfen. So können je nach Rechnungszweck Fremdkapitalzinsen (z.B. bei Gebührenberechnungen) oder kalkulatorische Zinsen vom betriebsnotwendigen Kapital (z.B. bei Vergleichsrechnungen) angesetzt werden.

Da zur Feststellung des erreichten Kostendeckungsgrades die Einnahme-/Ertragsarten einzubeziehen sind, wurde auch für diese (aus denselben Quellen) ein Rahmen erstellt.

Der Kostenartenrahmen dient bei der Durchführung einer Kostenrechnung als Grundlage zur Aufstellung des betriebsspezifischen Kostenartenplans (vgl. Teil B, Formular V.1.2.). Der betriebsspezifische Kostenartenplan berücksichtigt die für die Einrichtung relevanten Kostenarten, indem die

Abbildung 22: Kostenartenrahmen

6000-6400 Personalkosten
6000 Löhne u. Gehälter
6100 Gesetzl. Sozialabgaben
6200 Aufwendungen f. Altersversorgung
6300 Beihilfen u.Unterstützung
6400 Sonst. Personalkosten
6410 Honorare
6420 Pauschalen für freiw. Mitarbeiter
6430 Fort- u. Weiterbildung
6440 Entschädigungen
6450 Zuschüsse

6500-6600 Kosten der Betreuung
6500 Medizin, Sachkosten
6510 Heilmittel
6520 Pfleg. Hilfsmittel
6530 Verbandsmittel
6540 Geräte, Instrumente
6550 Kosten f. Untersuchungen in fremden Institutionen
6600 Verpflegung u. Betreuung
6610 Verpflegung
6611 Lebensmittel
6612 Getränke
6650 Betreuung
6651 Materialien
6652 Ausflüge

6700 Energie, Brennstoff, Treibstoffe
6710 Strom
6720 Gas
6730 Wasser
6740 Kraftstoff
6750 Öl
6760 Kilometergeld
6770 Fernheizung

6800 Wirtschaftskosten
6810 Hausreinigung
6811 Reinigungsmittel
6812 Fremdreinigung
6820 Wäschereinigung
6830 Hausverbrauch

6900 Verwaltungskosten
6910 Telefon
6920 Büromaterial
6930 Porto- u.Versandkosten
6940 Bankgebühren, Postfach
6950 Werbekosten,Prospekte, Inserate,Öffentlichkeitsarbeit
6960 Zeitungen,Fachliteratur
6970 Reisekosten
6980 Personalbeschaffungskosten
6990 Sonstige Kosten (EDV)

7100 Geringwertige Güter
7110 Pflegung
7120 Verleihbare Pflegehilfsmittel
7130 Betreuung

7200 Instandhaltung, Ersatzbeschaffung
7210 Instandhaltung[1]
7211 Außenanlagen
7212 Gebäude
7213 Technische Anlagen
7214 Ausstattung
7215 Geräte und Maschinen
7216 Pflegehilfsmittel
7217 Kfz
7220 Ersatzbeschaffung
7230 Wartung

7300 Abgaben, Steuern, Versicherungen
7310 Abgaben
7311 Müllabfuhr
7312 Schornsteinfeger
7313 Rundfunk-u.Fernsehgeb.
7320 Versicherungen
7321 Kfz-Haftpflicht
7322 Haftpflicht-Personal
7323 Feuer,Einbruch,Diebstahl
7324 Rechtsschutz
7330 Steuern
7331 Kfz-Steuern

7400 Miete[4], Pacht

7500 Zinsen[2]

7600 Abschreibungen[3] (bilanzielle)

7700 Sonstige Kosten

7800 Kalkulatorische Kosten
7810 Kalkulatorische Abschreibung[3]
7811 Außenanlagen
7812 Gebäude
7813 Technische Anlagen
7814 Ausstattung
7815 Geräte und Maschinen
7816 Pflegehilfsmittel
7817 Kfz
7820 Kalkulatorische Zinsen[2]
7830 Kalkulatorische Löhne
7840 Kalkulatorische Miete[4]
7850 Instandhaltungspauschale[1]
7860 Kalkulatorische Wagnisse

EINNAHME-/ERTRAGSARTEN

4000-4300 Leistungsentgelte
4010 Selbstzahler
4011 Krankenpflege
4012 Altenpflege
7013 Haus- und Familienpflege
4014 Pflegehilfsmittel
4015 Ambulanz
4100 Zahlungen Dritter
4110 Krankenkassen
4120 Sozialamt
4130 Bundesversicherungsanstalt
4140 Landesversicherungsanstalt
4200 Beiträge
4210 Beiträge für Kurse
4220 Beiträge für Ausflüge
4300 Verpflegung
4310 Essen auf Rädern
4320 Stationäres Mittagessen
4330 Cafeteria

4400 Erstattungen des Personals
4410 Unterkunft
4420 Verpflegung
4430 Telefon
4440 Dienstwagen
4600 Zuweisungen
4610 Krankenpflegevereine
4620 Kirchengemeinde
4630 Träger
4640 Land
4650 Kreis
4660 Sozialamt
4670 Bund
4680 Sonstige
5000 Andere Einnahmearten
5010 Zinsen
5020 Mieten und Pachten
5100 Skonti
5600 Spenden
5900 Sonstige Einnahmen

1)2)3)4) Bei der Selbstkostenrechnung darf nur jeweils eine der alternativ ansetzbaren kostenarten in Ansatz gebracht werden.

zutreffenden Kostenarten aus dem Kostenartenrahmen aufgenommen und die nicht zutreffenden weggelassen werden. Außerdem ist die Möglichkeit gegeben, den Kostenartenplan um weitere Kostenarten zu erweitern. Es steht den jeweiligen Anwendern auch frei, die Kostenarten des betriebsspezifischen Kostenartenplans nach verschiedenen Gesichtspunkten weiter zu unterteilen, z.B. nach Leistungs-/Kostenstellen der Einrichtung. Dies kann die Zurechnung bzw. die Verteilung der Kosten bei der Kostenstellenrechung wesentlich erleichtern.

3.2.2. Die Kostenarten im einzelnen

Im folgenden wird nur auf ausgewählte Kostenarten und Kostenartengruppen näher eingegangen, deren Zuordnung aus dem Kostenartenrahmen nicht ersichtlich oder nicht eindeutig getroffen werden kann. Der Schwerpunkt liegt dabei auf der Problematik kalkulatorischer Kosten.

- Personalkosten
Die Personalkosten umfassen alle Kosten, die durch die Tätigkeit von Personen für die jeweilige Einrichtung entstehen. Die einzelnen Personalkostenarten können noch tiefer untergliedert werden und z.B. auch nach den Berufsgruppen bzw. Arbeitsbereichen (Kosten-/Leistungsstellen) eingeteilt werden.

- Kosten der Betreuung
Hier werden alle Kosten erfaßt, die durch die Betreuung und Versorgung direkt anfallen. Es gehören dazu Kosten der pflegerischen Hilfsmittel, der benötigten Geräte, der Kosten für Lebensmittel bei Essen auf Rädern oder bei einer Cafeteria, Materialien zum Basteln oder die Kosten für Ausflüge. Hier können z.B. auch die Kosten für Blumen bzw. Tischschmuck in einer Altentagesstätte aufgenommen werden.

- Energie, Brenn- und Treibstoffe
Unter diese Rubrik sind auch die Kosten für das Kilometergeld der ambulanten Dienste als eine Kostenart aufzunehmen. Damit werden Vergleichs-

rechnungen bzw. Wirtschaftlichkeitsuntersuchungen bei Dienstfahrzeugen und der Nutzung von Privatfahrzeugen erleichtert.

- Wirtschaftskosten
Alle Reinigungskosten, die durch die Reinigung der Einrichtung oder durch die Wäschereinigung anfallen, sind hier zuzuordnen. Bei Fremdreinigung durch eine Gebäudereinigungsfirma sind die Kosten nicht als Personalkosten, sondern an dieser Stelle zu erfassen. Kosten des Hausverbrauchs sind z.B. die Kosten für Glühbirnen.

- Verwaltungskosten
Zur Rubrik Verwaltungskosten zählen außer den allgemeinen bei dieser Kostenart erfaßten Kosten diejenigen, die z.B. durch die Vergabe der Abrechnung über EDV an eine Zentralstelle verursacht werden. Das Kilometergeld für den Einsatz von Privatautos im ambulanten Bereich ist nicht als Reisekosten zu betrachten.

- Geringwertige Güter
Unter geringwertigen Gütern werden Anlagegüter mit Anschaffungskosten bis 300 DM verstanden, die im Jahr der Anschaffung voll abgeschrieben und als Aufwand verrechnet werden. Sie werden wie geringwertige Wirtschaftsgüter, deren Anschaffungskosten 800 DM nicht überschreiten, als Verbrauchsgüter behandelt. Die Festlegung der Aktivierungsgrenze ab 300 DM weicht von der gebräuchlichen Grenze für Anlagegüter mit Anschaffungskosten von über 800 DM ab (vgl. EISELE, 1985, S. 403; DIAKONISCHES WERK DER EVANGELISCHEN KIRCHE IN DEUTSCHLAND, 1979, S. 29). Es gibt jedoch in der Literatur auch andere Angaben zur Aktivierungsgrenze, so wird z.B. für Heime und sonstige Einrichtungen auch empfohlen, Wirtschaftsgüter von 100 DM bis 500 DM als geringwertige Wirtschaftsgüter zu behandeln und die Wirtschaftsgüter über 500 DM zu aktivieren (vgl. DIAKONISCHES WERK DER EVANGELISCHEN KIRCHE IN WÜRTTEMBERG, 1978, S. 4). In der Buchführung privater Haushalte wird eine Aktivierung von Anlagegütern ab 300 DM vorgeschlagen (vgl. MAYER-TISCHER/ SCHULZ-BORCK, 1981, S. 41). Private Haushalte wie auch die Einrichtungen der offenen Altenhilfe stellen im Vergleich zu den stationären

Großhaushalten relativ kleine Wirtschaftseinheiten dar. Ein nicht geringer Teil der langfristig nutzbaren Ausstattung (bei Sozialstationen auch pflegerische und verleihbare Hilfsmittel) hat einen Anschaffungswert zwischen 300 DM 800 DM.

Als Ausnahmen im Rahmen dieser Betriebsanalyse werden behandelt:
- Güter, die vielfach beschafft werden und einen Wert zwischen 100 DM und 300 DM haben. Sie werden als Gruppe aufgenommen und insgesamt jährlich nach ihrer Nutzungsdauer abgeschrieben (z.B. 100 Stühle à 150 DM).
- Güter, die in größerer Zahl, aber mit niedrigen Einzelpreisen vorhanden sind, z.B. Wäsche, Geschirr und Besteck sowie Werkzeuge. Die Gesamtwerte der an Mengen und Werten in etwa gleichbleibenden Bestände werden erfaßt, in den ersten drei Jahren auf die Hälfte ihres Wertes abgeschrieben und bleiben dann als Festwerte unverändert bestehen. Dies ist zur Vereinfachung der Bewertung dieser Güter nach Handelsrecht möglich, wenn ihr Bestand nach Größe, Wert und Zusammensetzung innerhalb relativ enger Grenzen schwankt und ihr regelmäßiger Ersatz erfolgt. Bei der Bewertung zum Festwert wird davon ausgegangen, daß sich Verbrauch und Zugänge (Ersatzbeschaffungen) mengen- und wertmäßig entsprechen; da der Wertansatz nicht verändert wird, können Zugänge der Periode als Aufwand verbucht werden. Treten Veränderungen im Wertansatz ein, sind diese durch Anpassung des Festwertes zu berücksichtigen. Das DIAKONISCHE WERK DER EVANGELISCHEN KIRCHE IN WÜRTTEMBERG weist dieses Vorgehen in der Finanzbuchführung als üblich aus (1978, S. 12 f.). Für die Betriebsanalyse wird dieses Verfahren übernommen, dadurch können solche Vermögensgüter vereinfacht erfaßt werden. Die Ersatzbeschaffungen für diese Güter gehen dann als laufende Kosten in die Kostenrechnung ein. Der Wertansatz bleibt unverändert erhalten.

- Instandhaltung, Ersatzbeschaffung
Kosten der Instandhaltung sind Kosten, die für die Werterhaltung eines Gutes entstehen. Wird z.B. bei einer Großreparatur ein Anlagegut in seiner Substanz vermehrt, so ist der entsprechende Anteil zu aktivieren

und für ihn nur Kosten im Rahmen der Abschreibung anzusetzen. Die Kosten der Instandhaltung können alternativ auch als kalkulatorische Kosten ermittelt werden. Dabei wird pauschal ein bestimmter Prozentsatz vom Anschaffungswert des jeweiligen Gutes festgelegt und als Kosten angesetzt. Die pauschale Bestimmung ist nur in Einrichtungen sinnvoll, die über gesicherte Erfahrungswerte in bezug auf Instandhaltungskosten verfügen. Es dürfen jedoch in der Kostenrechnung entweder nur die aus der Finanzbuchführung zu entnehmenden aufwandsgleichen Kosten oder nur die kalkulatorisch ermittelten Kosten angesetzt werden.

Kosten für Ersatzbeschaffungen werden nur bei den festbewerteten Gütern angesetzt, dadurch wird ein in etwa gleichbleibender Bestand dieser Güter gewährleistet.

- Abgaben, Steuern und Versicherungen
Zu den Versicherungen zählen vor allem die Kraftfahrzeugversicherungen, sowie Gebäudeversicherungen und solche, die im Zusammenhang mit den Betreuten stehen (Haftpflicht, Unfall). Beiträge zur Berufsgenossenschaft sind bei den Personalkosten zu erfassen.

- Miete, Pacht
Hier sind die Kosten für gemietete oder gepachtete Grundstücke und Gebäude bzw. Teile von Gebäuden zu erfassen. Kosten für Räume in Dienstwohnungen (z.B. ein Ambulanzraum in der Wohnung einer Gemeindeschwester), die bei der Leistungserstellung genutzt werden und für die Mietzuschüsse gezahlt werden, sind ebenso wie die Kosten von Räumen der eigentlichen Einrichtung aufzunehmen.

- Zinsen
Erfaßt werden an dieser Stelle die effektiv bezahlten Fremdkapitalzinsen. Bankgebühren für Kontenführung usw. sind als Verwaltungskosten zu betrachten und dort zu erfassen. Da auch eine Kostenart kalkulatorische Zinsen im Kostenartenrahmen aufgenommen ist, können je nach Rechnungszweck entweder die Fremdkapitalzinsen oder die kalkulatorischen Zinsen in diese Kostenrechnung einbezogen werden (vgl. Abbildung 22). Ist der Rechnungszweck die Ermittlung eines Gebührensatzes, so wird bei der

Einbeziehung von Fremdkapitalzinsen für diese Kostenart eine ausgabengleiche Erstattung erreicht.

- Abschreibungen (bilanzielle)

In der Regel werden nur kalkulatorische Abschreibungen in die Kostenrechnung aufgenommen. Nur in Ausnahmefällen werden aus der Finanzbuchführung die verrechneten bilanziellen Abschreibungen im kaufmännischen Buchführungssystem für Anlagegüter mit einem Anschaffungswert von über 800 DM übernommen und als Kosten erfaßt. Hierbei ist jedoch zu beachten, daß bilanzielle Abschreibungen in erster Linie als ein Mittel der gleichmäßigen Verteilung von Anschaffungskosten auf die Nutzungsdauer gesehen werden; bei der Bemessung der Abschreibungsdauer sind handels- und steuerrechtliche Vorschriften zu beachten, wie z.B. die festgelegte betriebsgewöhnliche Nutzungsdauer von Anlagegegenständen nach amtlichen Tabellen für die Steuerbilanz. Mit dem Einberechnen dieser Werte in die Kostenrechnung würde z.B. beim Rechnungszweck der Ermittlung kostendeckender Gebührensätze eine aufwandsgleiche, jedoch keine kostendeckende Erstattung erfolgen.

- Kalkulatorische Kosten

Da in dieser Arbeit der wertmäßige Kostenbegriff zugrundegelegt ist, können nicht alle Kosten aus der Finanzbuchführung ermittelt werden. Denn bei der Leistungserstellung fällt weiterer Werteverbrauch an, der nicht aus der Finanzbuchführung abzuleiten ist. Zu den kalkulatorischen Kosten gehören die kalkulatorische Instandhaltung (vgl. die Ausführungen S. 149 f.) und die kalkulatorischen Abschreibungen, die kalkulatorischen Zinsen, die kalkulatorischen Wagnisse, die kalkulatorischen Löhne sowie die kalkulatorische Miete. Es ist jedoch vom Rechnungszweck abhängig, ob man alle diese Positionen im Einzelfall einbezieht und wie sie jeweils ermittelt werden.

Kalkulatorische Abschreibungen

In der Kostenrechnung besitzen Abschreibungen neben der Verteilungsfunktion eine Finanzierungsfunktion (vgl. EISELE, 1985, S. 450). Werden Abschreibungen als Kosten des Werteverbrauchs von Betriebsmitteln in den Kosten der betrieblichen Leistungen verrechnet und diese Abschreibungskosten durch Gebühren vergütet, ist es möglich, die durch den Leistungserstellungsprozeß ganz oder teilweise verbrauchten Betriebsmittel am Ende ihrer Nutzungsdauer durch neue zu ersetzen. Mit den in den Gebühren abgedeckten kalkulatorischen Abschreibungen soll sichergestellt werden, daß eine Wiederbeschaffung dieser Güter und damit die Leistungserstellung auch bei steigenden Preisen möglich ist. Grundlage für die Kostenrechnung stellen dann die Wiederbeschaffungskosten (vgl. EISELE, 1985, S. 450; BUNDESARBEITSGEMEINSCHAFT DER FREIEN WOHLFAHRTSPFLEGE, 1981b, S. 25 ff.) bzw. der Wiederbeschaffungszeitwert oder Tageswiederbeschaffungspreis (vgl. FAISS u.a., 1975, S. 393; SCHWEITZER/KÜPPER/HETTICH, 1983, S. 112) der Güter dar.

Bei der Berechnung der kalkulatorischen Abschreibungen wird unter der Annahme, daß die Gebrauchsfähigkeit des Anlagegutes bis zum Ende der Nutzungsdauer etwa gleich bleibt, zeitabhängig abgeschrieben. Im Gegensatz zur bilanziellen Abschreibung wird in dieser Arbeit von einem Anschaffungswert ab 300 DM ausgegangen, da ein großer Teil der Ausstattung bei Einrichtungen der offenen Altenhilfe Werte zwischen 300 DM und 800 DM einschließt. Hier hat eine Abstimmung im Hinblick auf die in der Finanzbuchführung einer Einrichtung eventuell vorliegenden bilanziellen Abschreibung für Güter ab 800 DM zu erfolgen. Der für geringwertige Güter zwischen 300 DM und 800 DM ausgewiesene Aufwand ist in dieser Betriebsanalyse nicht kostengleich zu setzen, sondern bei den jeweiligen Gütern auf die Jahre der Nutzungsdauer zu verteilen und als Abschreibungskosten zu erfassen. Die Güter sind in die Liste der abschreibungsfähigen Güter mit der entsprechenden Nutzugsdauer aufzunehmen (vgl. Teil B, Formular IV.2.3.2.). Außerdem wird eine Gruppenabschreibung für Güter ab einem Wert von 100 DM vorgeschlagen (vgl. S. 149).

Da keine Informationen zur voraussichtlichen Nutzungsdauer der einzelnen Anlagegüter in Sozialstationen und Altentagesstätten vorliegen, wurde für diese Betriebsanalyse als Hilfe zur Festlegung der Nutzungsdauer eine Abschreibungstabelle zusammengestellt (vgl. Teil B, ANHANG). Bei der Zusammenstellung dieser Tabelle wurde auf Angaben zur Nutzungsdauer von Gebäuden, Einrichtungsgegenständen und Geräten aus der Literatur zur Kostenrechnung von Krankenhäusern (vgl. SEIDEL, 1977; BADEN-WÜRTTEMBERGISCHE KRANKENHAUSGESELLSCHAFT, 1981) und privater Haushalte zurückgegriffen (vgl. KURATORIUM FÜR TECHNIK IN DER LANDWIRTSCHAFT, 1965/69; BETZ u.a., 1985).

Prinzipiell ist die Möglichkeit gegeben, Abschreibungen entweder vom Anschaffungswert oder vom Wiederbeschaffungszeitwert zu berechnen. Abschreibungen vom Anschaffungswert erfüllen ihre Finanzierungsfunktion nur, wenn der Anschaffungswert vom Wiederbeschaffungswert nicht abweicht oder wenn bei steigendem Wiederbeschaffungswert durch eine entsprechende Finanzanlage der Abschreibungsgegenwerte der Unterschiedsbetrag erwirtschaftet wird. Voraussetzung ist dann außerdem, daß Zinserträge nicht als erstattungsmindernde Erträge behandelt werden (vgl. FOLLERT, 1976, S. 12). Allerdings ist zu beachten, daß durch das relativ geringe Sachanlagevermögen der Einrichtungen der offenen Altenhilfe nur geringe Abschreibungsbeträge anfallen, die im allgemeinen nicht hochverzinslich anlegbar sind. Solange die Abschreibungsbeträge einschließlich eventueller Zinserträge unter den Wiederbeschaffungskosten liegen, müssen bei der Wahl dieses Verfahrens mit der Zielvorgabe Substanzerhaltung weitere Maßnahmen, z.B. das Einsetzen von Anpassungsrücklagen, in Erwägung gezogen werden.

Unter dem Aspekt der Substanzsicherung kann der Ansatz von kalkulatorischen Zinsen auf das eingesetze Eigenkapital bei einer Kostenrechnung als Grundlage für die Ermittlung selbstkostendeckender Gebühren unter Einschluß der Substanzerhaltung gerechtfertigt sein. Die BUNDESARBEITSGEMEINSCHAFT DER FREIEN WOHLFAHRTSPFLEGE (1981b, S. 25) greift diesen Aspekt auf und sieht in der Eigenkapitalverzinsung einen Ersatz für Inflationsverluste eigenfinanzierter Anlagen, sofern kein Ausgleich über erhöhte Abschreibungen erfolgt. FOLLERT geht darüber hinaus (bezogen auf stationäre Einrichtungen) und schlägt eine Verzinsung des gesamten eingesetzten Anlagekapitals vor, wenn Abschreibungen nur vom Anschaffungswert vorgenommen und Zinserträge erstattungsmindernd behandelt werden. Unter diesen Voraussetzungen und bei steigenden Wiederbeschaffungspreisen scheint es ihm vertretbar, "die kalkulatorischen Zinsen des eingesetzten Anlagekapitals (in abnutzbarem Anlagevermögen und ähnlichen Werten angelegten Fremd- und Eigenkapitals) in Höhe der durchschnittlichen jährlichen Geldentwertung über die effektiven Zinsen hinaus als relevante Kostenart des Anstaltshaushaltes zu berücksichtigen" (1976, S. 12).

Eine Verzinsung unter Substanzerhaltungsgesichtspunkten hat sich auf das eingesetzte Anlagekapital zu erstrecken, wenn die Leistungsbereitschaft und die Leistungserstellung der Einrichtung auch in Zukunft gesichert sein soll. Im Hinblick auf Gebührenberechnungen wird eine Verzinsung zu diesem Zweck nur in der Höhe der Differenz zwischen den Abschreibungsgegenwerten einschließlich ihrer eventuellen Verzinsung und dem Wiederbeschaffungswert der Anlagen als zulässig betrachtet.

Werden Zinserträge erstattungsmindernd behandelt, kann bei Unterstellung steigender Preise eine Abschreibung von Wiederbeschaffungszeitwerten durchgeführt werden. Abschreibungen auf der Basis von Wiederbeschaffungszeitwerten und die Verzinsung der Beträge können hingegen eine Erhöhung der Finanzmittel bewirken und zu einer Erweiterung des Leistungspotentials führen. Gebührenfähig wären in diesem Fall nur die Abschreibungen vom Wiederbeschaffungszeitwert ohne voraussichtlich zu erwartende Zinsen (vgl. hierzu BUDÄUS, 1982, S. 157 ff.).

Soll eine Berechnung vom Wiederbeschaffungszeitwert durchgeführt werden, kann eine Anpassung der Anschaffungswerte mit Hilfe entsprechender Preisindizes erfolgen (z.B. Baupreisindex, Index der Großhandels- bzw. Einzelhandelspreise).

Die Finanzierungsfunktion der Abschreibung bleibt nur erhalten, wenn Abschreibungen von den gesamten Anschaffungs- bzw. Wiederbeschaffungswerten zugrundegelegt werden. Dies ist auch zu berücksichtigen, wenn die Einrichtung Zuschüsse der öffentlichen Hand zur Finanzierung erhält oder erhalten hat. Da nicht davon ausgegangen werden kann, daß diese Zuschüsse wiedergewährt werden und zudem bei Sozialstationen z.B. die Selbstkostendeckung aus eigenen Mitteln angestrebt wird, würde eine Kürzung der Anschaffungs- bzw. Wiederbeschaffungswerte um diese Zuschüsse die Substanzerhaltung nicht gewährleisten. So gehen z.B. die freigemeinnützigen Träger bei der Berechnung des Pflegesatzes bei ihren Einrichtungen davon aus, "daß die Investitionszuwendungen zur Stärkung der Kapitalbasis und zur Verbesserung der Leistungskapazität der Einrichtung im Interesse der Allgemeinheit gewährt wurden" (BUNDES- ARBEITSGEMEINSCHAFT DER FREIEN WOHLFAHRTSPLEGE, 1981b, S. 25) und machen eine Abschreibung nach betriebswirtschaftlichen Gesichtspunkten geltend (vgl. zur Problematik der Abschreibungen bei kostenrechnenden öffentlichen Einrichtungen: FUCHS/ZENTGRAF, 1981, S. 150 ff.).

Einrichtungen der offenen Altenhilfe sind im Vergleich zu stationären Einrichtungen mit wenig eigenen bzw. vergleichweise wenig Geäudeanlagen ausgestattet. Ebenso verfügen sie in der Regel über keine hochspezialisierten Geräte und Ausstattungen, bei denen wegen der in den ersten Jahren höheren Wertminderung zur Bemessung der Abschreibungen ein degressives Abschreibungsverfahren anzuwenden ist. Eine Abschreibung nach Maßgabe der Leistung und Inanspruchnahme scheitert an der fehlenden Voraussetzung dieses Verfahrens, nämlich der zuverlässigen Schätzung des gesamten Nutzungspotentials der Anlage (vgl. EISELE, 1985, S. 451). Der Aufwand der Messung des Periodenverbrauchs z.B. der Werkstattmaschinen einer Altentagesstätte oder eines Sterilisiergerätes einer Sozialstation würde in keinem Verhältnis zur erreichbaren Rechengenauigkeit stehen. Als Abschreibungsverfahren wird deshalb das lineare zeitabhängige Abschreibungsverfahren festgelegt. Unter Einbeziehung kalkulatorischer pauschaler Instandhaltungskosten wird im Hinblick auf Gebührenberechnungen in den einzelnen Perioden eine gleichmäßige Belastung erreicht. Aber auch beim Ansatz aufwandsgleicher Instandhaltungskosten kann das lineare Abschreibungsverfahren vertreten werden, da (außer bei Kraftfahrzeugen) im allgemeinen im Vergleich zu stationären Einrichtungen keine hohen Instandhaltungskosten zu erwarten sind. Ein weiterer Grund für die Wahl des linearen Abschreibungsverfahrens wird in seiner rechnerischen Einfachheit gesehen, vor allem, wenn man das zur Zeit noch fehlende Ausgangsmaterial (Abschreibungskarteien mit entsprechendem Ausweis von Abschreibungssätzen und Restbuchwertnotierungen) berücksichtigt.

Kalkulatorische Zinsen

In der Kostenrechnung werden im allgemeinen nicht die effektiv bezahlten Fremdkapitalzinsen erfaßt, sondern kalkulatorische Zinsen für das betriebsnotwendige Kapital in Ansatz gebracht. Grundlage für dessen Berechnung ist das betriebsnotwendige Vermögen, die Vermögensteile, die zur Erreichung des Sachzieles (hier: zur Leistungserstellung) eingesetzt werden (vgl. SCHWEITZER/KÜPPER/HETTICH, 1983, S. 153; EISELE, 1985, S. 454 f.; MENRAD, 1978, S.75).

Der Ansatz kalkulatorischer Zinsen in der Kostenrechnung von Einrichtungen der offenen Altenhilfe muß differenziert betrachtet werden. Probleme ergeben sich in zweierlei Hinsicht. Einmal ist zu fragen, mit welcher Berechtigung der Anteil des durch Eigenkapital finanzierten betriebsnotwendigen Vermögens in die Berechnung der kalkulatorischen Zinsen vom betriebsnotwendigen Kapital einbezogen werden kann. Zum andern dürfen die Vermögensteile, die aus Zuschüssen der öffentlichen Hand finanziert sind, nicht außer acht gelassen werden.

Der Kostencharakter des kalkulatorischen Zinses vom Eigenkapital kann, wie MELLEROWICZ formuliert "in der negativen Form des Nutzenentganges" (1973, S. 78) gesehen werden. Gerade ein Ansatz von Zinsen als Opportunitätskosten ist bei Einrichtungen der offenen Altenhilfe nicht ohne weiteres gegeben. Die BUNDESARBEITSGEMEINSCHAFT DER FREIEN WOHLFAHRTSPFLEGE sieht die Eigenkapitalverzinsung als Ersatz für entgangenen Gewinn bei den freigemeinnützigen, bedarfswirtschaftlich ausgerichteten Betrieben nicht als Kostenbestandteil an (1981, S. 25). Auch FOLLERT stellt die Frage, inwieweit ein Haushaltsträger "von der Aufgabenstellung her überhaupt bestrebt sein kann, Eigenmittel zinsbringend anzulegen" (1976, S. 13). Der Ansatz von Opportunitätskosten scheidet ebenso für den Teil des betriebsnotwendigen Vermögens aus, der durch Zuschüsse der öffentlichen Hand finanziert ist, da diese Zuschüsse im

Falle der Einrichtungen der offenen Altenhilfe zweckgebunden sind. Im
Hinblick auf Gebührenberechnungen sind an dieser Stelle nur effektive
Fremdkapitalzinsen in die Kostenrechnung einzubeziehen.

Im Falle eines öffentlichen Trägers bestehen in bezug auf den Ansatz
kalkulatorischer Zinsen bei Gebührenberechnungen für sogenannte kostenrechnende Einrichtungen Auffassungsunterschiede. Einrichtungen der offenen Altenhilfe werden zwar bei den Kommunen nicht wie Wasserwerke,
Müllabfuhr u.ä. als "kostenrechnende Einrichtungen" geführt (vgl.
hierzu FUCHS/ZENTRGRAF, 1981, S. 1 f.), die Auswertung der Literatur
zu diesen kostenrechnenden Einrichtungen ist jedoch im Hinblick auf
die vorliegende Problemstellung als hilfreich anzusehen.

So wird einerseits die Auffassung vertreten, daß ein Ansatz von Opportunitätskosten für Eigenkapitalzinsen hier nicht gegeben sei, da die
Kommune im Rahmen der Daseinsvorsorge die von der Einrichtung angebotenen Leistungen erfüllen muß (vgl. HUBKA, 1973). Andererseits wird
argumentiert, "daß bei Gesamtdeckung im Haushalt durch einen Einsatz
von Rücklagen zugunsten einer kostenrechnenden Einrichtung insoweit
andere Maßnahmen der Gemeinde anderweitig finanziert werden müssen"
(WESTERKOWSKY, 1979, S. 29 f.). Der Ansatz kalkulatorischer Zinsen vom
Eigenkapital leitet sich hierbei offensichtlich aus den Opportunitätskosten des Trägerhaushalts und nicht aus Opportunitätskosten der jeweiligen betrieblichen Einheit ab. Außerdem wird angeführt, daß nach
dem geltenden Haushaltsrecht durch das Gesamtdeckungsprinzip im Vermögenshaushalt nicht sicher erkennbar sei, wie die Investitionen finanziert werden. Deshalb sei der Ansatz kalkulatorischer Zinsen auf das
aufgewandte (betriebsnotwendige) Kapital in allen Bundesländern erlaubt (vgl. FUCHS/ZENTRGRAF, 1982, S. 146 ff.).

Sollen für die betriebliche Einheit im Rahmen dieser Betriebsanalyse
Zinsen angesetzt werden, so ist bei Gebührenberechnungen zu beachten,
daß die durch Zuschüsse der öffentlichen Hand finanzierten Vermögensteile bei der Zinsberechnung auszuschließen sind. Es ist nicht zu
rechtfertigen, daß dem Nutzer Zinsen für Kapital angerechnet werden,

das er als Steuerzahler selbst aufgebracht hat (vgl. die Ausführungen zur Gebührenrechnung nach Kommunalabgaberecht bei FUCHS/ZENTGRAF, 1981, S. 146 ff.).

Kalkulatorische Zinsen auf das gesamte betriebsnotwendige Kapital sind jedoch bei der Durchführung der Kostenrechnung mit dem Zwecke des betrieblichen Vergleichs auf jeden Fall anzusetzen. Nur so sind bei Vergleichen Verzerrungen zu vermeiden, die durch unterschiedliche Finanzierungsstrukturen auftreten (vgl. FOLLERT, 1976, S. 29; HUBKA, 1973).

Für die Ermittlung des kalkulatorischen Zinses wird die Methode der Durchschnittswertverzinsung gewählt, bei der die Zinsen auf der Basis der halben Anschaffungskosten berechnet werden. Bei dieser Methode fallen in den Rechnungsperioden unter Voraussetzung eines gleichbleibenden Zinssatzes gleich große Zinsbelastungen an. Bei der Restwertmethode hingegen hätten im Hinblick auf Gebührenberechnungen Nutzer, die in den Anfangsjahren die Leistungen einer Einrichtung in Anspruch nehmen hohe und Nutzer in späteren Jahren geringe Zinsbelastungen zu tragen.

Eine Berechnung des kalkulatorischen Zinses vom betriebsnotwendigen Kapital kann bei der vorhandenen Rechnungslegung in Einrichtungen der offenen Altenhilfe sehr zeitaufwendig sein. Liegen keine Bilanzen vor, müssen zuvor das gesamte betriebsnotwendige Anlagevermögen zu Anschaffungskosten ermittelt und das Umlaufvermögen geschätzt werden. Das betriebsnotwendige Vermögen ergibt sich aus der Summe des durchschnittlichen Anlage- und Umlaufvermögens. Das betriebsnotwendige Kapital erhält man dann nach dem Abzug zinsfreier Kapitalanteile (Abzugskapital) (vgl. EISELE, 1985, S. 454 f.). Vorgeschlagen wird ein einheitlicher Zinssatz, der sich am Zinssatz öffentlicher langfristiger Anleihen orientiert (vgl. WESTERKOWSKY, 1976, S. 7).

Da die Bundesländer nach den speziellen Förderungsrichtlinien für Altentagesstätten und Sozialstationen Finanzierungshilfen in Form von Zuschüssen und Zuwendungen gewähren, und die teilweise nur zu laufenden

Betriebskosten, sind in dieser Kostenrechnung Auswirkungen anderer Finanzierungshilfen nicht berücksichtigt (vgl. KURATORIUM DEUTSCHE ALTERSHILFE, 1981, 1985/86).

Kalkulatorische Wagnisse
Kosten versicherbarer Wagnisse (Feuer, Diebstahl usw.) werden in Höhe des Zweckaufwandes in die Kostenrechnung übernommen. Andere nicht versicherbare Wagnisse wie z.B. das Entwicklungswagnis bei erwerbswirtschaftlichen Unternehmen sind für Einrichtungen der offenen Altenhilfe zum großen Teil nicht relevant. Das Gebührenausfallwagnis ist jedoch zu berücksichtigen. Eine durch Gebührenausfälle hervorgerufene Kostenunterdeckung kann durch die Einrechnung solcher Wagniskosten verhindert werden. Dagegen spricht zum einen, daß die Gebührenzahlenden für die Zahlungsunfähigkeit anderer ohne Gegenleistung aufkommen sollen. Zum anderen kann unterstellt werden, daß die zur Zeit gewährten Zuschüsse auch zur Abdeckung solcher Risiken gewährt werden (vgl. hierzu auch RILKE, 1979, S. 35).

Kalkulatorische Löhne
Der Ansatz kalkulatorischer Löhne kann bei bestimmten Fragestellungen erforderlich sein, z.B. bei der Entscheidung hinsichtlich des Einsatzes eines hauptamtlichen Mitarbeiters anstelle freiwilliger Mitarbeiter oder bei Vergleichsrechnungen mit anderen Einrichtungen. Außerdem müssen kalkulatorische Löhne eingesetzt werden, wenn ein Träger Personal aus anderen Betrieben für die Einrichtung einsetzt und hierfür kein Aufwand in der Buchführung der Einrichtung ausgewiesen ist.

Kalkulatorische Miete
Eine kalkulatorische Miete kann in bestimmten Fällen zu berücksichtigen sein, wenn z.B. der Einrichtung vom Trägerhaushalt Räumlichkeiten zugewiesen werden und sie der Einrichtung nicht in Rechnung gestellt werden.

3.3. Die Kostenstellenrechnung

3.3.1. Der Kostenstellenrahmen

Die Kostenstellenrechnung verfolgt das Ziel, die bei der Leistungserstellung verursachten Kosten dem Ort bzw. dem Bereich des Betriebes zuzuordnen, an dem die Kosten verursacht worden sind. Im Rahmen dieser Arbeit, mit dem Schwerpunkt der Kostenrechnung auf der Ermittlung der Selbstkosten und Erarbeitung von Grundlagen für Gebührenberechnungen, wurden die Kostenstellen nach kalkulatorischen bzw. rechnungstechnischen Gesichtspunkten (vgl. BÜRK, 1979, S. 16) oder präziser: nach dem Kostenträger (vgl. EISELE, 1985, S. 465) gebildet. Die Kosten können so unmittelbar der erstellten Leistung zugeordnet werden. Zu beachten ist, daß die hier vorgenommene Kostenstellenbildung nach Kostenträgern in Einrichtungen der offenen Altenhilfe teilweise derjenigen nach Verantwortungsbereichen entspricht. In manchen Fällen stimmen die Gesamtkosten einer Kostenstelle auch mit den Kosten der Leistungserstellung für einen bestimmten Nutzerkreis überein, z.B. bei Essen auf Rädern.

Der entwickelte Rahmen ist hier als Leistungs-/Kostenstellenrahmen ausgewiesen, denn die von der jeweiligen Einrichtung erbrachten Leistungen werden zuerst nach Art, Menge und soweit wie möglich nach Qualität gekennzeichnet und getrennt von den Kosten erfaßt. Die zur Leistungserfassung gebildeten Leistungsstellen entsprechen den Kostenstellen (vgl. Teil B, Kapitel II.11.).

Die Leistungs-/Kostenstellen des Leistungs-/Kostenstellenrahmens (Abbildung 23) sind von den Hauptleistungsbereichen des Leistungsrahmens von Einrichtungen der offenen Altenhilfe (Abbildung 4) abgeleitet. Diese Hauptleistungs-/Hauptkostenstellen sind durch Hilfs- und Nebenkostenstellen ergänzt, die in Einrichtungen der offenen Altenhilfe vorzufinden sind. Hier wird wie beim Kostenartenrahmen davon ausgegangen, daß bei der Durchführung einer Betriebsanalyse von der jeweiligen Einrichtung ein betriebsspezifischer Leistungs-/Kostenstellenplan aufzustellen ist.

Abbildung 23 : Leistungs-/Kostenstellenrahmen

1000 Allgemeine Hilfsleistungs-/Hilfskostenstellen
1110 Grundstücke und Gebäude
1120 Hausmeister
1130 Verwaltung (Geschäftsführung, Buchhaltung)
1140 Einsatzleitung (gemeinsame)
1150 Allg. Betrieb
1160 Reinigung
1170 Fuhrpark

2000 Spezielle Hilfsleistungs-/Hilfskostenstellen
2110 Küche
2120 Einsatzleitung Pflege
2130 Einsatzleitung Haus- und Familienpflege
2140 Einsatzleitung Nachbarschaftshilfe
2160 Kfz-Pflege
2170 Kfz-Essen auf Rädern

3000 Nebenleistungs-/Nebenkostenstellen
3110 Mitarbeiterwohnungen
3120 Praktikanten/Zivildienstleistende

4000 Hauptleistungs-/Hauptkostenstellen
4100 Leistungsbereich: Pflege, Gesundheit, Rehabilitation
4110 Ambulante Kranken- und Altenpflege
4120 Haus- u.Familienpflege
4130 Körperpflegehilfen
4131 Baden
4132 Fußpflege
4140 Sonstige Maßnahmen
4141 Heilgymnastik
4142 Bewegungstherapie
4143 Massagen
4150 Ambulanz

4200 Leistungsbereich: Persönliche Hilfe, Beratung
4210 Vermittlung von Hilfen
4220 Allgemeine Beratung, Gespräch
4230 Fachberatung
4231 Recht
4232 Gesundheit
4233 Ernährung
4240 Persönliche Dienste
4241 Besuchsdienst
4242 Vorlesedienst
4243 Fahrdienst
4244 Begleitdienst

4300 Leistungsbereich: Hilfe zur Selbsthilfe
4310 Verleih von Hilfsmitteln
4320 Kurse in häuslicher Krankenpflege
4330 Aktivierung der Nachbarschaftshilfe

4400 Leistungsbereich: Häusliche Hilfen, Hauswirtschaft
4410 Zusammengefaßte Dienste
4411 Nachbarschaftshilfe
4412 Mobile Dienste
4420 Einzeldienste
4421 Kochhilfe
4422 Reinigungsdienst
4423 Wäschedienst
4424 Einkaufshilfe
4425 Hol- und Bringdienst
4426 Technisch-handwerkliche Hilfe

4500 Leistungsbereich: Verpflegung, Beköstigung
4510 Mittagstisch
4520 Essen auf Rädern
4530 Cafeteria

4600 Leistungsbereich: Kommunikation, Freizeit, Information
4610 Gesellige Veranstaltungen, Unterhaltungsveranstaltungen
4611 Begegnung
4612 Feste, Feiern
4613 Unterhaltungsfilme
4614 Modenschau
4620 Kulturelle und religiöse Veranstaltungen
4621 Konzerte
4622 Theater
4623 Dichterlesungen
4624 Vorträge
4625 Reiseberichte
4626 Ökumenischer Gesprächskreis
4630 Bildung
4631 Fachvorträge
4632 Sprachkurse, Konversation
4633 Philosophische, theologische, psychologische Seminare
4634 Kunstseminare
4635 Lektüre, literarische Kreise
4636 Gesprächskreise
4637 Autogenes Training
4640 Hobby, Handwerk, Spiel
4641 Malen
4642 Werken
4643 Basteln
4644 Kochen
4645 Handarbeiten
4646 Spiele, Kartenspiele
4647 Schach, Billard
4647 Musizieren
4648 Singen
4649 Laienspiel
4650 Fitness-Training, Sport
4651 Schwimmen
4652 Gymnastik
4653 Wandern
4654 Kegeln
4655 Tanzen
4660 Ausflüge und Besichtigungen

Als Grundlage hierzu dient der Leistungs-/Kostenstellenrahmen, aus dem die jeweils relevanten Leistungs-/Kostenstellen zu entnehmen sind. Auch hier ist die Möglichkeit einer Ergänzung gegeben.

3.3.2. Der Betriebsabrechnungsbogen

Mit Hilfe eines Betriebsabrechnungsbogens wird in statistisch-tabellarischer Form die Kostenarten-Kostenstellenrechnung durchgeführt. Dabei werden die Kosten nach Kostenarten bzw. nach Kostenartengruppen getrennt auf die verursachenden Kostenstellen verteilt. In diesen Betriebsabrechnungsbogen werden die gesamten Kosten einer Einrichtung aufgenommen und den Kostenstellen zugeordnet (vgl. hierzu die Ausführungen zum kommunalen Betriebsabrechnungsbogen bei WESTERKOWSKY, 1979, S. 19 oder über den "Betriebsabschlußbogen" der Erweiterten Kameralistik bei FUCHS/ZENTGRAF, 1981, S. 119). Anhand von Rechnungen, sonstigen Belegen (z.B. Ausgabescheine) und Zählern ist eine direkte verursachungsgerechte Verteilung der Kosten auf Kostenstellen möglich. Zur Verteilung nicht direkt zurechenbarer Kosten dienen verschiedene Schlüssel (vgl. KOSIOL, 1979, S. 196; FUCHS/ZENTGRAF, 1981, S. 110 f.). Verteilungsschlüssel für die einzelnen Kostenarten sind hier meist mengenorientiert. Zudem ist teilweise wegen der gewählten Kostenstellenbildung eine Gewichtung (vgl. hierzu auch MÄGDEFRAU, 1980) erforderlich. Bei Altentagesstätten kann beispielsweise ein Raum verschiedenen Kostenstellen zuzuordnen sein. Die Wahl der Verteilungsschlüssel ist von den Gegebenheiten des jeweiligen Betriebes bestimmt.

Beispiele für Verteilungsschlüssel bei einzelnen Kostenarten sind:

Kostenarten	Verteilungsschlüssel
Personalkosten	Zeitanteil in Stunden (vgl. Teil B, Kapitel V.2.)
Heizung	m^3 beheizter Raum x Heizdauer evtl. gewichtet mit Anteilen an der Raumheizung

Kostenarten	Verteilungsschlüssel
Fremdreinigung	m^2 zu reinigende Fläche x Häufigkeit der Reinigung gewichtet mit Anteilen an der Raumnutzung
Wasser	Anzahl der Zapfstellen gewichtet mit geschätztem Anteil pro Zapfstelle

Nach der Verteilung aller primären Kosten auf die Kostenstellen hat noch die Verrechnung der Kosten der internen Leistungen - auch innerbetriebliche Leistungen genannt - zu erfolgen. Interne Leistungen sind z.B. diejenigen des Fuhrparks, der Verwaltung, der Einsatzleitung usw. Für die Verrechnung der innerbetrieblichen Leistungen wird hier vom Kostenstellenumlageverfahren, auch Stufenleiter- oder Treppenverfahren, ausgegangen (vgl. BÜRK, 1979, S. 18; EISELE, 1985, S. 481; SCHWEITZER/KÜPPER/ HETTICH, 1983, S. 170). Dabei wird die Reihenfolge der Kostenstellen so gewählt, daß die Kostenstellen am Anfang stehen, die hauptsächlich Leistungen abgeben. Die Reihe endet mit den Kostenstellen, die überwiegend Leistungen empfangen. Die gesamten Kosten der ersten Kostenstelle werden auf die nachfolgenden umgelegt. Dies wird so lange wiederholt, bis alle Vorkostenstellen (Hilfskostenstellen) auf die Endkostenstellen (Hauptkostenstellen) verrechnet sind. Ein gegenseitiger Leistungsaustausch wird bei diesem Verfahren nicht berücksichtigt, mit der Folge, daß dieses Verfahren nur zu näherungsweisen Ergebnissen führt. Auch bei dieser Umlage werden Schlüssel (z.B. erhaltene Leistungseinheiten) als Hilfe zur Verrechnung herangezogen (vgl. BÜRK, 1979, S. 40). Beispiele für Umlageschlüssel sind in Teil B, Kapitel V.4. genannt.

Beim derzeitigen Stand des Rechnungswesens in Einrichtungen der offenen Altenhilfe sind mit diesem relativ einfach durchzuführenden Verfahren im Verhältnis zum Rechenaufwand vertretbare Ergebnisse zu erreichen. Der Fehler, der sich aus der Nichtberücksichtigung von Leistungsverflechtungen ergibt, hält sich bei einer durchdachten Anordnung der Kostenstellen in Grenzen. So gibt z.B. in Sozialstationen die Kostenstelle Verwaltung Leistungen an den Fuhrpark ab, der Fuhrpark jedoch nur in Ausnahmefällen

Leistungen an die Verwaltung. In erster Linie gibt der Fuhrpark Leistungen an die nachfolgenden Hauptkostenstellen ab, z.B. an Essen auf Rädern oder die Krankenpflege. Ähnlich verhält es sich mit der möglichen Vorkostenstelle Einsatzleitung.

Bei der Durchführung der Kostenstellenumlage sind wiederum die zugrundegelegten Rechnungszwecke zu berücksichtigen. Soll die Kostenrechnung als Ausgangspunkt zur Berechnung von Gebühren dienen, die volle Selbstkostendeckung in einzelnen oder allen Kostenstellen gewährleisten, muß eine Umlage aller Vorkostenstellen bei der Gebührenberechnung vorgenommen werden. Sieht ein Finanzierungsmodell jedoch nur eine Teilfinanzierung über Gebühren vor, ist es vorstellbar, daß die Kostenstellenumlage nicht oder nur teilweise durchgeführt wird. Dies ist zum Beispiel der Fall, wenn die Raumkosten (einschließlich Abschreibungen für die gesamte Ausstattung) und die Verwaltungskosten einer Sozialstation aus Eigenmitteln und Zuschüssen der öffentlichen Hand zu decken sind. Diesbezügliche Kosten würden in den entsprechenden Kostenstellen gesammelt, aber nicht auf die Endkostenstellen (z.B. ambulante Krankenpflege, Essen auf Rädern) umgelegt. Andere Vorkostenstellen wie z.B. der Fuhrpark wären jedoch auf die Endkostenstellen zu verrechnen.

Eine andere Möglichkeit besteht nach der Verrechnung aller Kosten auf die Endkostenstellen darin, Finanzmittel wie Zuschüsse usw. pauschal anzurechnen. Dadurch wird eine Gesamtreduktion der Kosten erreicht; eine Gebührenberechnung wäre dann lediglich für diesen reduzierten Selbstkostenanteil vorzunehmen.

3.4. Die Auswertung des Betriebsabrechnungsbogens

Eine Auswertung des Betriebsabrechnungsbogens kann im Hinblick auf alle für die Kostenrechnung genannten Rechnungszwecke erfolgen. Durch die im Betriebsabrechnungsbogen durchgeführte Kostenarten-/Kostenstellenrechnung kann Kostentransparenz in den einzelnen Kostenstellen und für die gesamte Einrichtung gewonnen werden. So sind durch die Erfassung der einzelnen

Kostenarten und durch die Verteilung auf einzelne Kostenstellen Ansatzpunkte für Kostenanalysen zur Aufdeckung von Schwachstellen gegeben. Im Vergleich mit Vergangenheitsdaten oder auch erarbeiteten Budget(Ziel)vorgaben kann eine grobe Einschätzung und Beurteilung der Kostendaten erfolgen.

Die zweite Auswertungsmöglichkeit liegt in der Ermittlung von Gebührensätzen zur vollen oder teilweisen Selbstkostendeckung. Hierfür bietet die Kostenträgerstückrechnung die Grundlage. Da die Kostenstellen in diesem Betriebsabrechnungsbogen den Kostenträgern entsprechen, sind weitere Verrechnungen nicht oder nur begrenzt notwendig. Der Betriebsabrechnungsbogen ist so angelegt, daß er alle notwendigen Informationen ausweist. So können die in den einzelnen Leistungs-/Kostenstellen zugehörenden Leistungsarten und -mengen sowie die jeweiligen Arbeitsstunden aufgenommen werden. Für die Durchführung der Kostenträgerstückrechnung, die in diesem Fall als Nachkalkulation erfolgt, werden die Verfahren der einstufigen Divisionskalkulation und der einstufigen Äquivalenzziffernkalkulation vorgeschlagen.

Die einstufige Divisionskalkulation ist z.B. anwendbar bei der Ermittlung der Kosten eines Hausbesuches, einer Pflegestunde, einer Stunde Nachbarschaftshilfe sowie der Kosten einer Stunde oder eines Tages in der Haus- und Familienpflege. An die Anwendung der Divisionskalkulation sind die Voraussetzung der hinreichend gleichen und sich häufig wiederholenden Leistungseinheiten sowie der Homogenität der Kostenverursachung geknüpft (vgl. EISELE, 1985, S. 508). Die in Verträgen der Krankenkassen mit den Spitzenverbänden der freien Wohlfahrtspflege über Gebührenerstattungen festgelegte pauschale Erstattung der Kosten eines Hausbesuches (vgl. z.B. LANDESVERBAND DER ORTSKRANKENKASSEN WÜRTTEMBERG-BADEN, 1979) oder des einem oder mehreren Hausbesuchen entsprechenden Pflegetages bei Grundpflege (vgl. INARSO, 1981, S. 16) ist unter diesen Aspekten kritisch zu untersuchen. Die Ermittlung der Kosten eines Hausbesuches ergibt lediglich einen Durchschnittswert. Bei einer auf Nachkalkulation basierenden, aber auf die Zukunft gerichteten Gebührenberechnung kann hier die Einbeziehung zukunftsorientierter Daten erforderlich sein (vgl. S. 142). Dies ist der Fall, wenn sich die Nutzerstruktur bzw. die Struktur der Pflegeleistungen verändert, denn der Zeitaufwand bei der Pflege ist als der in erster Linie bestimmende Kostenfaktor anzusehen. Im Hinblick auf die oben genannten Voraussetzungen ist den zeitgebundenen Divisoren (Pflegestunde usw.) der Vorrang einzuräumen.

Die Äquivalenzziffernkalkulation (vgl. SCHWEITZER/KÜPPER/HETTICH, 1983, S. 222 ff.) ist bei den verschiedenen Einzelleistungen der ambulanten Alten- und Krankenpflege anwendbar. Bei diesen Leistungen wird der Forderung nach dem "hohen Grad innerer Verwandtschaft in ihrer Kostengestaltung" (vgl. KOSIOL, 1979, S. 222) dadurch Rechnung getragen, daß die die Kostenhöhe in erster Linie bestimmenden Merkmale die jeweils erforderliche Arbeitszeit bzw. die Personalkosten sind.

Die Äquivalenzziffernkalkulation setzt hier Zeitvorgaben für die Einzelleistungen wie z.B. für eine Spritze oder ein Teilbad voraus. Bei der Entwicklung und Festlegung solcher für die Äquivalenzziffernkalkulation erforderlicher Zeitvorgaben ist zu berücksichtigen, daß die ambulante Krankenpflege eine ganzheitliche Pflege leisten muß. Die Zeitvorgaben dürfen nicht isoliert für einzelne Tätigkeiten gemacht werden; eine "Grundzeit", die bei jedem Hausbesuch allein zur Kommunikation erforderlich ist, muß ebenso einbezogen werden. Liegen einmal zu Einzelleistungen verläßliche Zeitdaten vor, lassen sich bei entsprechender Datenbasis Plankosten für diese Leistungen erarbeiten, die bei ausreichend differenzierter Leistungsdokumentation zu fallspezifischen Kostenvorgaben führen können.

Eine Äquivalenzziffernkalkulation ist auch vorstellbar bei der Gebührenberechnung für verleihbare Hilfsmittel. Da die Leistung nicht im Herstellen der Hilfsmittel, sondern lediglich in ihrer Bereithaltung und ihrem Verleih besteht, ist ein wesentlicher Teil der Kosten auf Abschreibungen zurückzuführen. Bestimmte Kostenverhältnisse sind bei den Abschreibungen feststellbar, die wiederum durch die Anschaffungs- bzw. Wiederbeschaffungskosten und die Nutzungsdauer bestimmt sind. Deshalb wird vorgeschlagen, die Äquivalenzziffern nach den Anschaffungswerten der einzelnen Geräte zu bilden.

Die hier ermittelten Werte der Kosten pro Leistung stellen Kennzahlen dar, die zur Erfolgsbeurteilung mit den entsprechenden Zielvorgaben oder anderen Vergleichskennzahlen in Beziehung zu setzen sind.

Mit Hilfe des Betriebsabrechnungsbogens kann das Betriebsergebnis, hier der Grad der erreichten Kostendeckung ermittelt werden. Diese Rechnung ist der kurzfristigen Erfolgsrechnung erwerbswirtschaftlicher Betriebe ähnlich (vgl. hierzu SCHWEITZER/KÜPPER/HETTICH, 1983, S. 187 ff.; SCHERRER, 1983, S. 348 ff.), es ist jedoch für die Einrichtungen der offenen Altenhilfe eine gewisse Modifikation in bezug auf das "typische Betriebsergebnis" (EISELE, 1985, S. 570 ff.) erforderlich. Zum einen können den Leistungen, die gegen Entgelt (Kostenerstattung) erbracht werden, die jeweiligen Erlöse direkt gegenübergestellt werden. Dies ist bei einzelnen Kostenstellen(-trägern) möglich und würde dem Umsatzkostenverfahren (Kosten, strukturiert nach Leistungsarten stehen den Erlösen nach Leistungsarten gegenüber) entsprechen. Der durch Leistungsentgelte erreichte Grad der Kostendeckung ist hiermit feststellbar. Zum andern ist einzubeziehen, daß Leistungen der Einrichtungen der offenen Altenhilfe keinen "Marktpreis" haben und die erzielbaren Erlöse (Kostenerstattung der Krankenkassen und Selbstzahler) den Selbstkosten nicht entsprechen. Beim "typischen Betriebsergebnis" sind deshalb auch Spenden und Zuschüsse einzubeziehen, die gewährt werden, um sozial tragbare Kostensätze bzw. die Leistungserstellung zu ermöglichen. Zuwendungen eines Krankenpflegevereins, dessen Mitglieder unentgeltlich Pflegeleistungen bzw. Leistungen gegen reduzierte Kostenbeiträge erhalten, sind hier wie Erlöse zu betrachten. Zuschüsse und Zuwendungen können einzelnen Kostenstellen (bzw. Kostenträgern) direkt zugeordnet werden, wenn eine Zuwendung ausdrücklich für bestimmte Leistungen erfolgt. Eine Zwischenabrechnung könnte also mit Hilfe des Umsatzkostenverfahrens erfolgen, die den jeweils erreichten Grad der Kostendeckung bei einzelnen Leistungen (bzw. bei Leistungs-/Kostenstellen) ausweist.

Da Einrichtungen der offenen Altenhilfe im Rahmen der Daseinsvorsorge auch Leistungen erbringen, die wie z.B. Beratungs- und Vermittlungsleistungen oder Leistungen bei der Altenbegegnung zur Verhinderung von Isolation bewußt ohne Kostenerstattung erfolgen, gibt es je nach Einrichtungstyp Bereiche, die von vornherein durch Eigenmittel oder durch pauschale Zuschüsse zu finanzieren sind. Der Vergleich mit in diesen Leistungs-/Kostenstellen vorgegebenen Planansätzen (wenn Haushaltsplan nach Kostenstellen vorhanden) zeigt auch hier eine Über-/Unterdeckung auf.

Zuschüsse werden aber auch pauschal zur Abdeckung der gesamten Betriebskosten gewährt und Eigenmittel teilweise nur zur Defizitabdeckung des Gesamtbetriebes eingeplant. Deshalb ist die Feststellung des Gesamtergebnisses erst in einer zweiten Stufe möglich; das Verfahren entspricht hierbei dem Gesamtkostenverfahren (vgl. EISELE, 1985, S. 572). Die Über- bzw. Unterdeckungen der einzelnen Kostenstellen werden gegeneinander aufgerechnet und zu den sonstigen verfügbaren Finanzmitteln addiert.

An dieser Stelle ist zu prüfen, inwieweit es vertretbar ist, Leistungen in einem Bereich, der Kostenüberdeckungen erzielt, auszubauen, um Kostenunterdeckungen bei teuren Leistungen eines anderen Bereiches auszugleichen, die aus sozialen oder anderen Gründen nicht abbaubar sind.

Außer den genannten Einnahmearten sind bei der Ergebnisrechnung noch evtl. weitere einzubeziehen. So sind z.B. die Erstattungen des Personals für Privatnutzung der Dienstkraftfahrzeuge einzubeziehen und die Höhe des angesetzten Kilometergeldes zu überprüfen. Nicht eingerechnet werden dürfen Zinsen für Abschreibungsgegenwerte, die zur Finanzierung der Wiederbeschaffung von Gütern erwirtschaftet werden (vgl. S. 153).

Im Hinblick auf Gebührenberechnungen ist bei den Leistungs-/Kostenstellen zu prüfen, ob die auf diese Leistungs-/Kostenstellen entfallenden Einnahmearten bezüglich Struktur und Höhe auch in Zukunft zu erwarten sind. Eine voraussichtliche Streichung von Zuschüssen kann eine Erhöhung der Gebühren erforderlich machen (vgl. S. 164).

VI. DAS INSTRUMENTARIUM ZUR DURCHFÜHRUNG DER BETRIEBSANALYSE UND SEINE ERPROBUNG

1. Das Instrumentarium zur Erfassung, Verarbeitung und Beurteilung der Betriebsdaten

1.1. Die Gliederung des Instrumentariums

Das entwickelte Instrumentarium besteht aus einem Leitfaden mit verschiedenen Formularen (Teil B). Der Leitfaden hat mehrere Funktionen. Er enthält die Anleitungen zur Datenerfassung, -verarbeitung und -beurteilung bei der Durchführung der Betriebsanalyse. Einzeldaten werden direkt in den Leitfaden aufgenommen, zusammenhängende Datengruppen werden mit Hilfe von Formularen erhoben. Hierfür sind genaue Bearbeitungshinweise angegeben.

Der Leitfaden ist in sechs Kapitel gegliedert. Dabei dient das erste Kapitel als Einleitung und generelle Beschreibung des Instrumentariums. Es werden Anwendungsbereich und Zwecke der Betriebsanalyse sowie der Einsatz des Instrumentariums in einer Einzelwirtschaft erläutert. Die anderen Kapitel sind analog der in Abbildung 8 (S. 77) ausgewiesenen Datenerfassungsbereiche eingeteilt. Am Ende der Kapitel zwei bis fünf werden in einer Zusammenfassung die verarbeiteten Daten als Kennzahlen bzw. Beschreibungen ausgewiesen.

Das vorliegende Instrumentarium ist auf Einrichtungen mit verschiedenen Leistungsangeboten ausgerichtet und deshalb als Rahmen aufgebaut. Mit ihm können die in Abbildung 6 (S. 42) ausgewiesenen Einrichtungstypen mit den jeweiligen Leistungsangeboten untersucht werden.

Das Instrumentarium ist das für die Anwendung in den Einrichtungen der offenen Altenhilfe erarbeitete Handbuch zur Betriebsanalyse. Es ist so abgefaßt, daß es ohne diesen grundlegenden Textteil (Teil A) bei entsprechender Fachkenntnis benutzt werden kann.

1.2. Entwickelte Hilfen für die Anwendung des Instrumentariums

Bei der Entwicklung der Methode sind im Vorfeld dieses Instrumentariums zur Durchführung der Betriebsanalyse die folgenden Hilfen als Grundlagen erarbeitet worden:

- der Leistungsrahmen
- der Leistungs-/Kostenstellenrahmen
- der Kostenartenrahmen
- eine Abschreibungstabelle
- Beispiele für die Konkretisierung der Leistungs-, Leistungserstellungs- und Sicherungsziele
- verschiedene Funktionendiagramme

Der Leistungsrahmen (vgl. Kapitel III.3.) bildet in Verbindung mit dem Leistungs-/Kostenstellenrahmen (vgl. Kapitel V.3.3.1.) das Ausgangsmaterial für das Aufstellen des betriebsspezifischen Leistungs-/Kostenstellenplanes. Den dort festgelegten betriebsspezifischen Leistungs-/Kostenstellen sind bei der Leistungsfeststellung und bei der Arbeitszeitrechnung die jeweiligen Leistungen bzw. die entsprechenden Arbeitszeiten zuzuordnen.

Mit Hilfe des Kostenartenrahmens (vgl. Kapitel V.3.2.1.) wird der betriebsspezifische Kostenartenplan erstellt. Die im Kostenartenplan verzeichneten Kostenarten werden in der Kostenrechnung erfaßt und über den Betriebsabrechnungsbogen auf den vorher genannten Kostenstellen gesammelt. Damit werden die Kosten pro Leistung oder die Kosten einzelner Kostenstellen differenziert ausgewiesen.

Die Abschreibungstabelle ist als Orientierungshilfe bei der Festlegung der Nutzungsdauer der einzelnen Abschreibungsgüter vorgesehen.

Die Beispiele für die Konkretisierung der Ziele begründen die in den einzelnen Bereichen der Einrichtung zu ermittelnden Kennzahlen/Beschreibungen und sind im Anwendungsfall auf Übereinstimmung mit den betriebsspezifischen Zielen zu prüfen.

Die Funktionendiagramme ermöglichen die Analyse der Aufgaben und dienen als Grundlage für Stellenbeschreibungen.

1.3. Die Durchführung der Betriebsanalyse

Wie in den vorhergehenden Kapiteln dargestellt, ist die Betriebsanalyse als Rahmenwerk aufgebaut und bietet die Möglichkeit, eine Einrichtung umfassend oder nur in einzelnen Bereichen zu untersuchen. Deshalb ist vor dem Einsatz des Instrumentariums zu klären, welchen Zwecken die Betriebsanalyse dienen soll und welche Aussagen erwartet werden. Festzulegen ist dabei, welche Teile des Instrumentariums einzusetzen sind. Aus einzelwirtschaftlicher Sicht muß überprüft werden, ob mit den im Instrumentarium ausgewiesenen Kennzahlen die Situation der Einrichtung erfaßt werden kann oder ob andere und/oder weitere Kennzahlen zugrundezulegen sind, die von entsprechenden betriebsspezifischen Zielen abzuleiten sind.

An dieser Stelle sowie bei den Gesprächen zur Ermittlung grundsätzlicher Daten sind nicht nur die Kennzahlen bzw. Beschreibungen festzulegen, sondern vor allem deren Inhalte, ihre Zielwerte (Sollvorstellungen), anzugeben. Dies ist Voraussetzung zur späteren Beurteilung der Betriebsdaten.

Soll eine Selbstkostenrechnung durchgeführt werden, sind der damit verfolgte Rechnungszweck (z.B. Grundlage für Gebührenberechnungen oder Betriebsvergleich, vgl. Kapitel V.3.2. dieses Teiles) und somit die einzubeziehenden Kostenarten zu bestimmen.

Die Datenerfassung wird mit Hilfe des Leitfadens und der Formulare in zwei Stufen durchgeführt. In der ersten Stufe sind durch ein Gespräch und erste Analysen die Daten für das zweite Kapitel sowie die im Leitfaden genannten grundlegenden Informationen für die weiteren Kapitel zu erfassen. Dabei wird festgestellt, welche Quellen (vgl. Teil B, S. I/11) zur weiteren Datenerfassung nutzbar sind. Außerdem ist in dieser ersten Stufe in Zusammenarbeit mit der Leitung der Einrichtung der betriebsspezifische Leistungs-/Kostenstellenplan (Formular II.11.) festzulegen, da die in allen folgenden Kapiteln zu ermittelnden Daten diesen Leistungs-/Kostenstellen zuzuordnen sind. Im fünften Kapitel ist der betriebsspezifische Kostenartenplan (Formular V.1.2.) vor der Erfassung der einzelnen Kostendaten zu erstellen. In der zweiten Stufe erfolgt dann die differen-

zierte Erfassung der Daten, die in den Leitfaden, vor allem aber in die
Formulare aufgenommen werden. Dies erfolgt mit Hilfe der im Instrumentarium angegebenen Bearbeitungshinweise.

Nach der Datenerfassung in den einzelnen Kapiteln schließt sich die Datenverarbeitung an. Sie führt zu Kennzahlen bzw. Beschreibungen der betrieblichen Situation. Diese sind in den Zusammenfassungen der jeweiligen Kapitel ausgewiesen. Anschließend erfolgt die Datenbeurteilung in den einzelnen Bereichen sowie eine zusammenführende Interpretation der Gesamtsituation hinsichtlich der betriebsspezifischen Ziele.

2. Die Erprobung des entwickelten Instrumentariums

2.1. Auswahl und Beschreibung der untersuchten Einrichtungen

Das Instrumentarium wurde in verschiedenen Phasen seiner Entwicklung in Einrichtungen der offenen Altenhilfe eingesetzt. Dabei wurde der Aufbau des Leitfadens und der Formulare sowie die Anwendungsbreite des Instrumentariums getestet. Für die Auswahl der Einrichtungen waren folgende Kriterien ausschlaggebend:

- Das Leistungsangebot der jeweiligen Einrichtungen sollte nicht nur aus einer Einzelleistung, sondern aus einem Leistungsbündel bestehen. Außerdem sollten die verschiedenen Einrichtungstypen berücksichtigt werden.
- Die Einrichtungen sollten als Testobjekte eine überschaubare Einheit darstellen und alle notwendigen Daten (einschließlich Rechnungswesen) zentral verfügbar haben.
- Die Einrichtungen sollten, wenn möglich, unterschiedliche Rechtsformen sowie unterschiedliche Buchführungssysteme (Kaufmännische Buchführung, Kameralistik) aufweisen.

Durch die Besuche und Kontakte zu verschiedenen Einrichtungen standen für eine differenzierte Untersuchung mehrere Einrichtungen zur Auswahl. Bei der Mehrzahl dieser Einrichtungen lagen jedoch die benötigten Daten nicht gesammelt vor: Die Aufwands- und Ertragsrechnungen werden getrennt bei den jeweiligen Vertragspartnern geführt, und nur zum Jahresende erfolgt eine Zusammenstellung der Daten aller Vertragspartner. Auch Belege, die für die Verteilung von Kosten auf Kostenstellen benötigt werden, sind ebenfalls bei den verschiedenen Vertragspartnern abgelegt. Die Untersuchung einer solchen Einrichtung mit nicht zentraler Datenerfassung und Ablage ist sehr zeitaufwendig und deshalb zur erstmaligen Erprobung und Entwicklung eines Instrumentariums nicht geeignet.

Ausgewählt wurden drei Einrichtungen, eine Altentagesstätte und zwei Sozialstationen. Bei einer Sozialstation wurde ein Teil des Leistungsangebotes, der durch einen Kooperationspartner erbracht wird und für den alle Daten, z.B. bezüglich des Personaleinsatzes und der Abrechnungen beim Kooperationspartner verblieben sind, nicht einbezogen. In Tabelle 6 werden die untersuchten Einrichtungen mit Hilfe verschiedener Merkmale vorgestellt.

Tabelle 6: Kennzeichnung der untersuchten Einrichtungen nach verschiedenen Merkmalen

Einrichtungstyp Kennzeichnungs- merkmale	Altentagesstätte	Sozialstation A	Sozialstation B
Träger/Rechtsform Vertragliche Be- ziehungen	Kommune/Regiebetrieb Bewirtschaftungsvertrag	Eingetragener Verein/Betrieb ist Vereinszweck Kooperationsverträge	Gesamtkirchengemeinde Regiebetrieb Kooperationsverträge
Leistungs- angebote	Unterhaltungsveranstaltungen, kulturelle Veranstaltungen, Bildungsveranstaltungen, Hobbyveranstaltungen, Fitness- Training Cafeteria	Ambulante Kranken- und Altenpflege Verleih von Hilfsmitteln Einsatzleitung von Nachbarschafts- helfern Vermittlung von Haus- und Familien- pflege, Fußpflege	Ambulante Kranken- und Altenpflege Verleih von Hilfsmitteln Nachbarschaftshilfe (NBH), Haus- und Familienpflege Essen auf Rädern
Personal	Angestellte Mitarbeiter: 0,25 Verwaltungsangestellte 0,25 Reinigunskraft 0,5 Wirtschafterin Freiwillige Mitarbeiter: Arbeitskreis Leitung ca. 12 Personen Betreuungsdienst ca. 25 Pers. Kursleiter ca. 19 Pers. im Wechsel	Angestellte Mitarbeiter: 0,5 Einsatzleiterin (Pflege) 2,3 Krankenschwestern 1,6 Altenpflegerinnen Aushilfen (Krankenschwestern) 0,5 Verwaltungkraft Reinigunskraft (stundenweise) Einsatzleiterin Nachbarschafts- hilfe (stundenweise)	Angestellte Mitarbeiter: 0,5 Verwaltungskraft 2,25 Krankenschwestern 1,25 Altenpflegerinnen 0,5 Pflegehelferin Aushilfe (Krankenschwester) 1,0 Einsatzleiterin Nachbar- schaftshilfe, Essen auf Rädern 2,0 Zivildienstleistende 0,4 Verwaltungskraft NBH Freiwillige Mitarbeiter: Verwaltungskraft Rechnerin Essen auf Rädern Nachbarschaftshelferinnen/Haus- pflegerinnen ca. 100-120 Personen
Buchführungs- system	Kameralistik	Kaufmännische Buchführung	Kameralistik
Erhebungsjahr	1980	1980	1981

2.2 Probleme bei der Anwendung des Instrumentariums zur Durchführung der Betriebsanalyse

Mit der Anwendung war zu klären, ob

- das Instrumentarium in unterschiedlichen Einrichtungen der offenen Altenhilfe einsetzbar ist,
- die einzelnen Teilanalysen (Nutzer- und Leistungsanalyse sowie Mittelanalyse) für sich genutzt werden können,
- die in den einzelnen Teilen ermittelten Daten mit den erfaßten Kosten zu einer Selbstkostenrechnung über einen differenzierten Betriebsabrechnungsbogen zusammengeführt werden können.

Probleme bei der Anwendung des Instrumentariums waren in erster Linie auf das lückenhaft vorhandene Datenmaterial zurückzuführen.

Vor allem die Datenaufnahme war durch die Tatsache erschwert, daß die Daten nicht zusammengefaßt in Form von Statistiken vorlagen. Das führte zwangsläufig dazu, daß neben dem schon vorliegenden Instrumentarium weitere Formulare für die Betriebsanalyse entwickelt werden mußten. Mit deren Hilfe war es dann möglich, Einzeldaten so zusammenzustellen und zu sortieren, daß sie als Ausgangsmaterial für die Datenverarbeitung dienen konnten.

In allen drei Einrichtungen war die geplante differenzierte Nutzerkennzeichnung und -erfassung nicht möglich. Bei der Altentagesstätte lagen außer den Teilnehmerzahlen bei verschiedenen Leistungsangeboten keine Informationen zur Nutzerkennzeichnung vor. Bei den pflegerischen Diensten konnten lediglich Alter und Geschlecht zur Nutzerkennzeichnung herangezogen werden. Zur Leistungserfassung dienten bei der Altentagesstätte in erster Linie die jeweiligen Programme der Einrichtung. Die Dauer der einzelnen Veranstaltungen wurde durch die Befragung eines Mitarbeiters ermittelt. Bei den Sozialstationen wurden bei der Kranken- und Altenpflege die Zahl der Hausbesuche aus Leistungsstatistiken und Rechnungen entnommen, die vorher teilweise zu überprüfen waren. Sozialstation B verfügte über Leistungsstatistiken hinsichtlich der Zahl der Einsatzstunden bei der Nachbarschaftshilfe und der Zahl der ausgegebenen Essen. In bezug auf den Verleih pflegerischer Hilfsmittel wurde auf eine Leistungserfassung verzichtet, da Statistiken nur über den Verleih großer Geräte, wie Betten und Rollstühle, vorliegen. Aus diesen Unterlagen geht aber die Verleihdauer, die bei der Betriebsanalyse zur Gebührenberechnung herangezogen wird, nicht hervor. Auf eine Auswertung der vorliegenden Einzelrechnungen und Karteien, die auch den Verleih kleiner Hilfsmittel ausweisen, wurde aus Zeitgründen verzichtet. Sonstige Leistungen, die vor allem zur Verteilung im Betriebsabrechnungsbogen und für die Selbstkostenrechnung benötigt werden wie z.B. die gefahrenen Kilometer, Wasser- und Energieverbrauch konnten aus den Einzelbelegen des Rechnungswesens ermittelt werden.

Die Datenfeststellung zu den Arbeitszeiten angestellter Mitarbeiter konnte leicht mit den im Instrumentarium vorliegenden Hilfen bewältigt werden. Das Erfassen der Arbeitszeit freiwilliger Mitarbeiter gestaltete sich etwas schwieriger, hier waren wieder vorbereitende Arbeiten notwendig. So erfolgte z.B. die Zusammenstellung der Arbeitsstunden freiwilliger Mitarbeiter der Altentagesstätte mit Hilfe der Programme und der vorliegenden Einsatzpläne. Für den Einsatz der Nachbarschaftshelferinnen bzw. der Hauspflegerinnen lagen Statistiken in der betreffenden Einrichtung vor.

Die Datenaufnahme hinsichtlich der Sachmittel erforderte einen hohen Zeitaufwand. In die Kostenrechnung wurden Abschreibungen von Ausstattung und Geräten ab einem Anschaffungswert von 100 DM bzw. 300 DM einbezogen. Für diese Gegenstände lagen keine Abschreibungskarteien und -listen vor. Deshalb wurden zum einen bei der Begehung der Einrichtungen neue Inventarlisten erstellt. Vorhandene Karteien (z.B. Ausleihkarteien) bzw. Listen (Inventarlisten) waren nicht vollständig. Deshalb wurden alle Anschaffungspreise, auch diejenigen eventuell nicht erfaßter Gegenstände, aus Rechnungen ermittelt. Dabei mußte bis in das Jahr der Gründung der Einrichtung zurückgegangen werden.

Die sonstigen Kosten ließen sich in Verbindung mit dem Kostenartenrahmen bzw. -plan und den Buchführungsunterlagen ohne größere Schwierigkeiten zusammenstellen.

Die Verarbeitung der Daten wurde nach den im Leitfaden angegebenen Hinweisen und den Vorgaben der Formulare durchgeführt. Wie bei der Datenaufnahme führten die Erkenntnisse bei der praktischen Durchführung auch hier zu Veränderungen und Erweiterungen des Instrumentariums. Die Probleme waren meist noch methodischer Art, da mit den aufgenommenen Daten bei der Kostenrechnung Alternativen bezüglich der einbezogenen Kostenarten durchgerechnet wurden. Für jede Einrichtung erfolgte beispielsweise die Selbstkostenberechnung mit und ohne kalkulatorische Kosten. Die kalkulatorischen Abschreibungen wurden einmal vom Anschaffungspreis und einmal vom Wiederbeschaffungszeitwert berechnet. Für jede Einrichtung wurde ein betriebsspezifischer Kostenstellenplan zugrundegelegt. So konnten Erfahrungen hinsichtlich der Kostenverteilung beim Vorhandensein von allgemeinen und speziellen Hilfskostenstellen gewonnen werden.

Die Datenbeurteilung konnte noch nicht, wie theoretisch vorgegeben, durch einen IST-SOLL-Vergleich der Kennzahlen erfolgen, da in den Einrichtungen präzisierte Daten hierzu nicht vorliegen. Die in den Verträgen und Richtlinien der einzelnen Einrichtungen vorhandenen Hinweise können als Grundlage für eine Einschätzung der Situation dienen. Allerdings ist eine Beurteilung der ermittelten Kennzahlen z.T. auch ohne Zielkennzahl möglich, z.B. wenn Angebotskapazitäten nur sehr wenig genutzt sind, deren Bereitstellung hohe Kosten verursachen. Aus den Funktionendiagrammen wurde bei einer Einrichtung deutlich, daß keine klaren Kompetenz- und Aufgabenabgrenzungen erfolgt sind.

Zieht man jedoch zur Beurteilung außerdem allgemein vorhandene Zielvorstellungen heran, wie z.B. Ausstattungsvorschläge für Sozialstationen oder Richtlinien für die Arbeit in Altentagesstätten, ist eine mehr oder weniger differenzierte Einschätzung des Erfolges in einzelnen Bereichen dieser Einrichtungen möglich.

2.3. Darstellung der Ergebnisse

Nach dem Einsatz des Instrumentariums sind Ergebnisse in zweierlei Hinsicht darzustellen. Zum einen sind das Ergebnisse, die aus den Erfahrungen bei der Anwendung des Instrumentariums resultieren. Zum anderen sind es die ermittelten Kennzahlen und Beschreibungen der Einrichtungen.

Nach der Erprobung des Instrumentariums in den genannten Einrichtungen können folgende Aussagen zusammengefaßt werden.

Das Instrumentarium konnte grundsätzlich in allen drei Einrichtungen angewendet werden. Durch seinen Rahmencharakter war es sowohl hinsichtlich der unterschiedlichen Leistungsschwerpunkte und -angebote wie auch hinsichtlich der verschiedenen Buchführungssysteme einsetzbar. In allen drei Einrichtungen wurde die gesamte Betriebsanalyse durchgeführt; es zeigte sich jedoch, daß die Leistungsanalyse wie auch die Arbeitszeitrechnung für sich allein durchgeführt werden können. Die Selbstkostenberechnung wurde in allen drei Einrichtungen differenziert nach einzelnen Kostenstellen über einen Betriebsabrechnungsbogen vorgenommen.

Die Funktionendiagramme wurden allerdings nur begrenzt eingesetzt. Sie waren wertvolle Hilfen für das Erkennen der Aufgabenstruktur und des Personaleinsatzes der untersuchten Einrichtungen. Ihre eigentlichen Zwecke, die Überprüfung des Personaleinsatzes und der Aufgabenverteilung sowie ihre Verwertung als Grundlage für Stellenbeschreibungen, wurden aus Zeitgründen nicht mehr untersucht. Aber schon ihre oben genannte Verwendung ließ erkennen, daß sie die ihnen zugedachten Zwecke erfüllen können.

Der bei den Analysen erforderliche Zeitaufwand wird sich bei späterer Anwendung des Instrumentariums erheblich reduzieren, da der auf die Testsituation zurückzuführende Anteil entfällt. Der Zeitaufwand bei der Datenaufnahme betrug bei der Altentagesstätte ca. 70 Stunden, bei Sozialstation A ca. 40 Stunden und bei Sozialstation B ca. 115 Stunden. Für Datenverarbeitung und -beurteilung sind mindestens noch einmal dieselben

Zeiten anzusetzen. Der unterschiedlich hohe Zeitaufwand wird mit der unterschiedlichen Größe, mit dem unterschiedlichen Leistungsangebot der Einrichtungen, mit der "Verarbeitungsreife" der vorliegenden Daten und mit der Testsituation begründet. Bei der Durchführung der Analyse mußte sich die Bearbeiterin jedesmal mit einem anderen System und einer anderen Form der Buchführung auseinandersetzen.

Die Ergebnisse hinsichtlich der ermittelten Kennzahlen und Beschreibungen zeigen auf, daß durch sie die betriebliche Situation gekennzeichnet und das betriebliche Geschehen transparent gemacht werden kann. Auch bei fehlenden bzw. zu globalen Zielformulierungen kann sehr wohl eine Einschätzung der betrieblichen Abläufe erfolgen.

Am Beispiel der Altentagesstätte wird z.b. deutlich, daß das Instrumentarium zur Ermittlung von Arbeitszeiten geeignet ist, die freiwillige Mitarbeiter einsetzen. In dieser Einrichtung wurden von den freiwilligen Mitarbeitern ca. 2200 Stunden im Erhebungsjahr zur Verfügung gestellt. Legt man für eine vollzeitbeschäftigte Kraft eine Jahresarbeitszeit von 1700 bis 1800 Stunden zugrunde, entspricht dies mehr als einer Vollarbeitskraft. Als Ziel hat diese Einrichtung ausdrücklich formuliert, daß die älteren Menschen dort über ihr Programm und die Arbeitsweise selbst entscheiden, und daß ältere Menschen die Programmgestaltung aktiv übernehmen. Ein hauptamtlicher Mitarbeiter war und ist hierfür nicht vorgesehen. Im Hinblick auf dieses Ziel ist die Einrichtung erfolgreich. Auch in bezug auf die Ziele bei der Programmgestaltung, die nicht nur Unterhaltungsveranstaltungen, sondern auch Bildungs- und Sportveranstaltungen vorgeben, kann aufgrund des Angebots von Sprach-, Bildungs- und Sportveranstaltungen und der Nutzungsintensität dieser Angebote im wesentlichen von einem betrieblichen Erfolg gesprochen werden. Einige Angebote sind jedoch hinsichtlich des Grades ihrer Nutzung zu überprüfen und eventuell mehr bekannt zu machen.

Die Berechnung der Selbstkosten wurde differenziert nach Leistungsbereichen durchgeführt. Der jeweilige Kostendeckungsgrad konnte ermittelt werden. Die Kosten einzelner Leistungen bzw. die Kosten pro Nutzer bei

Einzelleistungen konnten wegen fehlender Statistiken nur teilweise errechnet werden.

Im Hinblick auf die mit der Betriebsanalyse zu ermittelnden Grundlagen für eine Gebührenberechnung werden die Ergebnisse der Kosten pro Pflegestunde bzw. pro Hausbesuch herangezogen. Für beide Sozialstationen, die sich in Leistungsangebot und Organisation wesentlich unterscheiden, wurde im Bereich der Kranken- und Altenpflege ein ähnlicher Kostensatz pro eingesetzter Pflegestunde ermittelt. So betrugen die durchschnittlichen Kosten pro Pflegestunde bei Sozialstation A ca. 28,70 DM, bei Sozialstation B ca. 27,30 DM. Die durchschnittlichen Kosten pro Hausbesuch lagen bei ca. 15,15 DM bzw. 16,00 DM. Bei diesen Kostensätzen ist zu beachten, daß in Sozialstation A ein hoher Anteil freiwilliger (nicht bezahlter) Überstunden die Höhe der Kosten beeinflußt. Auf die Kostenhöhe bei Sozialstation B wirkt sich der Einsatz einer freiwilligen Mitarbeiterin (Fachkraft) aus, die in der Krankenpflege gegen Auslagenersatz mitarbeitet. Bezieht man bei Sozialstation A eine Bewertung der Überstunden in die Kalkulation ein, so ergibt sich ein durchschnittlicher Stundensatz von 31,30 DM bzw. Kosten für den Hausbesuch in Höhe von 16,55 DM. Diese Kosten wären der Einrichtung entstanden, wenn diese Arbeitsleistung durch eine weitere, dringend benötigte, angestellte Fachkraft erbracht worden wäre. Da die Schaffung einer neuen Stelle in dieser Einrichtung angestrebt wurde, ist bei sonst gleichbleibenden Bedingungen bei der Einstellung einer Fachkraft mindestens von Kostensätzen in dieser Höhe auszugehen.

Ausgewiesen sind in den genannten Beträgen die Selbstkosten einschließlich der Abschreibungen vom Anschaffungswert; eventuelle Fremdkapitalzinsen sind als aufwandsgleiche Kosten einbezogen. Die Gesamtkosten der Kostenstelle Pflege wurden durch die Zahl der Pflegestunden dividiert. Die Zahl der Pflegestunden wurde mit Hilfe der Arbeitszeitrechnung ermittelt. Dabei wurden von der möglichen Arbeitszeit (52 Wochen x 40 Stunden bei einer Vollarbeitskraft) eines jeden Mitarbeiters die jeweiligen Ausfallzeiten wie Urlaub, Krankheit, Fortbildung usw. abgezogen. Von den auf die Kostenstelle Pflege entfallenden Arbeitszeiten wurden die Zeitanteile für Dienstbesprechungen abgerechnet. Die Pflegestunde enthält dann den Zeitaufwand für Pflege und Fahrt sowie darüber hinaus noch Zeitanteile für Tätigkeiten wie z.B. die Gerätesterilisation u.ä. Die Zeiten für die letztgenannten Tätigkeiten wurden im Rahmen dieser Arbeit nicht differenzierter erfaßt. Bei Berücksichtigung und Abrechnung dieser Zeitanteile ist also von noch etwas höheren durchschnittlichen Kosten pro Pflegestunde (Pflege und Fahrt) auszugehen.

Bei der Arbeitszeitrechnung ergab sich für Sozialstation A ein hoher Überstundenanteil, der zwar bekannt war, aber in seinem Ausmaß erst richtig bewußt wurde. In Sozialstation B war die Arbeitszeitbilanz ausgeglichen. Der durchschnittliche Zeitaufwand pro Hausbesuch (Pflege und Fahrt) betrug in den beiden Einrichtungen 32 bzw. 35 Minuten.

Interessante Unterschiede wurden in den Sozialstationen bezüglich des Informationsflusses und der gemeinsamen Auseinandersetzung mit Problemen der Pflege deutlich. Dienstbesprechungen und somit auch Diskussionen zu pflegerischen Problemen finden in Sozialstation A intensiver statt - außerdem wird in Sozialstation A eine ausführlichere Dokumentation der Pflege angestrebt, die Planung, Verlauf und Ergebnis der Pflege umfaßt. In Sozialstation B wurde eine intensivere Dokumentation der Pflege nicht als notwendig erachtet.

VII. SCHLUSSBETRACHTUNG

Die Anwendungsmöglichkeiten der entwickelten Betriebsanalyse von Einrichtungen der offenen Altenhilfe wurden in drei Einrichtungen untersucht. Dabei bestätigte sich, daß die entwickelte Methode in unterschiedlichen Einrichtungstypen angewendet werden kann. Es wurde festgestellt, daß mit der Betriebsanalyse differenzierte Aussagen zur Zielerfüllung in den verschiedenen Betriebsbereichen gewonnen werden können. Der Schwerpunkt der entwickelten Methode liegt auf der im Rahmen der Betriebsanalyse durchzuführenden Selbstkostenrechnung. Diese Selbstkostenrechnung ermöglicht differenzierte Aussagen zu den Gesamtkosten der Einrichtung, zu den Kosten einzelner Betriebsbereiche, zu den Kosten der einzelnen Leistungen sowie zum erreichten Kostendeckungsgrad. Auch das Instrument zur Analyse der bestehenden Aufgabenverteilung in einer Einrichtung kann nach den bisherigen Erfahrungen seine Aufgaben erfüllen.

Für Träger und Leitung von Einrichtungen der offenen Altenhilfe stellt die Betriebsanalyse somit Unterlagen für Erfolgsfeststellung, Kontrolle, Planung und Entscheidung bereit. Durch die Feststellung der Ziele, der Leistungen und die ihrer Erstellungsprozesse und durch die Feststellung der jeweils eingesetzten Mittel sind auch Aussagen zur Wirtschaftlichkeit zu erreichen. Die mit der Betriebsanalyse gewonnenen Informationen stellen zudem z.B. Grundlagen für die Aufstellung von Haushalts- und Stellenplänen bereit. Die Betriebsanalyse liefert vor allem auch für Gebührenberechnungen die notwendigen Grundlagen, mit denen z.B. bei Verhandlungen mit Kostenträgern die Höhe der Gebühren begründet werden kann. Die Überprüfung der Aufgaben und ihrer Verteilung kann für einen effizienten Personaleinsatz wie auch für Stellenbeschreibungen genutzt werden.

Die Grenzen der Anwendung der Betriebsanalyse werden in erster Linie von den vorhandenen Daten bestimmt. Ausschlaggebend sind dabei Art und Umfang der vorhandenen Daten, ihr Verarbeitungsgrad sowie ihre zentrale Verfügbarkeit. Probleme wird es zum gegenwärtigen Zeitpunkt noch bei der Beurteilung der Daten geben, wenn ein Vergleich mit Vorgabe(Soll)-Kennzahlen/Beschreibungen erfolgen soll, denn diese sind nach den bisherigen Erfahrungen nur sehr begrenzt oder nicht verfügbar. Außerdem sollte der jeweilige Bearbeiter mit Problemen der (Dienst-)Leistungserfassung und der Kostenrechnung vertraut sein.

Auch der für die Betriebsanalyse notwendige Zeitaufwand wird durch die Verfügbarkeit der benötigten Daten mitbestimmt. Für eine umfassende Analyse wird sich der Zeitaufwand nach den bisherigen Erfahrungen unter Berücksichtigung der Einflußfaktoren Verfügbarkeit von Daten, Größe der Einrichtung sowie der jeweils vorliegenden Auswahl von Leistungsbündeln und Einzelleistungen zwischen 100 und 200 Stunden bewegen. Der Zeitaufwand reduziert sich erheblich, wenn differenzierte Statistiken bei der Leistungserfassung vorliegen, die z.b. die gefahrenen Kilometer pro Kraftfahrzeug, die Zahl der Hausbesuche (auch nach Mitarbeitern), die Verleihdauer von Geräten oder die Nutzung von Leistungsangeboten ausweisen. Wenn nur Teilanalysen (z.B. nur die Arbeitszeitrechnung) durchgeführt werden, verringert sich der Zeitaufwand erheblich.

Der Aussagewert wird nicht nur vom Umfang, sondern auch von der Qualität der verfügbaren Daten bestimmt. So ist es z.b. bei der Ermittlung eines Stundensatzes für die ambulante Krankenpflege wichtig, alle Zeiten, die nicht für die Pflege direkt eingesetzt werden (z.B. Dienstbesprechnungen, Karteiführung, Gerätesterilisation usw.) so exakt wie möglich zu erfassen. Nur so kann ein realistischer Stundensatz errechnet werden.

Nicht nur für Träger und Leitung von Einrichtungen der offenen Altenhilfe ist diese Methode einsetzbar, sondern auch für wissenschaftliche Zwecke. Mit ihr können weitere Erkenntnisse zur Kostensituation und Wirtschaftlichkeit von Einrichtungen gewonnen werden. Auf Sozialstationen angewendet kann die Betriebsanalyse z.B. bisher fehlende Informationen über die Kosten im ambulanten Sektor des Gesundheitswesens liefern. Nutzbar wäre diese Methode auch bei einer Analyse des Versorgungsverbundes von Einrichtungen der Altenhilfe und Einrichtungen des Gesundheitswesens.

Eine Verbindung dieser Methode mit zusätzlich zu erarbeitenden (oder schon vorhandenen) Methoden zur Feststellung der tatsächlich erreichten Bedarfsdeckung (z.B. Feststellung des pflegerischen Erfolgs, tatsächlicher Beitrag zur Überwindung von Hilfsbedürftigkeit, Zufriedenheit mit den erbrachten Leistungen) könnte weiteren Aufschluß über die Wirksamkeit einer Einrichtung im Hinblick auf ihre Nutzer geben. Auch die Erfassung der qualitativen Aspekte der Leistung und der Leistungserstellung bedarf noch weiterer Entwicklung. Eine Anwendung dieser Methode auch auf andere Arten von Einrichtungen ist z.B. durch die Erweiterung des hier festgelegten Rahmens möglich.

VIII. LITERATURVERZEICHNIS

ARBEITERWOHLFAHRT Bundesverband e.V. (Hrsg.) (1978): Begegnungsstätten für ältere Menschen. Informationen, Anregungen, Empfehlungen für die Planung, Einrichtung und Arbeit. Praxisheft 18. Bonn.

AUSGEWÄHLTE HAUSHALTSÖKONOMISCHE BEGRIFFE e.V. (1973): In Begriffs-Systematik für die landwirtschaftliche und gartenbauliche Betriebslehre. Schriftenreihe des Hauptverbandes der landwirtschaftlichen Buchstellen und Sachverständigen e.V. Heft 14, 5. neubearbeitete und erweiterte Auflage. Bonn. S. 133 - 148.

BADEN-WÜRTTEMBERGISCHE KRANKENHAUSGESELLSCHAFT e.V. (Hrsg.) (1981): Stichwörterkatalog "Krankenhaus-Rechnungswesen". Stuttgart. Stand 8/1981. Abschreibungssätze, S. 3 - 18.

BAUER-SÖLLNER, B. (1974): Zur Aufgabenstellung und Leistungsstruktur von Heimen und Anstalten der Wohlfahrtspflege. München.

BAUER-SÖLLNER, B. (1978): Die Bedarfslage der jungen Familie. In: Hauswirtschaftliche Bildung, 52 (1978) 2, S. 60 - 66.

BAUER-SÖLLNER, B. (1983): Der Großhaushalt als Dienstleistungsbetrieb. Stuttgart.

BAYERISCHES STAATSMINISTERIUM FÜR ARBEIT UND SOZIALORDNUNG (Hrsg.) o.J.: Programm Soziale Dienste in Bayern. München.

BAYERISCHES STAATSMINISTERIUM FÜR ARBEIT UND SOZIALORDNUNG (Hrsg.) (1977): Soziale Dienste in Bayern. Teil 2: Ambulante Krankenpflege. München.

BAYERISCHES STAATSMINISTERIUM FÜR ARBEIT UND SOZIALORDNUNG (Hrsg.) (1979): Soziale Dienste in Bayern. Teil 4: Offene Altenhilfe. München.

BELEUCHTUNG in Heimen beeinflußt das Wohlbefinden. In: Altenheim, 21 (1982) 6, S. 149 - 150.

BERGMANN, K.-P. (1985): Die Budgetkostenrechnung als Instrument zur Verbesserung der Materialwirtschaft im Krankenhaus. In: Krankenhaus-Umschau, 54 (1985) 10, S. 773 - 779.

BERUFSBILD Krankenschwester/Krankenpfleger - Fachbereich Gemeindekrankenpflege. In: Diakonie, 3 (1977) 2, S. 113 - 115.

BETZ, U. u.a. (1985): Datensammlung für die Kalkulation der Kosten und des Arbeitszeitbedarfs im Haushalt. Kuratorium für Technik und Bauwesen in der Landwirtschaft e.V. (Hrsg.). 3. Auflage. Darmstadt.

BISANI, F. (1982): Das Funktionendiagramm - eine leistungsfähige Alternative zur Stellenbeschreibung. In: Der Betrieb, 35 (1982) 35, S. 1781 - 1787.

BLOSSER-REISEN, L. (1972): Die Entwicklung neuer Formen der Haushaltsorganisation aufgrund von Leistungsanalysen. In: Hauswirtschaft und Wissenschaft, 20 (1972) 6, S. 276 - 282.

BLOSSER-REISEN, L. (1976). In: Blosser-Reisen, L. u.a.: Grundlagen der Haushaltsführung. 2. Auflage. Baltmannsweiler.

BLOSSER-REISEN, L. (o.J.): Zur Situationsanalyse des Haushalts. Umdruck. Lehrstuhl für Wirtschaftslehre des Haushalts der Universität Hohenheim.

BLOSSER-REISEN, L. (1977): Strukturmodell eines Informationssystems für haushälterische Entscheidungen. In: Hauswirtschaft und Wissenschaft, 25 (1977) 6, S. 252 - 259.

BLOSSER-REISEN, L. (1979a): Die Zielsetzung des Haushalts als Grundlage der Beurteilung des Wirtschaftserfolgs. In: Der Förderungsdienst, 27 (1979) 3, S. 62 - 68.

BLOSSER-REISEN, L. (1979b): Entwicklungsstand und Problematik von Planungshilfen zur Lösung von Aufgaben im Haushalt. In: Kuratorium für Technik und Bauwesen in der Landwirtschaft e.V. (KTBL) (Hrsg.): Dokumentation der Sektion V der C.I.G.R. Planungsunterlagen für die Landwirtschaft. Band 2. Darmstadt. S. 212 - 223.

BLOSSER-REISEN, L. (1980): Methodische Hilfen für die Haushaltsführung. In: Kuratorium für Technik und Bauwesen in der Landwirtschaft e.V. (Hrsg.): Entscheidungsbereich Haushalt. KTBL-Schrift 257. Darmstadt. S. 70 - 85.

BLOSSER-REISEN, L. (1983): Erfolgsbestimmung in privaten Haushalten mit Hilfe von einzelwirtschaftlichen Analysen. Demonstration der Methode an Fallstudien in Haushalten von Sozialhilfeempfängern. In: Hauswirtschaft und Wissenschaft, 31 (1983) 5, S. 240 - 253.

BLOSSER-REISEN, L. (1984): Die Analyse der sozialökonomischen Situation des privaten Haushalts als Voraussetzung zur Bewertung der Haushaltsarbeit. In: Hauswirtschaft und Wissenschaft, 32 (1984) 6, S. 295 - 302.

BLUME, O. (1968): Möglichkeiten und Grenzen der Altenhilfe. Tübingen.

BÖLKE, G. (1982): Leistungsrechnung - Leistungsstatistik. In: Eichhorn, S. (Hrsg.): Handbuch Krankenhaus-Rechnungswesen. Wiesbaden. S. 341 - 345.

BOTTLER, J. (1975a): Vorschlag zur Abgrenzung des Objektbereichs einer Wirtschaftslehre des Großhaushalts. In: Hauswirtschaft und Wissenschaft, 23 (1975) 5, S. 215 - 223.

BOTTLER, J. (1975b): Controlling - eine Funktion auch im Krankenhaus. In: Das Krankenhaus, 67 (1975) 5, S. 195 - 203.

BOTTLER, J. (1975c): Das Controlling-Kozept. In: Horváth u.a. (Hrsg.): Controlling und automatisierte Datenverarbeitung. Wiesbaden. S. 21 - 34.

BOTTLER, J. (1976): Überlegungen zur Entwicklung einer Wirtschaftslehre des Großhaushalts. In: Hauswirtschaft und Wissenschaft, 24 (1976) 1, S. 19 - 24.

BOTTLER, J. (1982): Wirtschaftslehre des Großhaushalts. Band 1: Großhaushaltsführung. Stuttgart/Berlin/Köln/Mainz.

BOTTLER, J.; SEEL, I. (1976): Das Leistungsangebot der Großhaushalte und sein Einfluß auf die Funktionsveränderungen in der Familien- und Haushaltsführung. In: Schweitzer, R. von; Pross, H.: Die Familienhaushalte im wirtschaftlichen und sozialen Wandel. Göttingen. S. 316 - 345.

BRANDT, F. (1979): Modelle offener Altenhilfe. Schriftenreihe des Bundesministers für Jugend, Familie und Gesundheit. Band 70. Stuttgart/Berlin/Köln/Mainz.

BRANDT, F.; BRAUN, S. (1981): Die Effizienz und Funktionalität neuer Organisationsformen in der Altenhilfe - dargestellt am Beispiel von Sozialstationen. Forschungsbericht. Saarbrücken.

BRENNER, G. (1976): Aufgaben und Rechtsstellung der Gemeindekrankenschwester. In: Deutsche Krankenpflegezeitschrift, 29 (1976), S. 302 - 306.

BRÖG, W. u.a. (1980): Anzahl und Situation zu Hause lebender Pflegebedürftiger. Schriftenreihe des Bundesministers für Jugend, Familie und Gesundheit. Band 80. Stuttgart/Berlin/Köln/Mainz.

BUDÄUS, D. (1982): Betriebswirtschaftliche Instrumente zur Entlastung kommunaler Haushalte. 1. Auflage. Baden-Baden.

BÜRK, A. (1979): Kostenstellenrechnung in Einrichtungen der Wohlfahrtspflege. Stuttgart.

BUNDESARBEITSGEMEINSCHAFT DER FREIEN WOHLFAHRTSPFLEGE (Hrsg.) (1970): Gesamtstatistik der Einrichtungen der freien Wohlfahrtspflege. Bonn.

BUNDESARBEITSGEMEINSCHAFT DER FREIEN WOHLFAHRTSPFLEGE (Hrsg.) (1977): Gesamtstatistik der Einrichtungen der freien Wohlfahrtspflege. Bonn.

BUNDESARBEITSGEMEINSCHAFT DER FREIEN WOHLFAHRTSPFLEGE (Hrsg.) (1981a): Gesamtstatistik der Einrichtungen der freien Wohlfahrtspflege. Bonn.

BUNDESARBEITSGEMEINSCHAFT DER FREIEN WOHLFAHRTSPFLEGE (Hrsg.) (1981b): Finanzielle Beziehungen zwischen Freier Wohlfahrtspflege und Öffentlichen Sozialleistungsträgern. Mit Grundsätzen und Hinweisen zur Pflegesatzgestaltung. Bonn.

BUNDESSOZIALHILFEGESETZ (BSHG) in der Fassung vom 13. Februar 1976. Bundesgesetzblatt, Teil I. Bonn. 1976, Nr. 17, S. 289 - 317.

DAHLEM, O. (1982): Zu Problemen bei sozialen Diensten für alte Menschen in der Bundesrepublik Deutschland. In: Archiv für Wissenschaft und Praxis der sozialen Arbeit, 13 (1982) 2, S. 79 - 115.

DAHLEM, O.; HAAG, G. (1977): Thesen und Ergebnisse der Diskussionsgruppe VII a: Erhaltung eigenständiger Lebensführung als Aufgabe der offenen Altenhilfe. In: Nachrichtendienst des Deutschen Vereins für öffentliche und private Fürsorge, 57 (1977) 1, S. 27 - 29.

DAHME, H.-J, u.a. (1980): Die Neuorganisation der ambulanten Sozial- und Gesundheitspflege. Empirische Implementationsstudien in zwei Bundesländern. Schriftenreihe der Forschungsgruppe "Sozialplanung und Sozialverwaltung e.V." Band 7. Bielefeld.

DER BUNDESMINISTER FÜR ARBEIT UND SOZIALORDNUNG (Hrsg.) (1981): Effektivitätsmessung und Qualitätsbeurteilung im Gesundheitswesen. Forschungsbericht. Gesundheitsforschung 51. Bonn.

DER MINISTER FÜR ARBEIT, GESUNDHEIT UND SOZIALES NORDRHEIN-WESTFALEN (1977): Vorläufige Bestimmungen über die Gewährung von Zuschüssen zu den Personalausgaben für Sozialstationen. Regierungserlaß vom 18.10.1977 -IV A 1-5655.2-.

DER MINISTER FÜR FAMILIE, GESUNDHEIT UND SOZIALORDNUNG SAARLAND (1974): Grundsätze zur Einrichtung von Sozialstationen. CI/1a-6013.10-/74.

DER SENATOR FÜR ARBEIT UND SOZIALES BERLIN (1976): Planung, Einrichtung und Betrieb von Seniorenfreizeitstätten. Rundschreiben II. Nr. 40/1976 vom 20.10.1976.

DER SENATOR FÜR SOZIALES, JUGEND UND SPORT BREMEN (1973): Richtlinien über die Gewährung von Zuschüssen zum Betrieb von Altentagesstätten vom 16. April 1973. Veröffentlicht im Bremer Amtsblatt, Heft 35, S. 273.

DEUTSCHER CARITASVERBAND e.V. (Hrsg.) (1972): Denkschrift des Deutschen Caritasverbandes zur Neuordnung der Gemeindekrankenpflege. Freiburg.

DEUTSCHER CARITASVERBAND e.V. (Hrsg.) (1974): Neuordnung der ambulanten gesundheits- und sozialpflegerischen Dienste (Sozialstationen). Denkschriften, Informationen, Gutachten des Deutschen Caritasverbands Nr. 1. Freiburg.

DEUTSCHER CARITASVERBAND e.V. (Hrsg.) (1978): Sozialstationen im Alltag. Materialien Handreichungen - Empfehlungen. Unser Standpunkt Nr. 11. Freiburg.

DEUTSCHER VEREIN FÜR ÖFFENTLICHE UND PRIVATE FÜRSORGE (Hrsg.) (1979): Nomenklatur der Veranstaltungen, Dienste und Einrichtungen der Altenhilfe. Kleinere Schriften des Deutschen Vereins für öffentliche und private Fürsorge. Heft 65. Frankfurt.

DEUTSCHES ZENTRUM FÜR ALTERSFRAGEN e.V. (Hrsg.) (1982): Fachbericht zur Situation älterer Menschen in der Bundesrepublik Deutschland. Berlin.

DIAKONISCHES WERK DER EVANGELISCH-LUTHERISCHEN KIRCHE IN BAYERN (Hrsg.) (1982): Ambulante pflegerische Dienste in Bayern. Eine Materialsammlung. Nürnberg. Stand 1982.

DIAKONISCHES WERK DER EVANGELISCHEN KIRCHE IN DEUTSCHLAND in Zusammenarbeit mit dem Deutschen Evangelischen Verband für Altenhilfe e.V. (Hrsg.) (1978a): Verbundsystem. Stuttgart.

DIAKONISCHES WERK DER EVANGELISCHEN KIRCHE IN DEUTSCHLAND in Zusammenarbeit mit dem Deutschen Evangelischen Verband für Altenhilfe e.V. (Hrsg.) (1978b): Begegnungsstätten. Stuttgart.

DIAKONISCHES WERK DER EVANGELISCHEN KIRCHE IN DEUTSCHLAND in Zusammenarbeit mit dem Deutschen Evangelischen Verband für Altenhilfe e.V. (Hrsg.) (1978c): Altenpflegerin/Altenpfleger. Die staatlich anerkannte Fachkraft in der Altenhilfe. Stuttgart.

DIAKONISCHES WERK DER EVANGELISCHEN KIRCHE IN DEUTSCHLAND (1979): Musterkontenrahmen mit Buchungsanweisungen für Einrichtungen der Diakonie. Stuttgart.

DIAKONISCHES WERK DER EVANGELISCHEN KIRCHE IN WÜRTTEMBERG (1978): Kontenrahmen und Buchungsanweisungen für Heime und sonstige Einrichtungen. Stuttgart.

DIAKONISCHES WERK DER EVANGELISCHEN LANDESKIRCHE IN BADEN (Hrsg.) (1983): Die Evangelische Sozialstation in Baden. Materialsammlung. Stand 9/83.

DIECK, M. (1976): Theoretische Fundierung eines unternehmensmorphologisch ausgerichteten Betriebsvergleichs von Einzelwirtschaften der stationären Altenhilfe. Hrsg. Deutsches Zentrum für Altersfragen e.V. Berlin.

DIECK, M. (1979a): Wohnen und Wohnumfeld älterer Menschen in der Bundesrepublik. Heidelberg.

DIECK, M. (1979b): Betriebsvergleich von Einzelwirtschaften der stationären Altenhilfe - Anleitung zur Berechnung der Kennziffern. Berlin.

DIECK, M. u.a. (1980): Betriebsvergleich von Einzelwirtschaften der stationären Altenhilfe - Erhebung 1979 - Gesamtanalyse der Daten. Band I und Band II. Berlin.

DIEDERICHSEN, U. (1972): Einführung in das wissenschaftliche Denken. 2. Auflage. Düsseldorf.

DRESSLER, W. u.a. (1975): Funktionendiagramme oder Stellenbeschreibungen. Eine vergleichende Analyse der Ziele und Anwendungsmöglichkeiten. In: Zeitschrift für Organisation, 44 (1975) 4, S. 191 - 198.

EGNER, E. (1976): Der Haushalt. 2. umgearbeitete Auflage. Berlin.

EICHHORN, S. (1976): Krankenhausbetriebslehre. Theorie und Praxis des Krankenhausbetriebes. Band II. 3. überarbeitete und erweiterte Auflage. Berlin/Köln/Mainz.

EICHHORN, S. (1979a): Betriebswirtschaftliche Ansätze zu einer Theorie des Krankenhauses. In: Zeitschrift für Betriebswirtschaft, 49 (1979) 3, S. 173 - 191.

EICHHORN, S. (1979b): Ansatzpunkte und Methoden zur Beurteilung der Leistungsfähigkeit der Krankenhausversorgung. In: Krankenhaus-Umschau, 48 (1979) 6, S. 459 - 464.

EISELE, W. (1985): Technik des betrieblichen Rechnungswesens. Buchführung - Kostenrechnung - Sonderbilanzen. 2. Auflage. München.

ELBERS, B.-D. (1977): Beispiel eines Zielsystems zur Versorgung alter Menschen im Altersheim - Erarbeitet an fünf Fallstudien. Dissertation. Gießen. S. 127 - 166.

FAISS, F. u.a. (1975): Kommunales Wirtschaftsrecht in Baden-Württemberg. Stuttgart.

FALTERMEIER, J.; FROMMANN, M. (1979): Ergebnisse der Studientagung. In: Nachrichtendienst des Deutschen Vereins für öffentliche und private Fürsorge, 59 (1979) 11, S. 322 - 324.

FLOHR, H. (1964): Probleme der Ermittlung volkswirtschaftlicher Erfolge. Göttingen.

FOLLERT, B. (1976): Die Organisation eines ausgabenorientierten und leistungsdifferenzierten Abrechnungssystems pflegeorientierter Anstaltshaushalte. Berichte der Bundesforschungsanstalt für Ernährung, Karlsruhe. BFE-Bericht 1976/5.

FOLLERT, B. (1977): Haushalt und Haushaltsleistung - Ein einzelwirtschaftlicher Modellentwurf -. In: Hauswirtschaft und Wissenschaft, 25 (1977) 6, S. 260 - 267.

FOLLERT, B. (1979): Autonome und heteronome Großhaushalte. Der Versuch einer entscheidungsbezogenen Haushaltstypologie. In: Hauswirtschaft und Wissenschaft, 27 (1979) 5, S. 228 - 231.

FORUM SOZIALSTATION (1979): Ausbau des Kernangebots fortsetzen. Forum-Interview mit Sozialministerin Annemarie Griesinger. In: Forum Sozialstation, o.Jg. (1979) Nr. 7, S. 15 - 17.

FORUM SOZIALSTATION (1980): Übersicht über die Förderungsbedingungen in den einzelnen Bundesländern. Stand Herbst 1980. In: Forum Sozialstation, o.Jg. (1980) Nr. 13, S. 15 - 17.

FORUM SOZIALSTATION (1981): Sozialstation und Ärzte. Note "Sehr gut" für die Pflege. In: Forum Sozialstation, o.Jg. (1981) Nr. 16, S. 8 - 9.

FORUM SOZIALSTATION (1982): Im Bundesgebiet gibt es 1514 Sozialstationen. In: Forum Sozialstation, o.Jg. (1982) Nr. 21, S. 32.

FORUM SOZIALSTATION (Hrsg.) (1984): Organisation und Finanzierung ambulanter Dienste. Loseblattsammlung. St. Augustin. Stand 1.1.1984.

FREYMANN, H. (1982): Prüfungswesen. In: Eichhorn, S. (Hrsg.): Handbuch Krankenhaus-Rechnungswesen. Wiesbaden. S. 538.

FRIEDRICH-WUSSOW, M. (1978): Altenhilfepolitik in der Bundesrepublik Deutschland aus der Sicht von Altenplänen. In: Dieck, M; Naegele, G. (Hrsg): Sozialpolitik für ältere Menschen. Heidelberg.

FUCHS, M.; ZENTGRAF, H. (1981): Betriebsabrechnung in öffentlichen Einrichtungen. 4. neubearbeitete Auflage. Göttingen.

FÜLGRAFF, B. (1976): Offene Altenhilfe für Alte und Pflegebedürftige. In: Blohmke, M. u.a. (Hrsg.): Handbuch der Sozialmedizin, Band 3. Stuttgart. S. 808 - 845.

GERSTNER, P. (1936): Betriebsanalyse. 2. durchgesehene Auflage. Berlin/ Leipzig.

GÖSSLING, S. (1981): Die Tagesversorgung für ältere Menschen im System gesundheitlicher und sozialer Hilfen in der Bundesrepublik Deutschland. In: Ketterer D.; Roesner, W. (Hrsg.) (1981): Die Entwicklung der Tagespflegeheime in der Bundesrepublik Deutschland - Bericht über eine Tagung. Schriftenreihe des Instituts für Krankenhausbau der Technischen Universität Berlin. Berlin. S. 43 - 55.

GORNAS, J. (1976): Grundzüge einer Verwaltungskostenrechnung. Schriften zur öffentlichen Verwaltung und öffentlichen Wirtschaft 13. Baden-Baden.

GRUNOW, D.; HEGNER, F.; LEMPERT, J. (1979): Sozialstationen. Bielefeld.

GRUNOW, D.; HEGNER, F. (1981): Sozialstationen im Bereich der ambulanten Sozial- und Gesundheitspflege. In: Badura, B.; Ferber, Chr. v. (Hrsg.): Selbsthilfe und Selbstorganisation im Gesundheitswesen. München/Wien. S. 39 - 66.

GUTHARDT, E.; SIEBEN G. (1979): Die betriebswirtschaftliche Beurteilung von Wirtschaftsführung und wirtschaftlichen Verhältnissen nicht erwerbswirtschaftlicher Betriebe unter besonderer Berücksichtigung der Krankenhäuser. Opladen.

HAAG, G. (1972): Zur Bedeutung ambulanter Dienste in der Altenhilfe. In: Blätter der Wohlfahrtspflege, 119 (1972) 6, S. 132 - 138.

HAAG, G. (1973): Ambulante soziale Dienste in der Altenhilfe. In: DPWV-Nachrichten, 23 (1973) 11, S. 155 - 162.

HÄFELI, M.; KAUFMANN R. (1976): Das Funktionendiagramm - Ein Organisations- und Führungsinstrument für Spitäler. Schweizerisches Krankenhausinstitut. Aarau.

HARTMANN, B. (1970): Angewandte Betriebsanalyse. 2. Auflage. Freiburg i.Br.

HARTMANN, E. u.a. (1983): Sozialstationen. Analyse der Hilfen für Pflegebedürftige in städtischen Versorgungsräumen, untersucht am Modellfall der Stadt Bonn. Berlin.

HAUKE, E. (1978): Betriebswirtschaftliche Kennzahlen für das Krankenhaus. Wien/München.

HEINEN, E. (1976): Grundlagen betriebswirtschaftlicher Entscheidungen. Das Zielsystem der Unternehmung. 3. durchgesehene Auflage. Wiesbaden.

HEINEN, E. (1982): Einführung in die Betriebswirtschaftslehre. 8. durchgesehene Auflage. Wiesbaden.

HEISLER, W. (1982): Personalrechnung. In: Eichhorn, S. (Hrsg.): Handbuch Krankenhaus-Rechnungswesen; insbesondere Kennzahlen des Personalwesens. Wiesbaden. S. 229 - 233.

HENSELER, E. (1979): Unternehmensanalyse. Grundlagen der Beurteilung von Unternehmen. Stuttgart/Berlin/Köln/Mainz.

HENTZE, J. (1979): Kosten- und Leistungsrechnung in Krankenhäusern. Systematische Einführung. Köln/Stuttgart/Berlin/Mainz.

HEROLD, E. (1984): Wie erreichen wir eine gelungene Gemeindekrankenpflege? In: Forum Sozialstation, o.Jg. (1984) 26, S. 17 - 29.

HERTEL, U. (1981): Fortbildung für Mitarbeiter in Zentralen Diakoniestationen/Sozialstationen. In: Diakonie, 7 (1981) 3, S. 192 - 194.

HESSELBACH, W. (1971): Die gemeinwirtschaftlichen Unternehmen. Völlig überarbeitete Fassung. Frankfurt.

HILL, W.; FEHLBAUM, R; ULRICH, P. (1981): Organisation 1. Ziele, Instrumente und Bedingungen der Organisation sozialer Systeme. 3. verbesserte Auflage. Bern/Stuttgart.

HINSCHÜTZER, U.; MOMBER, H. (1982): Basisdaten über ältere Menschen in der Statistik der Bundesrepublik Deutschland. Berlin.

HINSCHÜTZER, U. (1983): Personal in der Altenhilfe. Ergebnisse einer Bestandsaufnahme. Berlin.

HORVÁTH, P. (1979a): Controlling. München.

HORVÁTH, P. (1979b): Aufgaben und Instrumente des Controlling. In: Goetzke, W.; Sieben, G. (Hrsg.): Controlling - Integration von Planung und Kontrolle. GEBERA Schriften. Band 4. Köln.

HRUSCHKA, E. (1966): Aufdeckung und Beseitigung betrieblicher Verlustquellen. Grundlagen zur betriebswirtschaftlichen Beratung von Klein- und Mittelbetrieben. Stuttgart.

HUBKA, B. (1973): Über den Kostencharakter der Eigenkapitalverzinsung bei öffentlichen Unternehmen. In: Der österreichische Betriebswirt, XXIII (1973), S. 225 - 235.

HÜBINGER, M. (1982): Fortbildung für ehrenamtliche Mitarbeiter in der pfarrlichen Altenarbeit. In: Mittleilungen zur Altenhilfe, (1982) 2, S. 31 - 35.

HUMMEL, T.; KURRAS, K.; NIEMEYER, K. (1980): Kennzahlensysteme zur Unternehmungsplanung. In: Zeitschrift für Organisation, 49 (1980) 2, S. 94 - 101.

HYGIENE mit System - Sicherheit für Hygienebrennpunkte. In: Altenpflege, 5 (1980) 7, S. 245.

INARSO (Informationsarchiv der Sozialstationen) (Hrsg.) (1981): Rahmenvereinbarungen zwischen den Krankenkassen und den Trägerverbänden der Sozialstationen und Gebührenordnungen über die häusliche Krankenpflege. 2. Auflage. Bonn.

INNENMINISTERIUM BADEN-WÜRTTEMBERG (1973): Erlaß des Innenministeriums über die Neuordnung des Gemeindewirtschaftsrechts. Vom 13. April 1973 Nr. IV 280 A/259. Erlaß des Innenministeriums über Gliederung und Gruppierung der kommunalen Haushalte. Vom 10. April 1973 Nr. IV 281/354. In: Gemeinsames Amtsblatt des Innenministeriums, des Finanzministeriums, des Ministeriums für Wirtschaft, Mittelstand und Verkehr, des Ministeriums für Ernährung, Landwirtschaft und Umwelt, des Ministeriums für Arbeit, Gesundheit und Sozialordnung sowie der Regierungspräsidien des Landes Baden-Württemberg. Ausgabe A. Herausgegeben vom Innenministerium, 21 (1973) 18, S. 493 - 543.

JACOBI, V. (1984): Haftungs- und Versicherungsfragen in Einrichtungen der Wohlfahrtspflege. 2. ergänzte Auflage. Freiburg i. Br.

JAKOB, H. (1980): Unternehmungsorganisation. Gestaltung und Entwicklung sozio-technischer Systeme. Stuttgart/Berlin/Köln/Mainz.

JORDAN, J.J. (1975): Senior Center Facilities. An Architect's Evaluation of Building Design, Equipment and Furnishings. Washington, D.C.

KERN, W. (1971): Kennzahlensysteme als Niederschlag interdependenter Unternehmungsplanung. In: Schmalenbachs Zeitschrift für betriebswirtschaftliche Forschung, 23 (1971), S. 701 - 718.

KIESAU, G. (1976): Ein Gesamtversorgungssystem der Altenhilfe. In: Der Zivildienst. Zeitschrift für den Zivildienstleistenden, 7 (1976) 1, S. 9 - 11.

KIRSCH, W. (1969): Die Unternehmungsziele in organisationstheoretischer Sicht. In: Schmalenbachs Zeitschrift für betriebswirtschaftliche Forschung, 21 (1969), S. 665 ff.

KIRSCH, W. (1971): Entscheidungsprozesse. Band II. Informationsverarbeitungstheorie des Entscheidungsverhaltens. Wiesbaden.

KOSIOL, E. (1972): Die Unternehmung als wirtschaftliches Aktionszentrum. Hamburg.

KOSIOL, E. (1979): Kostenrechnung der Unternehmung. 2. überarbeitete und ergänzte Auflage. Wiesbaden.

KUPSCH, P. (1983): Unternehmensziele. In: Bea, F.X.; Dichtl, E.; Schweitzer, M. (Hrsg.): Allgemeine Betriebswirtschaftslehre. Band 2. Führung. Stuttgart/ New York. S. 1 - 35.

KURATORIUM DEUTSCHE ALTERSHILFE e.V. (1980a): Leitsätze für die Arbeit von Altentagesstätten/Altenbegegnungsstätten. Köln.

KURATORIUM DEUTSCHE ALTERSHILFE e.V. (1980b): Erstinformation über die öffentliche Förderung von Altentagesstätten. Köln.

KURATORIUM DEUTSCHE ALTERSHILFE e.V. (1981): Förder- und Planungsrichtlinien für Alteneinrichtungen in Berlin, in Bremen, in Hamburg, in Niedersachsen, in Schleswig Holstein. Köln. Stand 1981.

KURATORIUM DEUTSCHE ALTERSHILFE e.V. (1985/86): Förder- und Planungsrichtlinien für Alteneinrichtungen in Baden-Württemberg, in Bayern, in Hessen, in Nordrhein-Westfalen, im Saarland. Stand 1985/86.

KURATORIUM FÜR TECHNIK IN DER LANDWIRTSCHAFT e.V. (Hrsg.) (1965): Kalkulationsunterlagen für Betriebswirtschaft. Hauswirtschaft. Band A. Maschinen-, Geräte- und Gebäudekosten. Wolfratshausen. Stand 1969.

LACHNIT, L. (1980): Kostenorientierte Kennzahlen und Kennzahlensysteme. In: Kostenrechnungspraxis, o.Jg. (1980) 6, S. 255 - 264.

LANDESVERBAND DER ORTSKRANKENKASSEN WÜRTTEMBERG-BADEN (1979): Rahmenvereinbarung über Kostenerstattung für Hausbesuche von Krankenpflegepersonen vom 8.2.1977. Neufassung der Anlage A vom 21.2.1979.

LATENDORF, H. (1956): Grundfragen der Betriebsanalyse. In: Betriebswirtschaftliche Forschung und Praxis, 8 (1956) 3, S. 144 - 156.

LAUER, W. (1980): Krankenhaus und Sozialstation. In: Caritas, 81 (1980) 6, S. 319 - 321.

LEANSE, J.; TIVEN, M.; ROBB, T.B. (1977): Senior Center Operation. A Guide to Organization and Management. Washington, D.C.: The National Council on the Aging.

LEHR, U.; THOMAE, H. (1976): Soziale Dienste für alte Menschen. Studien zur Kommunalpolitik. Band 7. Bonn.

LINK, G. (1982): Die methodologischen, informationswirtschaftlichen und führungspolitischen Aspekte des Controlling. In: Zeitschrift für Betriebswirtschaft, 52 (1982) 3, S. 261 - 280.

LOESCH, A. von (1977): Die gemeinwirtschaftliche Unternehmung. Köln.

MAAS, H.-J. (1977): Zielsetzung und Zielerreichung im Krankenhaus. Analyse der Entscheidungsprozesse und -inhalte als Gegenstand der Krankenhausbetriebsführung. Bochum.

MÄGDEFRAU, F. (1980): Die Entwicklung von Umlageschlüsseln, Methoden und Grenzen der Kostenspaltung bei der Anwendung der Betriebsabrechnung im Krankenhaus. In: Das Krankenhaus, 49 (1980) 3, S. 168 - 172.

MAIERBECK, M. (1978): Nutzen- und Zielprobleme privater Haushalte. Ein Beitrag zur Entscheidungstheorie. Berlin 1978.

MAJCE, G.; HÖRL, J. (o.J.): Formen der Altenhilfe. Wien/München.

MATZENBACHER, H.-J. (1978): Konzeption eines als Auslöser geeigneten Kennzahlenmodells zur Überwachung und Steuerung der Organisation. Frankfurt.

MAYER-TISCHER, H.W.; SCHULZ-BORCK, H. (1981): Buchführung im Privathaushalt. Ein Beitrag zum Rechnungswesen als Teilbereich einer Wirtschaftslehre des Haushalts. Baltmannsweiler.

MELLEROWICZ, K. (1973): Kosten und Kostenrechnung. Band 1. Theorie der Kosten. 5. durchgesehene und veränderte Auflage. Berlin/New York.

MENRAD, S. (1978): Rechnungswesen. Göttingen.

MERKLE, E. (1982): Betriebswirtschaftliche Formeln und Kennzahlen und deren betriebswirtschaftliche Relevanz. In: Wirtschaftswissenschaftliches Studium, 11 (1982) 7, S. 325 - 330.

MEYER, C. (1976): Betriebswirtschaftliche Kennzahlen und Kennzahlensysteme. Stuttgart.

MINISTERIUM FÜR ARBEIT, GESUNDHEIT UND SOZIALORDNUNG BADEN-WÜRTTEMBERG (1973): Altenhilfe in Baden-Württemberg. Stuttgart.

MINISTERIUM FÜR ARBEIT, GESUNDHEIT UND SOZIALORDNUNG BADEN-WÜRTTEMBERG (1976): Leistungen und Perspektiven. Sozialpolitik in Baden-Württemberg. Stuttgart.

MINISTERIUM FÜR ARBEIT, GESUNDHEIT UND SOZIALORDNUNG BADEN-WÜRTTEMBERG (1979): Soziale Infrastruktur in Baden-Württemberg. Stuttgart.

MINISTERIUM FÜR ARBEIT, GESUNDHEIT UND SOZIALORDNUNG BADEN-WÜRTTEMBERG (1982): Richtlinien des Ministeriums für Sozialordnung für die Förderung von Sozialstationen. Vom 16. Dezember 1982. Nr. V/1 - 7170/82.

MINISTERIUM FÜR ARBEIT, GESUNDHEIT UND SOZIALORDNUNG BADEN-WÜRTTEMBERG (1983): "Mit Mut und Pioniergeist ein Beispiel gesetzt." In: Wochendienst. Bürgernahe Politik aus erster Hand, 11 (1983) Mai, S. 30 - 31.

MINISTERIUM FÜR SOZIALES, GESUNDHEIT UND SPORT RHEINLAND-PFALZ (1975): Altenhilfe in Rheinland-Pfalz. Mainz.

MINISTERIUM FÜR SOZIALES, GESUNDHEIT UND SPORT RHEINLAND-PFALZ (1977): Sie rufen uns - wir helfen Ihnen. Sozialstationen in Rheinland-Pfalz. Richtlinien über Anerkennung und Förderung durch das Land Rheinland-Pfalz. Rd.Erl. d. MfSGuSp. vom 31. März 1977-641-424-02/4-018-(MinBl. Sp. 362).

MINISTERIUM FÜR SOZIALES, GESUNDHEIT UND UMWELT RHEINLAND-PFALZ (1982): Förderung von Sozialstationen. Verwaltungsvorschrift des Ministeriums für Soziales, Gesundheit und Umwelt vom 17. Januar 1982 (MfSGuU - 641 - 424 - 02/4 - 019).

MINISTERIUM FÜR SOZIALES, GESUNDHEIT UND UMWELT RHEINLAND-PFALZ (1984): Ältere Menschen in Rheinland-Pfalz. 2. Auflage. Mainz.

MODERNE SITZMÖBEL - nicht nur für Altenheime. In: Altenheim, 21 (1982) 6, S. 141 - 143.

MUSTERKONTENPLAN (1978): Erarbeitet von einer Arbeitsgruppe des Ausschusses für Pflegesatzfragen des Bund-Länder-Ausschusses nach § 7 KHG. In: Jung, K.; Preuss, M.: Rechnungs- und Buchführung im Krankenhaus. Köln/Stuttgart/Berlin/Mainz. S. 43 - 102.

NATIONAL INSTITUTE OF SENIOR CENTERS (1978): Senior Center Standards. Guidelines for Practice. Washington, D.C.: The National Council on the Aging.

NIEDRIG, H. (1977): Ehrenamtliche Mitarbeit in der freien Wohlfahrtspflege. In: Theorie und Praxis der sozialen Arbeit, 28 (1977) 9, S. 328 - 336.

OETTLE, K. (1972): Die allgemeinen Grundsätze der Betriebsführung in der Gemeinwirtschaft. In: Ritting, G.; Ortlieb, H.-D. (Hrsg.): Gemeinwirtschaft im Wandel der Gesellschaft. Berlin. S. 153 - 165.

OETTLE, K. (1980): Die Problematik der Betriebsführung im Krankenhaus der Gegenwart. In: Müller, H.-W. (Hrsg.): Führungsaufgaben im modernen Krankenhaus. Stuttgart/Berlin/Köln/Mainz. S. 9 - 57.

PERRIDON, L.; STEINER, M. (1984): Finanzwirtschaft der Unternehmung. 3. überarbeitete Auflage. München.

PFAU, C. (1983): Analyse von Leistungen und Mitteleinsatz in Einrichtungen der offenen Altenhilfe - ein Beitrag zur Erfolgsbestimmung. In: Hauswirtschaft und Wissenschaft, 31 (1983) 5, S. 268 - 272.

RADEBOLD, H; u.a. (o.J.): Altentreff Ulm/Neu-Ulm. Beschreibung und Analyse eines Modellversuchs der Stadt Ulm und des BMJFG. Ulm. S. 279 - 303.

RAFFÉE, H. (1974): Grundprobleme der Betriebswirtschaftslehre. Göttingen.

RAIBLE, A. (1978): Die häusliche Krankenpflege als Leistung der sozialen Krankenversicherung. In: Zentralblatt für Sozialversicherung, Sozialhilfe und Versorgung, 32 (1978) 5, S. 124 - 131.

REICHMANN, T.; LACHNIT, L. (1976): Planung, Steuerung und Kontrolle mit Hilfe von Kennzahlen. In: Schmalenbachs Zeitschrift für betriebswirtschaftliche Forschung, 28 (1976), S. 705 - 723.

RIEBEN, E. (1982): Kosten in der offenen und geschlossenen Altershilfe. Band I der Gesamtberichterstattung "Kosten und soziale Integration in der offenen und geschlossenen Altershilfe". Bern/Stuttgart.

RILKE, H.-D. (1979): Die ansatzfähigen kalkulatorischen Kosten. In: Der Gemeindehaushalt, 80 (1979) 2, S. 34 - 36.

ROLSHOVEN, H. (1979): Versicherung und Haftung bei ehrenamtlicher Altenarbeit. Berlin.

RÜCKERT, W. (1974): Grundlagen der Planung von Altenhilfeunternehmen. Dissertation. Köln.

SCHERRER, G. (1983): Die Kostenrechnung. In: Bea, F.X.; Dichtl, E.; Schweitzer, M. (Hrsg.): Allgemeine Betriebswirtschaftslehre. Band II. Führung. Stuttgart/New York. S. 298 - 355.

SCHLAUS, K. (1980): Zur haftungsrechtlichen Problematik bei der Durchführung von ärztlichen Verordnungen durch Mitarbeiter von Sozialstationen. In: Nachrichtendienst der Deutschen Vereins für öffentliche und private Fürsorge, 60 (1980) 3, S. 77 - 81.

SCHLAUSS, H.-J. (1976): Ambulante Pflegedienste. Sozialstationen: Analysen, Vorschläge, Materialien. Schriftenreihe des Hartmannbundes. Bonn.

SCHMACHTENBERG, W. (1980): Modelle ehrenamtlicher Mitarbeit in der Altenhilfe. Stuttgart/Berlin/Köln/Mainz.

SCHMALTZ, K. (1929): Betriebsanalyse. Stuttgart.

SCHMELZER, H.; TEBERT, W. (1969): Alter und Gesellschaft. Bonn.

SCHMIDT, R.-B. (1977): Wirtschaftslehre der Unternehmung. Band 1. Grundlagen und Zielsetzung. 2. überarbeitete Auflage. Stuttgart.

SCHMIDT, R. (1983): Ehrenamtliche Dienste in der Altenhilfe. Ein Reader. Berlin.

SCHMIDT - SUDHOFF, U. (1967): Unternehmerziele und unternehmerisches Zielsystem. Wiesbaden.

SCHNETTLER, A. (1960): Betriebsanalyse. 2. völlig neu bearbeitete Auflage. Stuttgart.

SCHNIPKOWEIT, H. (1981): Sozialstationen - auch zur Kostendämpfung. In: Der Arbeitgeber, 33 (1981) 9, S. 434 - 436.

SCHOTT, G. (1981): Kennzahlen. Instrument der Unternehmensführung. 4. völlig neu bearbeitete Auflage. Stuttgart/Wiesbaden.

SCHREIBER, T. (1976): Erhaltung der Selbständigkeit älterer Menschen. Schriftenreihe des Bundesministers für Jugend, Familie und Gesundheit. Band 33. Stuttgart/Berlin/Köln/Mainz.

SCHWEITZER, M.; KÜPPER, K.-U.; HETTICH, O. (1983): Systeme der Kostenrechnung. 3. überarbeitete und erweiterte Auflage. München.

SCHWEITZER, R. von (1968a): Einführung in die Haushaltsanalyse. Frankfurt a.M.

SCHWEITZER, R. von (1968b): Haushaltsanalyse und Haushaltsplanung. Berlin.

SCHWEITZER, R. von (1969a): Analyse und Planung des landwirtschaftlichen Haushalts. 2. verb. Auflage. Frankfurt a.M.

SCHWEITZER, R. von (1969b): Die Haushaltsanalyse. In: Hauswirtschaft und Wissenschaft, 16 (1969) 1, S. 15 - 21.

SCHWEITZER, R. von (Hrsg.) (1976): Haushaltsanalyse für die Ausbildung zur Meisterin in der Hauswirtschaft. Gießen.

SEIDEL, G. (1977): Buchführung und Bilanzierung im Krankenhaus. Band 1: Grundwerk mit Anlagen. Nördlingen. S. 169 - 174.

SIEBEN, G.; SCHNEIDER, W.: Überlegungen zu einem Controllingkonzept für Rundfunkanstalten. In: Betriebswirtschaftliche Forschung und Praxis, 34 (1982) 3, S. 236 - 251.

SIEBIG, J. (1980): Beurteilung der Wirtschaftlichkeit im Krankenhaus. Stuttgart/Berlin/Köln/Mainz.

SITZMANN, G.-H. (1972): Weiterbildung der älteren Generation. In: Das Forum, (1972) 3, S. 55 - 58.

SONN, A. (1980): Das helfende Kleeblatt. In: Deutsche Krankenpflegezeitschrift, 33 (1980) 6, S. 337 - 346 und 358 - 359.

SONN, A. (1981): Gemeindeschwestern erproben den Pflegeprozeß. In: Deutsche Krankenpflegezeitschrift, 34 (1981) 12, S. 716 - 726.

SOZIALREFERAT DES BÜRGERMEISTERS DER STADT STUTTGART (Hrsg.) (1972): Altenhilfe 1971 - 1980. Eine Diskussionsgrundlage. Stuttgart.

STADT BRAUNSCHWEIG; Projektgruppe Sozialplanung (1972): Sozialplan - Altenhilfe. Bestandsaufnahme Alteneinrichtungen. Braunschweig.

STAEHLE, W. (1969): Kennzahlen und Kennzahlensysteme als Mittel der Organisation und Führung von Unternehmen. Wiesbaden.

STEMSHORN, A. (Hrsg.) (1979): Bauen für Behinderte und Betagte. 2. überarbeitete und erweiterte Auflage. Stuttgart.

TAYLORIX (o.J.): TAYLORIX-Kontenrahmen für Sozialstationen. Stuttgart.

THIEMEYER, T. (1975): Wirtschaftslehre öffentlicher Betriebe. Reinbek bei Hamburg.

THIEMEYER, T. (1981): Selbsthilfe und Selbsthilfebetriebe aus ökonomischer Sicht. In: Badura, B.; Ferber, Chr. von (Hrsg.): Selbsthilfe und Selbstorganisation im Gesundheitswesen. München/Wien. S. 203 - 217.

ULRICH, H. (1970): Die Unternehmung als produktives soziales System. 2. überarbeitete Auflage. Bern/Stuttgart.

VIEL, J. (1958): Betriebs- und Unternehmungsanalyse. 2. vollständig neu bearbeitete Auflage. Köln/Opladen.

VINCENTZ-VERLAG (Hrsg.): Praktische Formulare erleichtern die Verwaltungsarbeit. Satz von 5 Formularblättern mit Erläuterungen. Hannover.

WEBER, W. (1956): Juristische Personen (II). Juristische Personen des Öffentlichen Rechts. In: Handwörterbuch der Sozialwissenschaften. 5. Band. Stuttgart/Tübingen/Göttingen. S. 449 - 452.

WEISSER, G. (1976): Einführung in die Lehre von den gemeinwirtschaftlichen Unternehmen. Frankfurt a.M./Köln.

WESTERKOWSKY, H. (1976): Kalkulatorische Kosten. Arbeitsanleitung zur Berechnung von kalkulatorischen Abschreibungen und kalkulatorischen Zinsen. 1. Auflage. München.

WESTERKOWSKY, H. (1979): Kommunale Betriebsabrechnung. Kostenrechnung der Gemeinden. 1. Auflage. München.

WIENAND, A. (1984): Erfahrungen ambulanter Pflege durch Sozialstationen. In: Theorie und Praxis der sozialen Arbeit, 35 (1984) 10, S. 340 - 341.

WITTE, E.; HAUSCHILDT, J. (1966): Die öffentliche Unternehmung im Interessenkonflikt. Berlin.

WSI (Wirtschafts- und Sozialwissenschaftliches Institut des Deutschen Gewerkschaftsbundes GmbH) (Hrsg.) (1975): Die Lebenslage älterer Menschen in der Bundesrepublik Deutschland. Köln.

ZANGEMEISTER, Chr. (1970): Grundsätze zur Aufstellung eines Zielsystems. In: Industrielle Organisation, 39 (1970) 7, S. 293 - 298.

ZANGEMEISTER, Chr. (1976): Nutzwertanalyse in der Systemtechnik. 4. Auflage. München.

TEIL B

Leitfaden zur Betriebsanalyse von Einrichtungen

der offenen Altenhilfe

Fragen, Bearbeitungshinweise und Formulare zur
Datenermittlung, -verarbeitung und -beurteilung

INHALTSVERZEICHNIS

Seite

FORMULARVERZEICHNIS E

I. EINFÜHRUNG I/ 1 - I/13

1. Begriff der Betriebsanalyse I/ 1
2. Anwendungsbereich der Betriebsanalyse I/ 2
3. Zwecke der Betriebsanalyse I/ 4
4. Zur Anwendung des Leitfadens für die Betriebsanalyse I/11

II. ALLGEMEINE BETRIEBSDATEN UND ZIELVORSTELLUNGEN II/ 1 - II/19

1. Trägerschaft und Rechtsform II/ 1
2. Vertragliche Beziehungen II/ 2
3. Zugehörigkeit zu einem Verband II/ 3
4. Gründung/Inbetriebnahme II/ 3
5. Planung II/ 4
6. Zahl der Plätze der Einrichtung II/ 4
7. Zielgruppe II/ 5
8. Einzugsgebiet und Bevölkerungszahl II/ 5
9. Ziele II/ 5
10. Leistungsangebote II/ 6
11. Bildung eines Leistungs-/Kostenstellenplans II/ 7
12. Zusammenarbeit mit Organisationen und Einzelpersonen II/11
13. Zusammenfassung/Auswertung II/12
    Formulare II/15 - II/19

Seite

III. LEISTUNGSBEREICH   III/ 1 - III/35

1. Standort   III/ 1
2. Öffnungs- bzw. Dienstzeiten der Einrichtung, Kontaktaufnahme   III/ 2
3. Nutzerkreis   III/ 3
4. Erfassen des Leistungsangebotes nach Art und Umfang   III/ 5
5. Inanspruchnahme von Leistungen   III/ 9
6. Reinigung, Küche, Fuhrpark   III/13
7. Zusammenfassung/Auswertung   III/16
   Formulare   III/23 - III/35

IV. MITTELBEREICH   IV/ 1 - IV/31

1. Personal   IV/ 1
2. Sachmittel (Grundstücke, Gebäude, Ausstattung)   IV/ 8
3. Finanzielle Mittel   IV/13
4. Zusammenfassung/Auswertung   IV/16
   Formulare   IV/23 - IV/31

V. BEREICH DER KOSTENDATEN   V/ 1 - V/38

1. Vorgehen bei der Ermittlung der Selbstkosten   V/ 1
2. Ermittlung der einzelnen Kostenarten - Hinweise und Berechnungsmöglichkeiten   V/ 6
3. Ermittlung kalkulatorischer Kosten (7800) - Hinweise und Berechnungsmöglichkeiten   V/10
4. Erstellen des Betriebsabrechnungsbogens   V/14
5. Zusammenfassung/Auswertung   V/23
   Formulare   V/27 - V/38

Seite

**VI. AUFGABENFESTSTELLUNG UND ANALYSE DER
AUFGABENVERTEILUNG/FUNKTIONENDIAGRAMME** VI/ 1 - VI/ 8

Aufgabenfeststellung und Analyse der
Aufgabenverteilung VI/ 1
Formulare VI/ 3 - VI/ 8

VII. ANHANG VII/ 1

Abschreibungstabelle VII/ 1

FORMULARVERZEICHNIS

Seite

Formular II.8.1.	Ermitteln des Einzugsgebietes und der dort lebenden Bevölkerung	II/15
Formular II.10.	Leistungsrahmen von Einrichtungen der offenen Altenhilfe	II/18
Formular II.11.	Leistungs-/Kostenstellenplan	II/19
Formular III.3.2.	Erfassen der Nutzer nach Alter, Geschlecht und sozialer Wohnsituation	III/23
Formular III.3.3.	Erfassen der Zahl der Nutzer nach Schulabschluß	III/24
Formular III.3.4.	Erfassen der Zahl der Nutzer nach Beruf und Einkommen (Nettoeinkommen)/Monat	III/25
Formular III.4.5.	Ermitteln der Gesamtbegegnungszeit/ Stunden des Dienstangebotes	III/26
Formular III.4.6.1.	Erfassen des Leistungsangebotes (Einzelleistungen) zu feststehenden Zeiten nach Art und Umfang/Monat (Jahr)	III/27
Formular III.5.2.1.	Ermitteln der Inanspruchnahme von Leistungen/Monat (Jahr)	III/28
Formular III.5.2.2.	Inanspruchnahme von Leistungen in der Häuslichkeit der Nutzer	III/29
Formular III.5.2.3.	Dauer von Hilfeleistungen und Gründe für die Beendigung des Einsatzes	III/30
Formular III.5.2.4.	Inanspruchnahme verleihbarer Hilfsmittel	III/31
Formular III.6.1.2.	Häufigkeit und Verfahren der Reinigung	III/32
Formular III.6.3.3.a.	Nutzung einzelner Kraftfahrzeuge	III/33
Formular III.6.3.3.b.	Nutzung eines Kraftfahrzeuges in verschiedenen Kostenstellen	III/34
Formular III.6.3.3.c.	Nutzung aller Kraftfahrzeuge/Jahr (Zusammenfassung)	III/35

- F -

Seite

Formular IV.1.1.2.	Erfassen der Personalstruktur	IV/23
Formular IV.1.2.3.	Erfassen der Arbeitszeitkapazität und ihre Verteilung auf Leistungs-/Kostenstellen	IV/24
Formular IV.1.3.1.	Tatsächliche Arbeitszeit angestellter Mitarbeiter	IV/25
Formular IV.1.3.2.	Arbeitszeit freiwilliger Mitarbeiter/ Kosten der Arbeitszeit in DM	IV/26
Formular IV.1.3.3.	Erfassen der Gesamtarbeitszeit der Mitarbeiter nach Leistungs-/Kostenstellen	IV/27
Formular IV.2.2.	Erfassen und Beschreiben von Grundstücken und Räumlichkeiten	IV/28
Formular IV.2.3.2.	Erfassen der Ausstattung	IV/29
Formular IV.3.5.1.	Anschaffungskosten und Finanzierung des Anlagevermögens	IV/30
Formular IV.3.5.2.	Aufwands-(Ausgaben-)struktur und Zuführung finanzieller Mittel	IV/31
Formular V.1.2.	Kostenartenplan	V/27
Formular V.1.3.	Kostenartensammelblatt	V/28
Formular V.1.4.	Verteilung einer Kostenart auf Kostenstellen	V/29
Formular V.2.1.1.	Erfassen der Personalkosten	V/30
Formular V.2.1.2.	Verteilen der Personalkosten auf die Kostenstellen	V/31
Formular V.3.1.1.a.	Abschreibung von Gebäuden und technischen Anlagen (Anschaffungswert)	V/32
Formular V.3.1.1.b.	Abschreibung der Ausstattung (Anschaffungswert)	V/33
Formular V.3.1.2.a.	Abschreibung von Gebäuden und technischen Anlagen (Zeitwert)	V/34
Formular V.3.1.2.b.	Abschreibung der Ausstattung (Zeitwert)	V/35
Formular V.3.2.	Ermitteln des kalkulatorischen Zinses	V/36

		Seite
Formular V.4.1.	Betriebsabrechnungsbogen	V/37
Formular V.4.2.	Kostenstellenumlage	V/38
Formular VI.1.	Aufgabenverteilung/Funktionendiagramm für Sozialstationen	VI/ 3
Formular VI.2.	Aufgabenverteilung/Funktionendiagramm für Altentagesstätten	VI/ 6

I. EINFÜHRUNG

1. Begriff der Betriebsanalyse

Die Betriebsanalyse ist eine Methode, mit der komplexe betriebliche Sachverhalte untersucht und beurteilt werden.

Ihr Ziel ist in erster Linie die Gewinnung von Informationen und Unterlagen für die Betriebsführung. Sie liefert damit Grundlagen für die Aufgaben Planung, Entscheidung, Ausführung und Kontrolle. Mit der Betriebsanalyse sollen Aussagen zum betrieblichen Erfolg ermöglicht werden, also Aussagen darüber, inwieweit die von einer Einrichtung gesetzten betrieblichen Ziele erfüllt worden sind.

Die Betriebsanalyse wird mit Hilfe eines Instrumentariums durchgeführt - mit dem vorliegenden Leitfaden und den dazugehörenden Formularen. Man kann die jeweiligen Analysen der Kapitel III - VI des Leitfadens als einzelne Instrumente bezeichnen, mit deren Hilfe auch nur Teilprobleme bzw. Teilbereiche einer Einrichtung untersucht werden können.

So wird in
Kapitel III eine Nutzer- und Leistungsanalyse, in
Kapitel IV eine Arbeitszeitrechnung und Vermögensfeststellung (Mittelanalyse), in
Kapitel V eine Kostenrechnung und in
Kapitel VI eine Feststellung der Aufgaben und eine Analyse ihrer Verteilung durchgeführt.

Sollen in einer Einrichtung nur Teilaspekte untersucht werden, z.B. nur die Arbeitszeitrechnung durchgeführt werden, so können die entsprechenden Kapitel herausgegriffen werden. Die Informationen, die in Kapitel II zusammengestellt werden, sind grundsätzlicher Art und sollen auch bei Teiluntersuchungen erhoben werden. Zur Durchführung der Kostenrechnung werden jedoch die Informationen aus den vorhergehenden Kapiteln I - IV benötigt.

Diese Betriebsanalyse geht als eine Analyse der IST-Situation von Vergangenheitswerten aus. Alle Angaben werden für ein ganzes vergangenes Jahr ermittelt. Planungsrechnungen (Vorkalkulationen) sind jedoch z.B. bei der Arbeitszeitrechnung und bei der Kostenrechnung durchführbar. Dabei ist der Planungszeitraum von Fall zu Fall festzulegen.

2. Anwendungsbereich der Betriebsanalyse

Das vorliegende Instrumentarium zur Durchführung einer Betriebsanalyse wurde für Einrichtungen der offenen Altenhilfe entwickelt. Es ist auf drei Einrichtungstypen mit unterschiedlichen Leistungsschwerpunkten anwendbar:
- Einrichtungen wie Altentages-/Altenbegegnungsstätten, die ihre Leistungen schwerpunktmäßig in den Räumen der Einrichtung anbieten (z.B. Veranstaltungen verschiedener Art, stationäres Mittagessen, Fußpflege usw.).
- Einrichtungen wie Sozialstationen (auch Diakonie- oder Caritaspflegestationen genannt), Zentralen für ambulante Dienste, die ihre Leistungen schwerpunktmäßig in der Häuslichkeit der Nutzer erbringen.
- Einrichtungen mit beiden Leistungsschwerpunkten, sie werden hier Dienstleistungszentren genannt.

In der Praxis variiert das Leistungsangebot der einzelnen Einrichtungstypen sehr stark. Man kann nicht davon ausgehen, daß Einrichtungen desselben Typs auch dieselben Leistungsangebote haben. Daher ist die gesamte Betriebsanalyse als Rahmenwerk aufgebaut.

In der folgenden Abbildung sind sechs Leistungsbereiche ausgewiesen, aus denen die Einrichtungen Einzelleistungen oder Leistungsbündel anbieten können. (Die möglichen Leistungen sind im Leistungsrahmen Formular II.10. genau aufgeschlüsselt.)

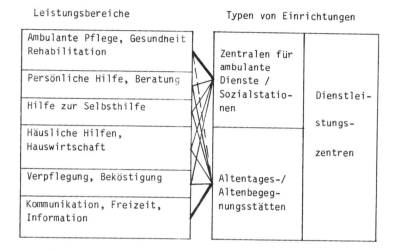

Die Betriebsanalyse ist anwendbar auf Einrichtungen, die folgende Eigenschaften aufweisen:
- Sie müssen mehrere Leistungen aus den genannten Leistungsbereichen (ein Leistungsbündel) anbieten.
- Sie müssen über eine räumliche, sachliche und personelle Ausstattung verfügen.
- Sie müssen über eigene Finanzmittel verfügen oder zugewiesen bekommen (z.B. als Regiebetrieb eines Trägers).
- Sie sollten zentral organisiert sein.
- Sie sollten außerdem alle Daten, vor allem die des Rechnungswesens, zentral verfügbar haben.

Für Personen, die die Analyse durchführen, ist Voraussetzung, daß sie nicht nur mit Problemen der Kostenrechnung, sondern auch mit Problemen der (Dienst-)Leistungserfassung und -beschreibung vertraut sind.

3. Zwecke der Betriebsanalyse

3.1. Die Zwecke im Überblick

Das erarbeitete Instrumentarium kann mehrere Zwecke erfüllen:
- Die Kennzeichnung der betrieblichen Situation mit Hilfe verbaler Beschreibungen und Kennzahlen. Diese beziehen sich auf die angebotenen und in Anspruch genommenen Leistungen, die Personalstruktur, die Arbeitszeitkapazität und die eingesetzte Arbeitszeit des Personals sowie auf die zur Leistungserstellung verfügbaren und eingesetzten Sachgüter. Auch organisatorische Fragen und solche zur Finanzierung der Einrichtung sind einbezogen.
- Die differenzierte Ermittlung der Selbstkosten einer Einrichtung und damit die Schaffung einer Grundlage für leistungsbezogene Gebührenberechnungen sowie das Aufdecken von Schwachstellen (Kontrolle der Wirtschaftlichkeit) mit Hilfe des Betriebsabrechnungsbogens.
- Mit Hilfe des Schemas einer Aufgabenverteilung bzw. eines Funktionendiagramms kann die bestehende Aufgaben-/Funktionsverteilung überprüft werden und als Grundlage für die Erstellung von Dienstanweisungen und Stellenbeschreibungen und organisatorische Änderungen herangezogen werden.

3.2. Die Kennzeichnung und Beurteilung der betrieblichen Situation

Das Geschehen in einer Einrichtung ist auf das Erreichen der angestrebten Ziele ausgerichtet. Dazu müssen diese Ziele genau bekannt sein. Die Oberziele einer Einrichtung - z.B. die Versorgung pflegebedürftiger Personen in ihrem Haushalt oder das Angebot an Kommunikation und Bildung in einer Altenbegegnungsstätte - sind in den Satzungen der Einrichtungen benannt, aber nur global formuliert. Um diese Ziele erreichen zu können, müssen aber auch eine Vielzahl anderer Ziele erfüllt sein. Viele der betrieblichen Ziele sind weder formuliert, noch wird angegeben, wie der Erfolg - der Grad der Zielerreichung - gemessen werden kann. Zur Erfolgsfeststellung und einer weitergehenden Beurteilung müssen jedoch Ziele bekannt und genau beschrieben sein, so daß sie als Maßstab für das bisher Erreichte herangezogen werden können.

Deshalb wurden als eine Grundlage der Betriebsanalyse Beispiele für Zielvorstellungen entwickelt und in Form von Kennzahlen und verbalen Beschreibungen konkretisiert und gekennzeichnet. Diese Beispiele für Kennzahlen und Beschreibungen sind im Teil A (S. 111 - 139) für alle wichtigen Bereiche einer Einrichtung formuliert (Leistungen, Personal, Sachmittel, Organisation, Finanzen). Mit Hilfe des vorliegenden Instrumentariums werden Daten erfaßt und zu ausgewählten Kennzahlen verarbeitet, die im allgemeinen zur Kennzeichnung der Situation in jeder Einrichtung als wichtig angesehen werden.

Bei Anwendung der Betriebsanalyse sollte jedoch überprüft werden, ob und welche Kennzahlen und Beschreibungen zur Kennzeichnung der zu untersuchenden Einrichtung tatsächlich geeignet sind. Liegen für die Einrichtung die Zielvorstellungen inhaltlich nicht präzisiert vor oder werden andere und/oder weitere Kennzahlen und Beschreibungen zur Feststellung der betriebsspezifischen Situation gewünscht, können diese mit Hilfe der

Beispiele selbst entwickelt werden. Zu beachten ist jedoch, daß nicht zu viele und auch nur solche Kennzahlen und Beschreibungen gewählt werden, mit denen die Situation der Einrichtung erfaßt und mit denen relevante Aussagen zum Untersuchungszweck gewonnen werden können.

Am Beispiel von Zielvorstellungen aus der Personalwirtschaft wird dargestellt, wie von Zielen über Zielstufen, Indikatoren konkrete Kennzahlen/Beschreibungen abgeleitet werden können:

Ziele	Zielstufen	Indikatoren	Kennzahlen/Beschreibungen (Zielvorgaben bzw. SOLL- und IST-Angaben)
Ausreichender Personalbestand für die zu erfüllenden Aufgaben	Deckung des Bedarfs an Mitarbeitern (nach Qualifikation, Anstellungsverhältnis usw.)	Personalstruktur Personalschlüssel	Zahl der Mitarbeiter nach Qualifikation, Anstellungsverhältnis usw. Zahl der Nutzer (x) je Zahl der Mitarbeiter (1:x)
Gute Arbeitsbedingungen für die Mitarbeiter	Vergütung entsprechend Ausbildung und Leistung	Einstufung in adäquate Tarifgruppe Ersatz entstehender Unkosten bei freiwilligen Mitarbeitern	Angabe der Einstufung Angabe des Vorgehens

Die Kennzahlen und Beschreibungen stellen in dieser Form noch keine Ziel- und Erfolgsmaßstäbe dar. Sie müssen bei der Anwendung der Analyse noch mit "Inhalt" gefüllt werden. Die Kennzahlen und Beschreibungen müssen die "Zielwerte" ausweisen, um einen Maßstab für die mit der Betriebsanalyse ermittelten IST-Werte abzugeben. Das soll an einer der vorher genannten Kennzahlen des personalwirtschaftlichen Bereichs dargestellt werden: Die Kennzahl "Zahl der Mitarbeiter nach Qualifikation" kann z.B. bei einer Einrichtung mit pflegerischen Diensten als Zielvorstellung folgenden Inhalt haben:

4 Krankenschwestern/-pfleger
2 Altenpfleger/-innen
1 Verwaltungsangestellte/r

Beim Vergleich mit der momentanen Situation:

3 Krankenschwestern
2 Altenpflegerinnen
1 Verwaltungsangestellte

ist sofort ersichtlich, daß das Ziel: "Ausreichender Personalbestand für die zu erfüllenden Aufgaben" noch nicht erfüllt ist.

3.3. Die Selbstkostenrechnung (vgl. Teil A, Kapitel V.3.)

Das vorliegende Instrumentarium zur Betriebsanalyse enthält in seinen Teilen die Anleitung für die differenzierte Berechnung der Selbstkosten (als Nachkalkulation) einer Einrichtung. Mit der Selbstkostenrechnung werden alle Kosten, die bei der Leistungserstellung tatsächlich entstehen, ermittelt. Rechnungszwecke können dabei sein die

- Ermittlung der Selbstkosten als Grundlage für Kalkulationen, z.B. für Gebührenberechnungen bei Verhandlungen mit Kostenträgern oder für Planungen.
- Ermittlung der Selbstkosten nach Kostenarten und Kostenstellen für eine Schwachstellenforschung (Kostenkontrolle) und zur Verbesserung der Wirtschaftlichkeit, auch durch inner- und zwischenbetriebliche Vergleiche.
- Ermittlung des Betriebsergebnisses im Erhebungsjahr zur Feststellung des Grades der Selbstkostendeckung.

Zum einen können mit dieser Kostenrechnung die gesamten Selbstkosten der Einrichtung, zum anderen die Selbstkosten der einzelnen Leistungsbereiche ausgewiesen werden. Voraussetzung für die Erfüllung dieser Rechnungszwecke ist die Aufstellung eines betriebsspezifischen Leistungs-/Kostenstellenplanes sowie eines Kostenartenplans.

Da nicht davon ausgegangen werden kann, daß in den Einrichtungen Zielvorgaben bzw. Soll-Werte schon vorliegen, können mit Hilfe der Betriebsanalyse im Zeitablauf Vergleichsdaten bzw. Vorgabedaten erarbeitet werden.

Mit Hilfe des Leistungs-/Kostenstellenrahmens (siehe S. II/10) und des Kostenartenrahmens (siehe S. V/3) kann jede Einrichtung für ihre Leistungsbereiche einen auf die betriebliche Situation zugeschnittenen Leistungs-/Kostenstellenplan entwickeln. Die Kosten der einzelnen Leistungs-/Kostenstellen werden über einen Betriebsabrechnungsbogen ermittelt. Die mit dem Betriebsabrechnungsbogen erreichte Kostentransparenz ermöglicht Wirtschaftlichkeitsuntersuchungen in den einzelnen Leistungs-/Kostenstellen. Die Kosten der einzelnen Leistungs-/Kostenstellen bilden die Grundlagen für Gebührenberechnungen oder sonstige Kalkulationen (vgl. Kapitel V.4.). Im Zusammenhang mit den in Kapitel III zu erfassenden Leistungen ist so ein Ausweis der Kosten für einzelne Leistungen gegeben. Ambulante pflegerische Dienste können z.B. die Kosten pro Pflegestunde, die Kosten pro Hausbesuch oder pro besuchtem Patient, Altentagesstätten die Kosten pro Veranstaltung oder pro Nutzer im zugrundegelegten Rechnungszeitraum (= 1 Jahr) errechnen.

Selbstkostenrechnungen können unter verschiedenen Aspekten durchgeführt werden und je nach Rechnungszweck von gesetzlichen bzw. haushaltsrechtlichen Vorschriften beeinflußt sein (siehe z.B. geltende Vorschriften für Zuschüsse und Abschreibungen bei staatlicher Förderung). Unter Selbstkosten werden in einer Kostenrechnung zur Ermittlung kostendeckender Gebühren (Selbstkostendeckungsprinzip) auf der Grundlage des betriebswirtschaftlichen Kostenbegriffs alle Personal- und Sachkosten einschließlich der Kosten der Substanzerhaltung verstanden, die durch die Leistungsbereitschaft und Leistungserstellung bei sparsamer Wirtschaftsführung verursacht werden[1].

Die Berechnung der Selbstkosten nach der genannten Definition wirft bei den in der Praxis derzeit vorliegenden Rechnungslegungen Schwierigkeiten auf. Denn in vielen Einrichtungen der offenen Altenhilfe mit kameralistischem Buchführungssystem werden z.B. kalkulatorische Kosten wie Abschreibungen nicht erfaßt und berechnet. Das vorliegende Instrument bietet auch für diese Einrichtungen die Möglichkeit, ihre Selbstkosten einschließlich kalkulatorischer Kosten zu berechnen.

Soll jedoch eine Selbstkostenrechnung zur Berechnung von Gebühren durchgeführt werden, die nur ausgabenrelevante Betriebskosten decken sollen, bleiben kalkulatorische Kosten außer Ansatz.

---

[1] In Anlehnung an: Bundesarbeitsgemeinschaft der Freien Wohlfahrtspflege e.V. Finanzielle Beziehungen zwischen Freier Wohlfahrtspflege und öffentlichen Sozialleistungsträgern. Bonn 1981.

Das Instrument ist so felxibel gestaltet, daß Kostenrechnungen auch bei Unterstellung eines anderen Selbstkostenbegriffs möglich sind.

Mit Hilfe des beigefügten Kostenartenrahmens (S. V/3) und der jeweiligen Anleitungen können durch das Einbeziehen oder Weglassen bestimmter Kostenarten unterschiedliche Berechnungen der Selbstkosten erfolgen. Wie beim Leistungs-/Kostenstellenrahmen muß auch hier aus dem Kostenartenrahmen für die individuelle Selbstkostenrechnung der Einrichtung ein betriebsspezifischer Kostenartenplan aufgestellt werden. In bezug auf Abschreibungen könnten z.B. hierbei die folgenden alternativen Vorgehensweisen gewählt werden:

- kein Ansatz von Abschreibungen
- der Ansatz von Abschreibungen von Anschaffungswerten
- der Ansatz von Abschreibungen von Zeitwerten.

Durch den Rahmencharakter des Instrumentariums sind Alternativen bei der Berechnung der Selbstkosten oder Kalkulationsrechnungen gegeben, die auf die betrieblichen Gegebenheiten und unterschiedlichen Rechnungszwecke abgestellt werden können.

3.4. Aufgabenverteilung/Funktionendiagramm

Dieses entwickelte Hilfsmittel kann für unterschiedliche Zwecke eingesetzt werden. Mit ihm kann die bestehende Aufgabenverteilung erfaßt und bewußt gemacht werden, indem man feststellt, wer zur Zeit welche Aufgaben wahrnimmt. Durch den Vergleich mit Vorgaben aus Stellenbeschreibungen u.ä. wird nun eine Überprüfung und Beurteilung der bestehenden Aufgabenverteilung möglich. Fehlen Daten in diesem Bereich, kann das Hilfsmittel für die Planung sowie als Grundlage für Dienstanweisungen und Stellenbeschreibungen verwendet werden. Dabei müssen die Aufgaben im Hinblick auf die gewünschte Situation auf die Aufgabenträger (Stellen) verteilt und die Funktionen zugeordnet werden.

4. Zur Anwendung des Leitfadens für die Betriebsanalyse

4.1 Datenaufnahme

Die Informationen und Daten, die mit Hilfe des Leitfadens ermittelt werden, stammen aus verschiedenen Quellen und werden hauptsächlich mit folgenden Techniken erfaßt:

1. Dokumentenanalyse: Die Daten werden aus Verträgen, Arbeitsanweisungen, Karteikarten usw. entnommen.
2. Beobachtung/Begehung: Die Räume der Einrichtung, ihre Ausstattung usw. sollen bei der Datenaufnahme auf jeden Fall besichtigt werden. Fehlen z.B. Inventarverzeichnisse, können Daten zur Ausstattung erhoben werden, indem man die Gegenstände bei der Begehung erfaßt.
3. Befragung: Viele Informationen werden durch die Befragung von Personen gewonnen, z.B. die Verteilung von Aufgaben, Arbeitszeitdaten bei fehlenden Arbeitstagebüchern usw.
4. Auswertung von Unterlagen des Rechnungswesens: Hieraus sollen speziell Aufwands-/Ertrags- und Kostendaten gewonnen werden.

In den im Leitfaden enthaltenen Anleitungen sind die Techniken für die Datengewinnung teilweise angegeben. In vielen Fällen sind sie jedoch von der jeweiligen betrieblichen Situation, z.B. vom Vorhandensein von Karteien und Statistiken abhängig. Sind Dokumente zur Gewinnung von Informationen vorhanden, fallen zeitaufwendige Befragungen weg. Die anzuwendende Technik kann also nicht für jedes Datum generell angegeben werden; sie ist situationsabhängig. Generell ist der Rechnungszeitraum ein Jahr.

Da die gesamte Analyse als Rahmen aufgebaut und auf verschiedene Einrichtungstypen ausgerichtet ist, sind die Fragen des Leitfadens sehr umfassend. Das bedeutet, daß bei einer betriebsspezifischen Anwendung manche Fragen nicht relevant sind. Hat eine Einrichtung z.B. keine Küche oder setzt keine Kraftfahrzeuge ein, sind diesbezügliche Fragen nicht zu beantworten. Deshalb sind Fragen, die sich speziell auf Einrichtungen beziehen,
- die ihr Leistungsangebot schwerpunktmäßig in den eigenen Räumlichkeiten (z.B. Altentagesstätten) anbieten, am linken Rand mit einem A gekennzeichnet und nur von diesen Einrichtungsarten zu beantworten.
- die ihr Leistungsangebot schwerpunktmäßig in der Häuslichkeit der Nutzer (z.B. Sozialstationen) anbieten, am linken Rand mit einem S gekennzeichnet und nur von diesen Einrichtungsarten zu beantworten.

Auf Einrichtungen mit Leistungsschwerpunkten (Dienstleistungszentren) treffen im allgemeinen alle Fragen zu.

Die zum Leitfaden gehörenden Formulare sind nur in einem Exemplar beigefügt. Sollten für die Datenaufnahme und -verarbeitung mehrere gleichartige Formulare benötigt werden, müssen sie vorher vervielfältigt werden.

4.2.   Datenverarbeitung

Die zur Datenverarbeitung notwendigen Schritte sind in den Bearbeitungshinweisen angegeben, soweit sie sich aus den Fragen und den Bezeichnungen in den Formularen nicht selbst ergeben. Werden Formulare mehrfach benötigt, um alle notwendigen Daten zu erfassen, sind teilweise Zwischensummen zu bilden. Hierfür und für die zu bildenden Endsummen sind keine Anweisungen in den Bearbeitungshinweisen enthalten.

Am Ende jedes Kapitels werden dann die erhobenen Daten zusammengefaßt und zu Kennzahlen und Beschreibungen zur Darstellung der betrieblichen Situation verarbeitet. Auch hierzu sind Bearbeitungshinweise angegeben. Die dazu notwendigen Informationen werden dabei aus den jeweiligen Punkten (P) des Textteiles des Leitfadens und aus den Formularen (F) zusammengestellt.

4.3. Datenbeurteilung

Die für die Einrichtung ermittelten Daten der IST-Situation werden am Ende jedes Kapitels zusammengefaßt. Die dort ermittelten und ausgewiesenen Daten beziehen sich immer auf ein ganzes Jahr. Allerdings sind nur die i.d.R. wichtigsten Kennzahlen und Beschreibungen in dieser Zusammenfassung enthalten. Außerdem sind die ausgefüllten Formulare der Zusammenfassung beizufügen.

Die Beurteilung der Daten bleibt beim jeweiligen Anwender der Betriebsanalyse. Sie wird möglich durch den Vergleich der in der Zusammenfassung ermittelten Kennzahlen und Beschreibungen mit den von der Einrichtung angestrebten "Zielwerten" der Kennzahlen und Beschreibungen (siehe P.I.3.2.). Sind Zielvorstellungen nicht vorhanden, können auch Vergangenheitsdaten des Betriebs oder Daten vergleichbarer Einrichtungen Hinweise zur Beurteilung liefern.

Die abschließende Gesamtbeurteilung der Ergebnisse erfolgt durch die Zusammenführung der wichtigsten Erkenntnisse aus den einzelnen Kapiteln.

II. ALLGEMEINE BETRIEBSDATEN UND ZIELVORSTELLUNGEN

In diesem Kapitel werden die grundlegenden Daten der Einrichtung bezüglich ihrer Trägerschaft und Rechtsform, ihrer Entstehung und Entwicklung erfaßt. Außerdem werden die von der Einrichtung angestrebten Ziele, ihre Zielgruppe(n) sowie die grundlegenden Leistungsbereiche mit den jeweiligen Leistungen ermittelt.

1. Trägerschaft und Rechtsform

1.1. Träger und Anschrift der Einrichtung

....

....

....

☐ Trägerschaft durch eine Organisation

☐ Trägerschaft durch eine Organisation und Kooperationspartner

Trägerschaft durch mehrere Organisationen:

☐ Ökumenische Träger

☐ gemischt frei gemeinnützige Träger

☐ gemischt frei gemeinnützige Träger und öffentliche Träger

1.2. Rechtsform

☐ eingetragener Verein

☐ GmbH

☐ unselbständige Einrichtung (Regiebetrieb)

eines öffentlich-rechtlichen Trägers:

☐ kommunal

☐ kirchlich

☐ eines Vereins oder Verbandes

☐ Sonstige ....

2. **Vertragliche Beziehungen**

2.1. Vertragspartner

Sind der Einrichtung Partner durch Vertrag angeschlossen, die nicht Trägerinstanz oder Vereinsmitglieder sind (z.B. Kooperationspartner)?

☐ Ja   ☐ Nein

Wenn ja, wer sind die Partner?

....
....
....
....

2.2. Welche Verträge, Satzungen, Geschäftsordnungen etc. sind für die Arbeit der Einrichtung vorhanden (z.B. Vereinssatzung, Kooperationsverträge usw.)?

....
....
....
....

Verträge bitte zur weiteren Auswertung z.B. für Punkt II.9. beifügen.

3. Zugehörigkeit zu einem Verband
3.1. ☐ Ja   ☐ Nein

Wenn ja, zu welchem ....,
als

3.2. ☐ Untergliederung des Verbandes
☐ angeschlossenes Mitglied des Verbandes
☐ Sonstige ....

4. Gründung/Inbetriebnahme
4.1. Wann wurde die Einrichtung in dieser Form in Betrieb genommen?
....

4.2. Wurde die Einrichtung neu aufgebaut, oder ersetzt sie eine alte Einrichtung mit evtl. anderer Aufgabenstruktur, Organisationsform oder Trägerschaft?

☐ Neu aufgebaut

☐ Änderung einer vorher existierenden Einrichtung

4.3. Gründe für den Aufbau der Einrichtung oder die Änderung der vorher bestehenden Einrichtung
....
....
....

4.4. Gründe für die Wahl des Standortes
....
....
....

5. Planung

Wurden Bedarfsanalysen bezüglich der Größe der Einrichtung (Leistungsangebot, Personalbedarf, Räumlichkeiten, Platzangebot) als Planungsgrundlage durchgeführt?

☐ Ja ☐ Nein

Wenn ja, bitte die wichtigsten Ergebnisse angeben:

....
....
....
....
....
....
.... evtl. beifügen

Wenn nein, auf welchen Informationen oder Daten basierte die Planung?

....
....
....
....
....
....
....

A 6. Zahl der Plätze der Einrichtung

....

7. Zielgruppe

Für welchen Nutzerkreis ist die Einrichtung geplant?

....
....
....

8. Einzugsgebiet und Bevölkerungszahl

* Formular II.8.1. Ermitteln des Einzugsgebietes und der dort lebenden Bevölkerung

Bearbeitungshinweis: Wenn das Einzugsgebiet der Einrichtung sich über mehrere Gebiete, z.B. Stadtteile oder mehrere Gemeinden erstreckt, bitte das Einzugsgebiet nach diesen Gebieten aufschlüsseln. Zur Ermittlung des Gesamteinzugsgebietes und der Einwohnerzahlen sind die Spalten 3 - 11 jeweils aufzuaddieren. Sollten z.B. beim Vorliegen einer Einrichtung mit ambulanten Pflegediensten die Einsatzgebiete der Mitarbeiter mit den abgegrenzten Einzugsgebieten identisch oder zum großen Teil identisch sein, werden die Spalten 12 und 13 zu einem späteren Zeitpunkt ergänzt (siehe F.III.5.2.2.). Damit kann dann die Zahl und Verteilung der Einsatzstellen und die Belastung der Mitarbeiter in den einzelnen Gebieten festgestellt werden. Bei unterschiedlichen Leistungsangeboten wie Essen auf Rädern, Krankenpflege, Haus- und Familienpflege und Nachbarschaftshilfe ist für jedes Leistungsangebot ein separates Formular auszufüllen.

9. Ziele

Welche Aufzeichnungen bzw. Dokumentationen liegen zu übergeordneten Zielen, Angeboten und Arbeitsweisen der Einrichtung vor? (Zutreffendes bitte ankreuzen)

mit Angaben zu:	Zielen	Leistungsangeboten	Arbeitsweisen
Gesetze	☐	☐	☐
Richtlinien	☐	☐	☐
Verträge	☐	☐	☐

Satzungen	☐	☐	☐
Programme	☐	☐	☐
Arbeitspapiere/Protokolle	☐	☐	☐
Sonstige	☐	☐	☐

Vorhandene Aufzeichnungen als Grundlage für die Beantwortung der folgenden Fragen zur Auswertung beifügen.

10. Leistungsangebote

10.1. * Formular II.10. **Leistungsrahmen von Einrichtungen der offenen Altenhilfe**

Bearbeitungshinweis: Bitte die Leistungsbereiche und die dazugehörigen Leistungen ankreuzen, die von der Einrichtung angeboten werden. Sollten Leistungen angeboten werden, die nicht im Leistungsrahmen aufgeführt sind, ist der betreffende Leistungsbereich um diese fehlenden Leistungen zu ergänzen.

10.2. Werden alle von der Einrichtung angebotenen Leistungen (auch die von Vertragspartnern oder Vereinsmitgliedern eingebrachten) und die damit verbundenen folgenden Aufgaben zentral organisiert?

	Ja	Nein
a) Personaleinsatz	☐	☐
b) Leistungsabrechnung mit Kostenträgern[1]	☐	☐
c) Verwaltung	☐	☐
d) Erfassung aller Kosten, die die Einrichtung betreffen (gesamtes Personal, Sachmittelkosten usw.)	☐	☐

Welche Leistungen und die damit zusammenhängenden Vorgänge bzw. Aufgaben sind <u>nicht</u> zentral organisiert und wie wird vorgegangen?

....

....

---
[1] Kostenträger: Institutionen und Personen, die für die Kosten der Leistungen aufkommen.

....
....
....

10.3. Ist beabsichtigt, das Leistungsangebot zu erweitern?

☐ Ja   ☐ Nein

Wenn ja, in welchem(n) Bereich(en) und warum?

....
....

10.4. Ist beabsichtigt, das Leistungsangebot einzuschränken?

☐ Ja   ☐ Nein

Wenn ja, in welchem(n) Bereich(en) und warum?

....
....

11. <u>Bildung eines Leistungs- bzw. Kostenstellenplanes</u>

Im folgenden soll ein Leistungs- bzw. Kostenstellenplan für die Einrichtung aufgestellt werden. Im weiteren Verlauf der Betriebsanalyse sollen die in den Leistungs-/Kostenstellen erstellten Leistungen, der dafür benötigte Zeitaufwand und die entstandenen Kosten ermittelt werden. Zum Beispiel können so für einzelne Leistungsbereiche die darauf entfallenden Kostenanteile an den Gesamtkosten wie auch die Kosten einzelner Leistungen ermittelt werden und als Grundlage für Gebührenkalkulationen oder Planungen dienen.

* Formular II.11. Leistungs-/Kostenstellenplan

<u>Bearbeitungshinweis:</u> Bei der Aufstellung dieses betriebsspezifischen Leistungs- bzw. Kostenstellenplanes ist zu beachten:
- Als Hilfen zur Aufstellung des Planes ist der Leistungsrahmen (F.II.10.) mit den dort angekreuzten Leistungen und der beigefügte Leistungs-/Kostenstellenrahmen (Seite II/10) heranzuziehen.

- Zuerst werden die Hauptleistungs- bzw. Hauptkostenstellen ausgewählt und in Formular II.11. eingetragen; in vielen Fällen sind diese Stellen mit den im Leistungsrahmen angekreuzten Leistungsangeboten identisch. Wieviele Stellen auszuwählen sind, ob nur eine Stelle für einen Leistungsbereich oder mehrere Stellen für unterschiedliche Leistungen eines Leistungsbereiches, hängt davon ab, für welche Bereiche oder Leistungen eine differenzierte Kosten- oder Arbeitszeitberechnung benötigt wird.
So genügt es z.B. im Leistungsbereich Kommunikation, Freizeit, Bildung und Sport vollauf, (außer für spezielle Kalkulationen) als Leistungs-/Kostenstellen je nach Angebot nur Gruppen von Veranstaltungen und keine Einzelveranstaltungen auszuweisen: Gesellige Veranstaltungen (4610), kulturelle und religiöse Veranstaltungen (4620), Information und Bildung (4630), Hobby, Handwerk, Spiel (4640), Fitness-Training-Sport (4650) und Ausflüge (4660).

Beispiel für eine Station mit sozialpflegerischen Diensten (Numerierung nach Leistungs-/Kosten-stellenrahmen):

4110 Ambulante Krankenpflege
4120 Haus- und Familienpflege
4310 Verleih von Hilfsmitteln
4320 Kurse in häuslicher Krankenpflege
4520 Essen auf Rädern

Beispiel für eine Altentagesstätte:

4510 Mittagstisch
4530 Cafeteria
4610 Unterhaltungsveranstaltungen
4620 Kulturelle Veranstaltungen
4632 Sprachkurse
4640 Hobby, Handwerk, Spiel
4652 Gymnastik
4660 Ausflüge

- Die Hauptleistungs- bzw. Hauptkostenstellen sind dann um Hilfs- und/oder Nebenleistungsstellen bzw. um entsprechende Kostenstellen zu ergänzen. Zur Orientierung und als Hilfe zur Auswahl möglicher Stellen und einer sinnvollen Numerierung dient der Leistungs-/Kostenstellen-

rahmen (S.II/10). Der Leistungs-/Kostenstellen
rahmen zeigt bei den Hilfs- und Nebenleistungs-/
Kostenstellen Alternativen auf (z.B. 1170 Fuhrpark - 2160 Kfz Krankenpflege und 2170 Kfz Essen auf Rädern). In ihm sind nicht alle möglichen Leistungs-/Kostenstellen angegeben. Bei
Bedarf ist er, den betrieblichen Gegebenheiten
entsprechend, zu erweitern. Außerdem ist auf
eine sinnvolle Anzahl von Leistungs-/ Kostenstellen zu achten.
- Sollten in der Einrichtung Leistungs- bzw. Kostenstellen vorhanden sein, die im oben genannten Rahmen nicht aufgeführt sind, ist der Plan
entsprechend zu ergänzen.
- Soll bei der Kostenrechnung (Kapitel V) eine
Umlage der Hilfskostenstellen (Vorkostenstellen)
auf die Hauptkostenstellen (Endkostenstellen)
erfolgen, ist auf die Reihenfolge dieser Kostenstellen zu achten.
Zuerst sollten die Kostenstellen genannt werden, die Leistungen an andere Stellen abgeben,
d.h. deren Kosten auf die anderen Stellen zu
verteilen sind. Am Schluß steht die Vorkostenstelle, deren Kosten nur noch auf die Hauptkostenstellen umzulegen sind (Treppenverfahren).
- In verschiedenen Formularen (z.B. F.IV.1.3.3.
oder F.V.4.1.) sind die Kostenstellen von
I - XII bzw. X durchnumeriert, da die dem Leistungs-/Kostenstellenplan entsprechende Numerierung für die Einrichtung hier nicht vorgegeben werden kann. Eine zusätzliche römische
Numerierung von Formular II.11. erleichtert
die Eintragung der Daten in die entsprechenden
Formulare.

LEISTUNGS-/KOSTENSTELLENRAHMEN

1000 Allgemeine Hilfsleistungs-/ Hilfskostenstellen
1110 Grundstücke und Gebäude
1120 Hausmeister
1130 Verwaltung (Geschäftsführung, Buchhaltung)
1140 Einsatzleitung (gemeinsame)
1150 Allg. Betrieb
1160 Reinigung
1170 Fuhrpark

2000 Spezielle Hilfsleistungs-/ Hilfskostenstellen
2110 Küche
2120 Einsatzleitung Pflege
2130 Einsatzleitung Hausund Familienpflege
2140 Einsatzleitung Nachbarschaftshilfe
2160 Kfz-Pflege
2170 Kfz-Essen auf Rädern

3000 Nebenleistungs-/ Nebenkostenstellen
3110 Mitarbeiterwohnungen
3120 Praktikanten/Zivildienstleistende

4000 Hauptleistungs-/ Hauptkostenstellen
4100 Leistungsbereich: Pflege, Gesundheit, Rehabilitation
4110 Ambulante Kranken- und Altenpflege
4120 Haus- u.Familienpflege
4130 Körperpflegehilfen
4131 Baden
4132 Fußpflege
4140 Sonstige Maßnahmen
4141 Heilgymnastik
4142 Bewegungstherapie
4143 Massagen
4150 Ambulanz

4200 Leistungsbereich: Persönliche Hilfe, Beratung
4210 Vermittlung von Hilfen
4220 Allgemeine Beratung, Gespräch
4230 Fachberatung
4231 Recht
4232 Gesundheit
4233 Ernährung
4240 Persönliche Dienste
4241 Besuchsdienst
4242 Vorlesedienst
4243 Fahrdienst
4244 Begleitdienst

4300 Leistungsbereich: Hilfe zur Selbsthilfe
4310 Verleih von Hilfsmitteln
4320 Kurse in häuslicher Krankenpflege
4330 Aktivierung der Nachbarschaftshilfe

4400 Leistungsbereich: Häusliche Hilfen, Hauswirtschaft
4410 Zusammengefaßte Dienste
4411 Nachbarschaftshilfe
4412 Mobile Dienste
4420 Einzeldienste
4421 Kochhilfe
4422 Reinigungsdienst
4423 Wäschedienst
4424 Einkaufshilfe
4425 Hol- und Bringdienst
4426 Technisch-handwerkliche Hilfe

4500 Leistungsbereich: Verpflegung, Beköstigung
4510 Mittagstisch
4520 Essen auf Rädern
4530 Cafeteria

4600 Leistungsbereich: Kommunikation, Freizeit, Information
4610 Gesellige Veranstaltungen, Unterhaltungsveranstaltungen
4611 Begegnung
4612 Feste, Feiern
4613 Unterhaltungsfilme
4614 Modenschau
4620 Kulturelle und religiöse Veranstaltungen
4621 Konzerte
4622 Theater
4623 Dichterlesungen
4624 Vorträge
4625 Reiseberichte
4626 Ökumenischer Gesprächskreis
4630 Bildung
4631 Fachvorträge
4632 Sprachkurse, Konversation
4633 Philosophische, theologische, psychologische Seminare
4634 Kunstseminare
4635 Lektüre, literarische Kreise
4636 Gesprächskreise
4637 Autogenes Training
4640 Hobby, Handwerk, Spiel
4641 Malen
4642 Werken
4643 Basteln
4644 Kochen
4645 Handarbeiten
4646 Spiele, Kartenspiele
4647 Musizieren
Schach, Billard
4648 Singen
4649 Laienspiel
4650 Fitness-Training, Sport
4651 Schwimmen
4652 Gymnastik
4653 Wandern
4654 Kegeln
4655 Tanzen
4660 Ausflüge und Besichtigungen

12. Zusammenarbeit mit Organisationen und Einzelpersonen

	Häufigkeit		
	oft	selten	nie
Seelsorger/Kirchengemeinde	☐	☐	☐
Behörden	☐	☐	☐
Sozialamt	☐	☐	☐
Gesundheitsamt	☐	☐	☐
Krankenkassen	☐	☐	☐
Ärzte	☐	☐	☐
Krankenhäuser	☐	☐	☐
Gesundheitspflegerische Dienstleistungsunternehmen	☐	☐	☐
Andere Altenhilfeeinrichtungen	☐	☐	☐
Altentagesstätten	☐	☐	☐
Sozialstationen	☐	☐	☐
Alten-/Altenpflegeheime	☐	☐	☐

Sonstige: ....
....
....

Bei häufiger Zusammenarbeit mit einer Organisation oder Einzelperson, bitte die Art dieser Zusammenarbeit näher beschreiben:

....
....
....

13. Zusammenfassung /Auswertung Kapitel II: Allgemeine Betriebsdaten und Zielvorstellungen

	Kennzahlen und Beschreibungen	zu ermitteln aus Formular(F)/Punkt(P):
13.1.	Träger:	P.II.1.1.
13.2.	Rechtsform:	P.II.1.2.
13.3.	Vertragliche Beziehungen:	P.II.2.1.
13.4.	Verbandszugehörigkeit:	P.II.3.1.
13.5.	Inbetriebnahme (Jahr):	P.II.4.1.
A 13.6.	Zahl der Plätze:	P.II.6.
13.7.	Einzugsgebiet: ....km^2	F.II.8.1.
13.8.	Einwohnerzahl:	F.II.8.1.
13.9.	Zahl der über 60jährigen	F.II.8.1.
13.10.	% Anteil der über 60jähr. an der Einwohnerzahl: ....%	F.II.8.1.
A 13.11.	Versorgungsgrad: $\frac{\text{Zahl der Plätze} \times 100}{\text{Bevölkerung} > 60 \text{ Jahre im Einzugsgebiet}}$ ....%	P.II.6. F.II.8.1. Su.Sp.5+6
S	Versorgungsgrad: (Zahl der Einwohner pro ausgebildete Pflegekraft) - nach Leistungsangeboten ....: 1	F.II.8.1.Su.Sp.4: F.IV.1.1.2.(Zahl ausgebildeter Pflegekräfte)
13.12. a.	Zielvorstellungen Globale Zielvorstellungen:	Auswertung der in P.II.9.gesammelten Dokumente

b. Zielvorstellungen im
   Hinblick auf
   - die Leistungen: ....
   ....
   ....
   ....

   - das Personal: ....
   ....
   ....
   ....

   - die Finanzen: ....
   ....
   ....
   ....

   - die Organisation: ....
   ....
   ....
   ....

13.13. Angaben zur zentralen
       Organisation der Lei- P.II.10.2
       stungen und der damit
       verbundenen betrieblichen ....
       Aufgaben:
       ....
       ....
       ....

13.14. Angebotene Leistungen: siehe .... F.II.10.

13.15. Gewählte Kostenstellen: siehe .... F.II.11.

13.16. Art und Umfang der Zusammenarbeit mit anderen Organisationen und Einzelpersonen: P.II.12.

....
....
....
....

- II/15 -

Formular II.8.1. Ermitteln des Einzugsgebietes und der dort lebenden Bevölkerung

Leistungsangebot:
(Hauptleistungsstelle)

Jahr:

Blatt-Nr.:

lfd. Nr.	Bezeichnung des Gebietes	Fläche in km2	Zahl der Einwohner insg.	Zahl der Einwohner über 60		Zahl der Einwohner					Zahl der Einsatzstellen	Mitarbeiter (Name)
				m	w	60 - 64 insg.	65 - 69	70 - 74	75 - 80	> 80		
1	2	3	4	5	6	7	8	9	10	11	12	13

m = männlich
w = weiblich

Formular II.10. Leistungsrahmen von Einrichtungen der offenen Altenhilfe

Leistungen im Organisationsbereich	
in der Einrichtung	außerhalb der Einrichtung
1. LEISTUNGSBEREICH: Ambulante Pflege, Gesundheit, Rehabilitation	
Körperpflegehilfen - Baden - Fußpflege Heilgymnastik Bewegungstherapie Massagen Hydrotherapie Ambulanz	Ambulante Kranken- und Altenpflege Haus- und Familienpflege Körperpflegehilfen - Baden - Fußpflege Heilgymnastik Bewegungstherapie Massagen
2. LEISTUNGSBEREICH: Persönliche Hilfe, Beratung	
Vermittlung von Hilfen Allgemeine Beratung, Gespräch Fachberatung - Recht - Gesundheit - Ernährung	Vermittlung von Hilfen Allgemeine Beratung, Gespräch Fachberatung - Recht - Gesundheit - Ernährung Persönliche Dienste - Besuchsdienst - Vorlesedienst - Fahrdienst - Begleitdienst

Fortsetzung Seite II/17

Leistungen im Organisationsbereich (Fortsetzung)	
in der Einrichtung	außerhalb der Einrichtung
3. LEISTUNGSBEREICH: Hilfe zur Selbsthilfe	
Kurse in häuslicher Krankenpflege	Verleih von Hilfsmitteln Aktivierung der Nachbarschaft
4. LEISTUNGSBEREICH: Häusliche Hilfen, Hauswirtschaft	
	Zusammengefaßte Dienste - Nachbarschaftshilfe - Mobile Dienste Einzeldienste - Kochhilfe - Reinigungsdienst - Wäschedienst - Einkaufsdienst - Hol- und Bringdienst - Technisch-handwerkliche Hilfe
5. LEISTUNGSBEREICH: Verpflegung, Beköstigung	
Mittagstisch Cafeteria	Essen auf Rädern
6. LEISTUNGSBEREICH: Kommunikation, Freizeit, Information	
Gesellige Veranstaltungen, Unterhaltungsveranstaltungen - Feste, Feiern - Unterhaltungsfilme - Modenschau Kulturelle und religiöse Veranstaltungen - Konzerte - Theater - Dichterlesungen - Vorträge - Reiseberichte - Ökumenischer Gesprächskreis	

Fortsetzung Seite II/18

Leistungen im Organisationsbereich (Fortsetzung)	
in der Einrichtung	außerhalb der Einrichtung
6. LEISTUNGSBEREICH: Kommunikation, Freizeit, Information	
Bildung - Fachvorträge - Sprachkurse, Konversation - Philosophische, theolog. psychologische Seminare - Kunstseminare - Lektüre, literarische Kreise - Gesprächskreise - Autogenes Training Hobby, Handwerk, Spiel - Malen - Werken - Basteln - Kochen - Handarbeiten - Kartenspiele - Schach - Billard - Musizieren - Singen - Laienspiel Fitness-Training, Sport - Schwimmen - Gymnastik - Kegeln - Tanzen	- Schwimmen - Wandern - Ausflüge und Besichtigungen

Formular II.11. Leistungs-/Kostenstellenplan

1000 Allgemeine Hilfsleistungs-/Hilfskostenstellen
1
1
1
1
1

2000 spezielle Hilfsleistungs-/Hilfskostenstellen
2
2
2
2
2
2
2

3000 Nebenleistungs-/Nebenkostenstellen
3
3
3

4000 Hauptleistungs-/Hauptkostenstellen
4
4
4
4
4
4
4

III. LEISTUNGSBEREICH

Der Leistungsbereich wird mit näheren Angaben zum Standort, zu Öffnungs- und Dienstzeiten der Einrichtung sowie zur Art der Kontaktaufnahme und den damit zusammenhängenden Gegebenheiten erfaßt. Hauptaugenmerk liegt jedoch auf dem Nutzerkreis, auf der genauen Beschreibung des Leistungsangebotes und der Inanspruchnahme von Leistungen. Auch die Leistungen der vor- und nachgeordneten Bereiche wie Küche, Fuhrpark usw. sind hier einbezogen.

1. Standort

1.1. Lage im Einzugsgebiet

☐ zentral   ☐ am Rande

A 1.2. Entfernung von der Einrichtung   km / Gehminuten

zum nächsten Einkaufszentrum   ...   ...

zum nächsten Arzt   ...   ...

zur nächsten Bank   ...   ...

zur nächsten Post   ...   ...

A 1.3. Erreichbarkeit der Einrichtung mit öffentlichen Verkehrsmitteln

☐ Ja   ☐ Nein

Wenn ja, mit welchen? ....

Entfernung in m zur Haltestelle ....

A 1.4. Wie kommen die Nutzer in der Regel zur Einrichtung?

Anteil der Nutzer in %

- zu Fuß   ....
- mit öffentlichen Verkehrsmitteln   ....
- mit PKW   ....
- mit Fahrdienst   ....
- Sonstiges   ....

A 1.5. Zeitaufwand für das Erreichen der Einrichtung

                                          Anteil der Nutzer in %

- bis 10 Minuten   ....

- bis 20 Minuten   ....

- bis 30 Minuten   ....

- bis 40 Minuten   ....

- bis 50 Minuten   ....

- bis 60 Minuten   ....

- über 1 Stunde   ....

2. <u>Öffnungs- bzw. Dienstzeiten der Einrichtung, Kontaktaufnahme</u>

2.1. Öffnungszeiten an den einzelnen Wochentagen

Wochentag	Mo	Di	Mi	Do	Fr	Sa	So
geöffnet von ...	...	...	...	...	...	...	...
(Uhrzeit) bis ...	...	...	...	...	...	...	...

S 2.2. Bereitschaftszeiten

Wochentag	Mo	Di	Mi	Do	Fr	Sa	So
(Uhrzeit) von ...	...	...	...	...	...	...	...
bis ...	...	...	...	...	...	...	...

S 2.3. Wie und wo sind die Mitarbeiter zu Bereitschaftszeiten erreichbar?

....

....

S 2.4. Ist ein Anrufbeantworter vorhanden?

    ☐ Ja   ☐ Nein

Wenn nein: Wie werden Hilfeersuchen außerhalb der Dienstzeiten entgegengenommen?

....

....
....

2.5. Arten der Kontaktaufnahme seitens der Nutzer (Rangfolge nach der Häufigkeit angeben)
- [ ] direkt - persönlich
- [ ] telefonisch
- [ ] durch Angehörige
- [ ] durch Freunde, Nachbarn, Bekannte
- [ ] durch den Hausarzt
- [ ] durch den Pfarrer
- [ ] durch das Krankenhaus
- [ ] Sonstige ....

3. Nutzerkreis

3.1. Art der Aufzeichnungen über die Nutzer der Einrichtungen
- [ ] Karteien, welche? ....
- [ ] Gästebuch
- [ ] Befragung (ausgewertet)
- [ ] Sonstige ....
- [ ] Keine

Wenn Unterlagen vorliegen, welche Informationen sind erfaßt?
- [ ] Name
- [ ] Alter
- [ ] Anschrift
- [ ] Telefon
- [ ] Evtl. Behinderung
- [ ] Bereitschaft zur freiwilligen Mitarbeit
- [ ] Angehörige
- [ ] Nächster Arzt
- [ ] Beruf

☐ Religionszugehörigkeit   ☐ Einkommen

☐ Familienstand   ☐ Besondere Interessen

☐ Soziale Wohnsituation

S   Welche zusätzlichen Informationen sind in den Unterlagen von
     Hilfs- und Pflegediensten (evtl. mit Leistungserfassung) über
     den einzelnen Nutzer enthalten?

☐ Art und Zahl der erbrachten Leistungen

☐ Krankenkasse bzw. Kostenträger

☐ Zahl der Hausbesuche

☐ Arbeitsstunden im betreffenden Haushalt

☐ Beschreibung des Gesundheitszustandes

☐ Art der Kontaktaufnahme

3.2. Kennzeichnung der Nutzer nach Alter, Geschlecht und sozialer Wohnsituation

* Formular III.3.2. Erfassen der Nutzer nach Alter, Geschlecht und sozialer Wohnsituation

Bearbeitungshinweis: Zur Auswertung sind die unter Punkt 3.1. genannten Unterlagen auszuwerten. Für die Auszählung kann das Formular zuerst als Strichliste eingesetzt werden.
Bei Einrichtungen mit ambulanten Diensten wird die Erfassung dieser Daten zusammen mit der Leistungsermittlung Formular III.5.2.2. vorgenommen und später hier eingetragen. Dabei sind die Nutzer nach unterschiedlichen Leistungsangeboten (z.B. Krankenpflege oder Essen auf Rädern) in jeweils separate Formulare aufzunehmen.

Die Bearbeitung der Punkte III.3.3. und III.3.4. ist nur notwendig, wenn differenzierte Informationen zur Nutzerstruktur gewünscht werden. Liegen zu diesen Punkten jedoch keine Unterlagen vor, kann vor allem bei Altentagesstätten eine Befragung durchgeführt werden, die dann allerdings weitere Fragen z.B. über die Nutzung und die Beurteilung des Leistungsangebotes einschließen sollte. Werden bei pflegerischen Diensten differenzierte Informationen benötigt, sind die Nutzerkarteien um die wesentlichen Informationen zu erweitern bzw. durch die Mitarbeiter ergänzen zu lassen.

3.3. und 3.4. Die Erfassung der Nutzer nach Schulabschluß, Beruf und Einkommen

* Formular III.3.3. Erfassen der Zahl der Nutzer nach Schulabschluß
* Formular III.3.4. Erfassen der Zahl der Nutzer nach Beruf und Einkommen (Nettoeinkommen)/Monat

4. Erfassen des Leistungsangebotes nach Art und Umfang

4.1. Information der Nutzer und der Öffentlichkeit über das Leistungsangebot durch:

	regelmäßig	ab und zu	selten	nie
Mitteilungsblatt/ Programmhefte	☐	☐	☐	☐
Informationsbroschüren	☐	☐	☐	☐
Schwarzes Brett/Anzeigetafel im Einzugsbereich	☐	☐	☐	☐
Schwarzes Brett/Anzeigetafel in der Einrichtung	☐	☐	☐	☐
Kirchengemeinde	☐	☐	☐	☐
Ärzteschaft	☐	☐	☐	☐
Tageszeitung	☐	☐	☐	☐
Sonstige	☐	☐	☐	☐
....	☐	☐	☐	☐

4.2. Wo werden schriftliche Informationen ausgelegt?

☐ Stadtverwaltung/Sozialamt   ☐ in der Einrichtung
☐ Kirche/Pfarramt   ☐ Sonstige ....
☐ Ärzte

4.3. Informiert die Einrichtung auch über das Leistungsangebot anderer Träger oder gibt deren Informationen weiter (z.B. Angebot der Volkshochschule, Broschüren über richtige Ernährung usw.)?

☐ Ja ☐ nein

Wenn ja, welche? ....

....

4.4 Vorhandene Unterlagen zur Ermittlung des Leistungsangebotes nach Art und zeitlichem Umfang (vgl. auch P.III.4.1.)

☐ Tages/Wochen-/Monatsprogramme

☐ Tagebuch

☐ Broschüren, Informationsblätter

☐ Satzungen

☐ Sonstige ....

Vorhandene Unterlagen bitte zur Auswertung beifügen.

4.5. Ermitteln der Gesamtbegegnungszeit bzw. Stunden des Dienstangebotes

* Formular III.4.5. Ermitteln der Gesamtbegegnungszeit/ Stunden des Dienstangebotes

Bearbeitungshinweis: Hierzu sind vorhandene Unterlagen (P.III.4.4.), ein Jahreskalender und die Angaben zu den Öffnungszeiten (P.III.2.1.) der Einrichtung zu verwenden. Fehlende Daten sind zu erfragen oder zu schätzen. Bei Einrichtungen mit krankenpflegerischen Diensten sind die Zeiten des Dienstangebotes, d.h. die Zahl der Stunden anzugeben, an denen täglich Pflege durchgeführt werden kann.

4.6. Erfassen des Leistungsangebotes

Aus der unterschiedlichen Art der Leistungen - Veranstaltungen, Essen auf Rädern, ein Bündel von Einzelleistungen bei der Krankenpflege - ergibt sich auch die Notwendigkeit einer unterschiedlichen Erfassung der Leistungsangebote. Unter Punkt III.4.6.1. ist das Angebot an Einzelleistungen zu erfassen, die zu feststehenden Zeiten in den Räumen der Einrichtung angeboten werden:

- bei Altentagesstätten alle Arten von Veranstaltungen oder ein zeitlich begrenzter Mittagstisch;
- bei Zentralen für ambulante Dienste Fußpflegen oder Bademöglichkeiten zu bestimmten Zeiten.

Bei Punkt 4.6.2. sind Leistungsangebote zu erfassen, die viele Einzelleistungen umfassen können (Leistungsbündel), wie z.B. das Angebot an Krankenpflege, Haus- und Familienpflege.

4.6.1. Erfassen des Leistungsangebotes (Einzelleistungen)

* Formular III.4.6.1. Erfassen des Leistungsangebotes (Einzelleistungen) zu feststehenden Zeiten nach Art und Umfang/Monat (Jahr)

Bearbeitungshinweis: Die in Spalte 3 eingetragenen Leistungsangebote sind in Spalte 4 der jeweiligen Hauptleistungs-/Hauptkostenstelle (siehe betriebsspezifischer Leistungs-/Kostenstellenplan F.II.11.) unter Angabe der Nummer zuzuordnen.
Es empfiehlt sich, bei der Auswertung des Leistungsangebotes die einzelnen Leistungen (z.B. Gymnastik oder Sprachkurse) zuerst nach Monaten aufzulisten und dann die Daten der Spalten 6, 8 und 10 aufzuaddieren, um so die Jahreswerte zu erhalten. Es ist auch sinnvoll, gleiche Leistungsarten getrennt aufzuführen, sofern unterschiedliche Mitarbeiter sie durchführen. Beim Einsatz freiwilliger Mitarbeiter und fehlenden Zeitaufzeichnungen kann so später aus Spalte 8 die Arbeitszeit (F.IV.1.3.2.) annähernd ermittelt werden. Die Angaben in Spalte 9 und 10 können sich zum einen auf Personen (mögliche Teilnehmerzahl), zum anderen auf die Zahl möglicher Einzelleistungen (Zahl der Essen) beziehen. Eine Gegenüberstellung von Angebotskapazität und tatsächlicher Nutzung (Inanspruchnahme) ist möglich, wenn Spalte 13 in Zusammenhang mit Punkt III.5.2. bzw. Formular III.5.2.1 ausgefüllt wird. Auch hier können sich die Angaben auf Personen wie auch auf Einzelleistungen beziehen. Mit einem weiteren Formular III.4.6.1. wird die Zusammenfassung aller Leistungsangebote vorgenommen. Die für die einzelnen Leistungsangebote ermittelten Jahresdaten werden dann für jedes Angebot (Spalte 3) in die Spalten 6, 8, 10 eingetragen.

Beim Angebot eines stationären Mittagessens sind das gewählte Mahlzeitensystem und die Angebotsbreite (Diät, Schonkost) usw. kurz zu erläutern. Bitte Speisepläne incl. Preis beifügen.

....
....
....
....
....

Beim Vorhandensein einer Cafeteria, Art der Gerichte und Getränke durch Speisekarte(n) incl. Preise angeben.

....
....
....
....

4.6.2. Beschreibung der Leistungsangebote, die nicht durch Formular III.4.6.1. erfaßt werden. Hierzu vorhandene Unterlagen wie Faltblätter, Gebührenordnungen, Preislisten bitte beifügen.

Die Leistungen sind hier kurz zu beschreiben

- bei der Kranken- und Altenpflege : Katalog der Pflegeleistungen, Gebührenordnung beifügen

- bei zusammengefaßter Nachbarschaftshilfe : Art der Hilfen, Gebührenordnung beifügen

- bei Essen auf Rädern : gewähltes System (Menagen-System, Tiefkühlkost), Angebotsbreite (Diät, Schonkost usw.), Häufigkeit der Lieferung, Preise (Speisepläne beifügen)

....
....
....
....
....
....

5. Inanspruchnahme von Leistungen

5.1. Aufzeichnungen über die Inanspruchnahme von Leistungen

☐ Gästebuch/Tagebuch

☐ Besucherstatistik

☐ Statistik über Teilnahme an Veranstaltungen

☐ Leistungsstatistik

☐ Leistungskartei

☐ Fahrtenbuch

☐ Rechnungen

☐ Sonstige ....

Welche Informationen werden jeweils festgehalten?

....

....

5.2. Ermittlung der Inanspruchnahme von Leistungen

Bei fehlenden Aufzeichnungen können die folgenden Formulare zur Schätzung und Erfassung dienen, bei vorhandenen Unterlagen sind die Ergebnisse in die Formulare zu übertragen.
Mit Hilfe von Formular III.5.2.1. wird die Inanspruchnahme der Leistungsangebote von Punkt III.4.6.1. erfaßt, d.h. die Inanspruchnahme zeitlich feststehender, stundenweiser Angebote in den Räumen der Einrichtung (entweder nach Teilnehmerzahlen oder nach der Zahl der erbrachten Leistungen). Bei vorhandener Leistungsstatistik sind die Zahlen der Teilnehmer/Leistungen in Formular III.4.6.1. in Spalte 13 zur Gegenüberstellung von Angebotskapazität und tatsächlicher Nutzung den Leistungsangeboten entsprechend einzutragen.
Mit Hilfe von Formular III.5.2.2. wird die Inanspruchnahme der in der Häuslichkeit der Nutzer erbrachten Leistungen durch die Zahl der Hausbesuche und die dafür benötigte Zeit ermittelt.

* Formular III.5.2.1. Ermitteln der Inanspruchnahme von Leistungen/Monat(Jahr)

Bearbeitungshinweis: Bei fehlender Leistungsstatistik kann jeder Mitarbeiter die Zahl der Teilnehmer/Einzelleistungen für die von ihm angebotenen Ver-

anstaltungen pro Woche oder Monat nachträglich schätzen und dann aufaddieren, um die Jahreswerte zu erhalten. Als Hilfe zum Ausfüllen von Spalte 2 und 3 sind die Programme (P.III.4.4.) und das ermittelte Leistungsangebot (F.III.4.6.1.) heranzuziehen. Die Spalten 8 und 10 sind aufgenommen, um etwaige Abweichungen vom Programm festzustellen, aus dem das Leistungsangebot (siehe F.III.4.6.1.) ermittelt wurde.
Auf einem weiteren Formular IV.5.2.1 können dann die Werte der Inanspruchnahme der Leistugsangebote nach Mitarbeitern getrennt für ein Jahr zusammengestellt werden (deshalb ist Spalte 9 "Mitarbeiter" zusätzlich ausgewiesen). Die Jahreswerte der Spalten 5 bzw. 6 und 7 sind anschließend in Formular III.4.6.1. (Zusammenfassung) bei den entsprechenden Leistungsangeboten in Spalte 13 einzutragen. Wird eine nähere Untersuchung der Angebotsnutzung nach Monaten gewünscht, sind die Monatsdaten aus Formular III.5.2.1. in die entsprechenden Blätter des Formulars III.4.6.1. in Spalte 13 einzutragen (siehe Bearbeitungshinweis F.III.4.6.1.).

S   In Sozialstationen sind hier außer der Zahl der Fußpflegen oder Bäder auch Ambulanzfälle zu erfassen. Bei fehlender Leistungs- und Nutzungsaufzeichnung kann dieses Formular kontinuierlich eingesetzt werden und als Grundlage für eine Statistik dienen.

S   * Formular III.5.2.2. Inanspruchnahme von Leistungen in der Häuslichkeit der Nutzer

<u>Bearbeitungshinweis:</u> Die Aufzeichnungen von Punkt III.3.1. und Punkt III.5.1. sind Grundlagen zur Feststellung des Nutzerkreises und der Inanspruchnahme von ambulanten Leistungen.
Das Formular soll alle Nutzer bzw. Einsatzstellen erfassen, die im Laufe des Erhebungsjahres von den Mitarbeitern aufgesucht wurden. Es besteht die Möglichkeit, die Zahl der Einsatzstellen nach Gebieten, nach Gebieten und jeweils zuständigen Mitarbeitern oder nur nach Mitarbeitern festzustellen. Entsprechende Ergebnisse sind in Formular II.8.1. (Sp. 12 u. 13) zu übertragen.
Bei "Leistungsangebot" soll angegeben werden, ob es sich um Krankenpflege, Haus- und Familienpflege, Nachbarschaftshilfe oder Essen auf Rädern handelt.
In den meisten Fällen dürften diese "Leistungsangebote" mit Hauptleistungs-/Hauptkostenstellen identisch sein (siehe F.II.10 und F.II.11).

Für jedes dieser Leistungsangebote sind separate Formulare zur Leistungs- und Nutzererfassung auszufüllen.
In Spalte 6 "soziale Wohnsituation" ist folgender Schlüssel zu verwenden:
    1 = alleinlebend
    2 = mit Ehegatten oder Personen gleicher Altersgruppe lebend
    3 = mit Angehörigen oder im selben Haus lebend
    4 = Sonstige (z.B. Altenheim)

Die Ergebnisse der Spalten 3 bis 6 sind in Formular III.3.2. zu übertragen.
In den Spalten 7 - 18 sind jeweils die Zahl der Hausbesuche oder Einsatztage sowie die Zahl der Arbeitsstunden im Haushalt des Nutzers pro Monat anzugeben. Bei Essen auf Rädern kann anstelle der Arbeitszeit die Zahl der gelieferten Essen vermerkt werden.
Die Angaben in den Spalten 20 und 21 werden mit Hilfe von Formular III.5.2.3. ausgewertet. Die Dauer des Einsatzes (Spalte 20) wird deshalb nach den in Formular III.5.2.3. angegebenen Zeitstufen eingetragen. Für die Angaben über Beendigung des Einsatzes (Spalte 21) ist folgender Schlüssel zu verwenden:
    1 = Wiederherstellung
    2 = Übernahme durch Familie/Angehörige
    3 = Heimunterbringung
    4 = Krankenhauseinweisung
    5 = Tod
    6 = Sonstiges
    7 = Pflege dauert an

S   * Formular III.5.2.3. Dauer von Hilfeleistungen und Gründe für die Beendigung des Einsatzes

Bearbeitungs-   Bei der Auswertung von Formular III.5.2.2. wird
hinweis: dieses Formular als Strichliste verwendet, die Summen werden in Spalte 4 und Zeile 2 bzw. Zeile 4 gebildet.

* Formular III.5.2.4. Inanspruchnahme verleihbarer Hilfsmittel

Bearbeitungs-   Die Ausleihzeiten für verleihbare Hilfsmittel
hinweis: sind am einfachsten aus einer Verleihkartei zu ermitteln. Weitaus aufwendiger ist eine Ermittlung aus Rechnungen für ausgeliehene Hilfsmittel. Die Feststellung der Verleihzeit in Wochen wird für die spätere Gebührenberechnung benötigt. Viele Geräte sind oft monatelang ver-

liehen, es kommen aber auch kürzere Leihfristen vor. Als kürzeste Leihfrist und Grundlage für die Berechnungen wurde die Einheit "Woche" gewählt.
Die Verleihfrist in Wochen (Spalte 4) soll für jedes Hilfsmittel (Spalte 2) ausgewiesen werden. Beim Vergleich der verliehenen Hilfsmittel mit der Inventarliste für alle verleihbaren Hilfsmittel (F.IV.2.3.2.) können dann Aussagen zur gesamten Geräte- bzw. Hilfsmittelnutzung gemacht werden.

S 5.3. Dokumentation des Behandlungsergebnisses bei pflegerischen Diensten

Wird in der Einrichtung bei Kranken- und Pflegefällen eine Pflegeplanung durchgeführt?

☐ Ja   ☐ Nein

Wenn ja: Welche Informationen werden bei Ihrer Pflegeplanung dokumentiert? (Bitte evtl. vorhandene Formulare beifügen.)

....
....
....

Wie werden die Ergebnisse ausgewertet?

....
....
....

Wenn nein: Wie wird der pflegerische "Erfolg" festgestellt?

....
....
....

6. **Reinigung, Küche, Fuhrpark**

6.1. Reinigung

6.1.1. Reinigung der Räume der Einrichtung durch

☐ eigene Mitarbeiter (auch Hausmeister)

☐ Fremdreinigung (Gebäudereinigungsfirma)

☐ Sonstiges ...

6.1.2. Häufigkeit der Reinigung und angewandte Verfahren

* Formular III.6.1.2. Häufigkeit und Verfahren der Reinigung.

Bearbeitungshinweis: Die angewandten Verfahren sollen für die einzelnen Räume nur stichwortartig (Spalte 4) erläutert werden. Unter Unterhaltsreinigung wird die laufende Reinigung während der Woche verstanden.

6.1.3. Sind für die Reinigung Arbeitsanweisungen schriftlich fixiert?

☐ Ja   ☐ Nein

Wenn ja, welche Inhalte haben die Anweisungen (bitte zur Auswertung beifügen)?

....

....

6.2. Küche

Wenn die Einrichtung über eine Küche verfügt, sollen hier genauere Angaben zu den schon in Punkt III.4.6.1. gegebenen Informationen gemacht werden.

A 6.2.1. Welche Speisen werden

fertig gekauft?   ....

....

....

selbst zubereitet? ....

....

....

A 6.2.2. Art der Speisen- und Getränkeverteilung bei stationärem Mittagstisch bzw. Cafeteria-Betrieb

Beschreibung des gewählten Verfahrens (z.B. wird bedient und abgeräumt oder holen die Nutzer sich Speisen und Getränke an der Theke; wer spült, in welchem Umfang sind freiwillige Mitarbeiter beteiligt,...)?

....
....
....
....
....

S 6.2.3. Bei Vorhandensein einer Küche zur Herstellung bzw. Verteilung von Essen auf Rädern

Beschreibung des Systems (Art der Kost, Art der Verteilung, organisatorischer Ablauf usw.):

....
....
....

6.3. Fuhrpark

6.3.1. Arten des Fahrzeug-Einsatzes

☐ Persönlich zugeordnete Dienstwagen

☐ Zulassung von Privat-PKW für den Dienst und Abrechnung über km-Pauschalen

☐ Fahrzeuge stehen unterschiedlichen Leistungsstellen zur Verfügung (z.B. Essen auf Rädern - mobiler Hilfsdienst).

☐ Dienstwagen für Fahrdienst

☐ Sonstige ....

6.3.2. Vorhandene Hilfsmittel zur Feststellung der Einsatzzeit, Nutzung, gefahrenen Kilometer

☐ Fahrtenbuch

☐ Abrechnungen

☐ Sonstige ....

Welche Informationen sind aufgezeichnet?:

☐ gefahrene km/Tag

☐ Fahrtstunden

☐ Einsatzorte

☐ Sonstiges ....

6.3.3. Erfassen der Nutzung der Kraftfahrzeuge

* **Formular III.6.3.3.a. Nutzung einzelner Kraftfahrzeuge**

Bearbeitungs-   Zur Auswertung sind die in Punkt III.6.3.2.
hinweis: genannten Hilfsmittel heranzuziehen.
Mit diesem Formular sollen alle dienstlich gefahrenen Kilometer ermittelt werden. Die Fahrzeuge werden am einfachsten nach ihren Kennzeichen benannt oder bei Privatwagen nach den Namen der Fahrer. Bei Privatwagen sind die gefahrenen Kilometer meist aus den Abrechnungen über das Kilometergeld zu entnehmen. Gleichzeitig können die gezahlten Beträge des Kilometergeldes als Kosten miterfaßt werden. Inwieweit eine Erfassung der Fahrtstunden (Wegezeiten) möglich ist, hängt von den vorliegenden Unterlagen ab. Die gefahrenen Kilometer der Dienstwagen sind hier ebenso einzutragen. Die Kosten jedoch werden erst in der Kostenrechnung erfaßt. Die hier ermittelten km-Leistungen der Fahrzeuge in den einzelnen Leistungs-/Kostenstellen stellen dann die Verteilungsgrundlage bei der Kostenstellenrechnung dar. Diese Kosten sind dann in Formular III.6.3.3.c. einzutragen. (Erstattungen des Personals bei privater Nutzung der Dienstwagen müssen vorher abgezogen werden).

Wird ein KFZ in mehreren Leistungs-/Kostenstellen genutzt und liegen genaue Unterlagen vor, kann die Nutzung mit folgendem Formular erfaßt werden:

* **Formular III.6.3.3.b. Nutzung eines Kraftfahrzeuges in verschiedenen Kostenstellen**

Ist eine genaue Ermittlung nach Kostenstellen nicht möglich, sollte der Anteil der Nutzung in jeder Kostenstelle geschätzt werden, die ermittelten Endsummen aus Formular 6.3.3.a. sind dann prozentual aufzuteilen.

Die Nutzung aller Kraftfahrzeuge wird mit Hilfe von Formular III.6.3.3.c. ermittelt.

* Formular III.6.3.3.c. Nutzung aller Kraftfahrzeuge/Jahr (Zusammenfassung)

7. Zusammenfassung /Auswertung Kapitel III: Leistungsbereich

	Kennzahlen und Beschreibungen	zu ermitteln aus Formular(F)/Punkt(P):
7.1.	Standort	
7.1.1.	Lage im Einzugsgebiet:	P.III.1.1.
A 7.1.2.	Erreichbarkeit mit öffentlichen Verkehrsmitteln:	P.III.1.3.
	Art der Verkehrsmittel:	
A 7.1.3.	Entfernung der Haltestelle von der Einrichtung: ....m	P.III.1.3.
A 7.1.4.	Zeitaufwand zum Aufsuchen der Einrichtung für den größten Teil der Nutzer von......bis......Min.	P.III.1.5.
7.2.	Öffnungs- bzw. Dienstzeiten	
7.2.1.	Öffnungszeiten/Woche an Werktagen: ....Tage mit ....Std.	P.III.2.1.
	Am Sonntag: mit ....Std.	
	insgesamt: ....Tage mit ....Std.	
S 7.2.2.	Bereitschaftsdienst:	P.III.2.2.
S 7.2.3.	Vorhandensein eines Anrufbeantworters:	P.III.2.4.

- III/17 -

7.2.4. Arten der Kontaktaufnahme:
        (Rangfolge 1 - 4) .... P.III.2.5.
        ....
        ....
        ....

7.3.   Nutzerkreis

7.3.1. Hilfsmittel, die Informationen
        über die Nutzer enthalten: .... P.III.3.1.
        ....
        ....

7.3.2. Nutzerstruktur:

        Zahl der Nutzer
        insgesamt: .... F.III.3.2.

        - davon männlich: .... F.III.3.2.

            weiblich: .... F.III.3.2.

        ab 60 Jahren: .... F.III.3.2.

        - davon männlich: .... F.III.3.2.

            weiblich: .... F.III.3.2.

        ab 75 Jahren: .... F.III.3.2.

        - davon männlich: .... F.III.3.2.

            weiblich: .... F.III.3.2.

        Anteil der über 60jährigen
        an der Gesamtnutzerzahl: ....% F.III.3.2.

        - davon männlich: ....% F.III.3.2.

            weiblich: ....% F.III.3.2.

        Anteil der über 75jährigen
        an der Gesamtnutzerzahl: ....% F.III.3.2.

7.4. Erfassen des Leistungsangebotes nach Art und Umfang

7.4.1. Art der Information über
das Leistungsangebot: .... P.III.4.1.

und deren Verbreitung: .... P.III.4.2.

....

....

7.4.2. Zeiten

A   - der Gesamtbegegnung/Jahr   F.III.4.5.
       an Werktagen: ....Tage mit ....Std.

       an Sonntagen: ....Tage mit ....Std.

       insgesamt: ....Tage mit ....Std.

S   - des Dienstangebotes/Jahr
       an Werktagen: ....Tage mit ....Std.

       an Sonntagen: ....Tage mit ....Std.

       insgesamt: ....Tage mit ....Std.

7.4.3. Art des Angebots (Einzel- mit   Zahl mög- F.III.4.6.1.
leistungen) nach   ...Stunden licher
Leistungs-/Kostenstellen   Nutzer bzw.
(Jahr)   Einzellei-
                                     stungen

1......................   ....

2......................   ....

3......................   ....

4......................   ....

5......................   ....

7.4.4. Leistungsangebote mit mehreren Einzel-   P.III.4.6.
leistungen (Leistungsbündel)   P.III.4.6.2.

....

....

....
....

7.4.5. Kapazitätsausnutzung (Jahr)   F.III.4.6.1.
- bei unterschiedlichen   F.III.5.2.1.
Einzelleistungen $\frac{\text{Zahl der erstellten Leistungen} \times 100}{\text{Zahl möglicher Leistungen}}$

     Leistungsart   %

     .... %
     .... %
     .... %

A   - bei Veranstaltungen $\frac{\text{Zahl der Nutzer} \times 100}{\text{Zahl möglicher Nutzer}}$
     (Platzkapazität)

     Veranstaltungsart   %

     .... %
     .... %
     .... %

7.5. Inanspruchnahme von Leistungen (Jahr)

7.5.1. Art des Angebots (Einzel-   Zahl der   F.III.5.2.1.
leistungen) nach Leistungs-/   Nutzer bzw. (Zusammenfassung)
Kostenstellen: Einzelleistungen

     1........................   ....
     2........................   ....
     3........................   ....
     4........................   ....
     5........................   ....

S 7.5.2. Inanspruchnahme von Leistungen   Zahl/Jahr
in der Häuslichkeit (nach Leistungsangeboten) insgesamt
Hausbesuche (Pflege)   .... F.III.5.2.2.

Hausbesuche (NBH) .... F.III.5.2.2.

Geleistete Stunden (Pflege) .... F.III.5.2.2.

Geleistete Stunden (NBH) .... F.III.5.2.2.

Einsatztage (Haus- und .... F.III.5.2.2.
Familienpflege)

Ausgegebene Essen .... F.III.5.2.2.

S 7.5.3. Inanspruchnahme in % nach der Dauer der
Hilfeleistungen nach Leistungsangeboten   F.III.5.2.3.

Dauer	Leistungsangebote			
	K.-Pflege	....	....	....
- 3 Monate	........%	........%	........%	........%
- 6 Monate	........%	........%	........%	........%
- 9 Monate	........%	........%	........%	........%
- 12 Monate	........%	........%	........%	........%
- andauernd	........%	........%	........%	........%

S 7.5.4. Rangfolge der Gründe für die Beendigung
des Einsatzes nach Leistungsangeboten   F.III.5.2.3.

Gründe	Leistungsangebote			
	K.-Pflege	....	....	....
1............	........%	........%	........%	........%
2............	........%	........%	........%	........%
3............	........%	........%	........%	........%
4............	........%	........%	........%	........%
5............	........%	........%	........%	........%
6............	........%	........%	........%	........%
7............	........%	........%	........%	........%

S 7.6. Art der Feststellung des pflegerischen
Erfolges   P.III.5.3.

....
....
....
....

7.7. Reinigung, Küche, Fuhrpark

7.7.1 Häufigkeit und Verfahren der Reinigung.
Beurteilung nach Räumen hinsichtlich
Sauberkeit: F.III.6.1.2.

....
....
....
....
....

7.7.2. Küche:
Beurteilung der Art der Speisen- und Getränkeverteilung und des Arbeitsablaufes hinsichtlich
der vorgegebenen Zielsetzung   P.III.6.2.

....
....
....
....

7.7.3. Fuhrpark:
Arten des Fahrzeugeinsatzes   P.III.6.3.

....
....
....

Nutzung der Kraftfahrzeuge
Gefahrene km /Kfz und Jahr

Kfz 1 .... km   Kfz 5 .... km   F.III.6.3.3.c.

Kfz 2 .... km   Kfz 6 .... km

Kfz 3 .... km   Kfz 7 .... km

Kfz 4 .... km   Kfz 8 .... km

Gefahrene km pro Kostenstelle und Jahr

Kostenstelle Nr. ...... mit .... km   F.III.6.3.3.c.

" ...... mit .... km

" ...... mit .... km

" ...... mit .... km

Formular III.3.2. Erfassen der Nutzer nach Alter, Geschlecht und sozialer Wohnsituation

Leistungsangebot: Jahr: Blatt-Nr.:
(Hauptleistungsstelle)

lfd. Nr.	Art der sozialen Wohnsituation	9		10 - 19		20 - 39		40 - 59		60 - 64		65 - 69		70 - 74		75 - 80		> 80		insgesamt		Bemerkungen
		m	w	m	w	m	w	m	w	m	w	m	w	m	w	m	w	m	w	m	w	
	1	2		3		4		5		6		7		8		9		10		11		12
1	alleinlebend																					
2	mit Ehegatten oder Personen gleicher Altersgruppe																					
3	m. Angehörigen oder im selben Haus																					
4	Sonstige (z.B. Altenheim)																					
5	insgesamt																					

m = männlich
w = weiblich

Formular III.3.3. Erfassen der Zahl der Nutzer nach Schulabschluß

Leistungsangebot:　　　　　　　　　Jahr:　　　　Blatt-Nr.:
(Hauptleistungsstelle)

lfd. Nr.	Schulabschluß	Zahl	in %	Bemerkungen
1	2	3	4	5
1	Volksschule			
2	Mittlere Reife			
3	Abitur			
4	Fach-/Hochschulabschluß			
5	insgesamt		100%	

Formular III.3.4. Erfassen der Zahl der Nutzer nach Beruf und Einkommen (Nettoeinkommen) /Monat

Leistungsangebot: Jahr: Blatt-Nr.:
(Hauptleistungsstelle)

lfd. Nr.	Beruf \ Einkommen in DM	bis 350	bis 600	bis 800	bis 1000	bis 1500	über 1500	Bemerkungen
1	2	4	5	6	7	8	9	10
1	un-/angelernte Arbeiter							
2	unselbständige Handwerker, Facharbeiter, einfache Angestellte und Beamte							
3	mittlere Angestellte und Beamte							
4	leitende Angestellte und höhere Beamte, freie Berufe und selbständige Gewerbetreibende							
5	Landwirte							
6	Hausfrauen[1]							
7	insgesamt							

1) Wenn eigene Berufsausbildung, bitte diese angeben; wenn verheiratet: Beruf des Ehemannes

Formular III.4.5. Ermitteln der Gesamtbegegnungszeit/Stunden des Dienstangebotes

Jahr:

lfd. Nr.		geöffnet an Werktagen		geöffnet an Sonn- und Feiertagen		insg.		Bemerkungen
		Tage	Std.	Tage	Std.	Tage	Std.	
1	2	3	4	5	6	7	8	9
1	Januar							
2	Februar							
3	März							
4	April							
5	Mai							
6	Juni							
7	Juli							
8	August							
9	September							
10	Oktober							
11	November							
12	Dezember							
13	insgesamt							

A Öffnungstage (Spalte 7/Zeile 13):
A Gesamtbegegnungszeit (Spalte 8/Zeile 13):

S Tage, an denen Pflege ausgeführt wird (Spalte 7/Zeile 13):
S Stunden des Dienstangebotes (Spalte 8/Zeile 13):

Formular III.4.6.1. Erfassen des Leistungsangebotes (Einzelleistungen) zu feststehenden Zeiten nach Art und Umfang /Monat (Jahr)

Jahr: Blatt Nr.:

lfd. Nr.	Monat (Jahr)	Art des Leistungs-angebotes	in Leistungs-/ Kostenstelle Nr.	Häufigkeit		mit ... Stunden		Kapazität		Raum	Mitarbeiter (Name)	Zahl der Nutzer/ Mo.(Jahr)
				...x pro Woche	...x pro Mo.(Jahr)	pro Angebot	pro (Jahr)	pro Angebot	pro Mo.(Jahr)			
1	2	3	4	5	6	7	8	9	10	11	12	13

Formular III.5.2.1. Ermitteln der Inanspruchnahme von Leistungen/Monat (Jahr)

Mitarbeiter: / insgesamt   Jahr: Blatt-Nr.:

lfd. Nr.	Woche/ Monat (Jahr)	Leistungs- angebot	in Lei- stungs-/Ko- stenstelle	Zahl der			Raum	Mitarbeiter	Zeitaufwand in Stunden	Bemer- kungen
				Leistungen	Nutzer m	w				
1	2	3	4	5	6	7	8	9	10	11

Formular III.5.2.2. Inanspruchnahme von Leistungen in der Häuslichkeit der Nutzer

Leistungsangebot:
(Hauptleistungsstelle)

Jahr: Blatt-Nr.:

Mitarbeiter/Gebiet........................./insgesamt

lfd. Nr.	Nutzer						Jan. Hb/ Tage Std.	Febr. Hb/ Tage Std.	März Hb/ Tage Std.	April Hb/ Tage Std.	Mai Hb/ Tage Std.	Juni Hb/ Tage Std.	Juli Hb/ Tage Std.	Aug. Hb/ Tage Std.	Sept. Hb/ Tage Std.	Okt. Hb/ Tage Std.	Nov. Hb/ Tage Std.	Dez. Hb/ Tage Std.	insg. Hb/ Tage Std.	Dauer des Ein- satzes	Gründe für Beendigung des Ein- satzes
	Name	m	w	Alter	soziale Wohnsi- tuation																
1	2	3	4	5	6		7	8	9	10	11	12	13	14	15	16	17	18	19	20	21

(Hb=Hausbesuch)

Formular III.5.2.3. Dauer von Hilfeleistungen und Gründe für die Beendigung des Einsatzes

Leistungsangebot: Jahr: Blatt-Nr.:
(Hauptleistungsstellen)

lfd Nr.		Strichliste	insgesamt	in %
1	2	3	4	5
1	Dauer des Einsatzes 1 - 2 Wochen 3 - 4 Wochen 5 - 8 Wochen 9 - 12 Wochen 3 - 6 Monate 7 - 9 Monate 10 - 12 Monate andauernd			
2				100
3	Gründe für die Beendigung des Einsatzes			
3/1	Wiederherstellung			
3/2	Übernahme durch Familie/ Angehörige			
3/3	Heimunterbringung			
3/4	Krankenhauseinweisung			
3/5	Tod			
3/6	Sonstiges			
3/7	(Pflege dauert an)			
4				100

- III/31 -

Formular III.5.2.4. Inanspruchnahme verleihbarer Hilfsmittel

Jahr:　　　　Blatt-Nr.:

lfd Nr. 1	Hilfsmittel evtl. Nr. Benennung	Verleihzeit in Wochen	Summe in Wochen
1	2	3	4

Formular III.6.1.2. Häufigkeit und Verfahren der Reinigung

Jahr:

lfd. Nr.	Raum	Unterhaltsreinigung		Grundreinigung Häufigkeit/Jahr	Fensterreinigung Häufigkeit/Jahr	Bemerkungen
		Häufigkeit/ Woche	angewandte Verfahren			
1	2	3	4	5	6	7

Formular III.6.3.a. Nutzung einzelner Kraftfahrzeuge   Jahr: Blatt-Nr.:

lfd. Nr.	Monat	Kfz:			Kfz:			Kfz:			Kfz:			insgesamt		
		gefahr. km	Fahrt- std.	Kosten DM	gefahr. km	Fahrt- std.	Kosten DM	gefahr. km	Fahrt- std.	Kosten DM	gefahr. km	Fahrt- std.	Kosten DM	gefahr. km	Fahrt- std.	Kosten DM
1	2	3	4	5	6	7	8	9	10	11	12	13	14	15	16	17
1	Jan.															
2	Feb.															
3	März															
4	April															
5	Mai															
6	Juni															
7	Juli															
8	Aug.															
9	Sept.															
10	Okt.															
11	Nov.															
12	Dez.															
13	insg.															

Formular III.6.3.b. Nutzung eines Kraftfahrzeuges in verschiedenen Kostenstellen

Kfz: Jahr: Blatt Nr.:

lfd. Nr.	Monat	\multicolumn{3}{c}{}	\multicolumn{3}{c}{Nutzung in Leistungs-/Kostenstelle Nr.:}						insgesamt		
		gefah-rene km	Fahrt-std.	Kosten DM	gefah-rene km	Fahrt-std.	Kosten DM	gefah-rene km	Fahrt-std.	Kosten DM	gefah-rene km	Fahrt-std.	Kosten DM
1	2	3	4	5	6	7	8	9	10	11	12	13	14	15	16	17
1	Januar															
2	Februar															
3	März															
4	April															
5	Mai															
6	Juni															
7	Juli															
8	August															
9	September															
10	Oktober															
11	November															
12	Dezember															
13	insgesamt															

Formular III.6.3.3.c. Nutzung aller Kraftfahrzeuge/Jahr
(Zusammenfassung)

Jahr:

lfd. Nr.	Kfz	Nutzung in Leistungs-/Kostenstelle Nr.:													insgesamt		
		gefah-rene km	Fahrt-std.	Kosten DM	gefah-rene km	Fahrt-std.	Kosten DM	gefah-rene km	Fahrt-std.	Kosten DM	gefah-rene km	Fahrt-std.	Kosten DM	gefah-rene km	Fahrt-std.	Kosten DM
1	2	3	4	5	6	7	8	9	10	11	12	13	14	15	16	17
1																
2																
3																
4																
5																
6																
7																
8																
9																
10																
11																
12																
13	Summe															

IV. MITTELBEREICH

Die Daten des Mittelbereiches werden mit Fragen zum Personal z.B. zur Personalstruktur, zu den Einsatzgebieten, zur Absicherung der Mitarbeiter usw. erfaßt. Wichtig ist auch die Durchführung der Arbeitszeitrechnung. Dem Mittelbereich sind außerdem alle Angaben zu den eingesetzten Sachmitteln (Grundstücke, Gebäude, Ausstattung) sowie zu den finanziellen Mitteln der Einrichtung zuzuordnen.

1. Personal

Unter Personal werden alle Personen verstanden, die für die Einrichtung angestellt sind oder die als freiwillige Mitarbeiter über einen längeren Zeitraum fest zur Verfügung stehen. Nicht einbezogen werden Reinigungskräfte einer Fremdreinigungsfirma, sie werden nur über die Kosten erfaßt.

1.1. Personalstruktur

1.1.1. Vorhandene Hilfsmittel zur Erfassung personalbezogener Daten

☐ Personalkartei (Urlaubs-, Krankheitskarteien), welche?:.........

☐ Personalliste

☐ Arbeitszeittagebücher

☐ Stundenzettel

☐ Sonstige ....

Welche Informationen sind jeweils enthalten?

....

....

1.1.2. Erfassen der Personalstruktur

* Formular IV.1.1.2. Erfassen der Personalstruktur

Bearbeitungs-
hinweis: In Spalte 8 werden die freiwilligen Mitarbeiter einbezogen, die bestimmte Aufgaben über längere Zeit hinweg wahrnehmen, z.B. Beirat, Gruppenleiter usw.

1.2. Einsatzbereiche und Arbeitszeitkapazität der Mitarbeiter

1.2.1. Stellenplan

Ist ein Stellenplan vorhanden?

☐ Ja   ☐ Nein

Wenn ja, sind alle Stellen besetzt?

☐ Ja   ☐ Nein

Wenn nein, welche Stellen sind nicht besetzt und warum?

....
....
....

1.2.2. Einsatzbereiche und Aufgaben

Sind die Aufgaben und Einsatzbereiche der Mitarbeiter schriftlich fixiert?

☐ Ja

☐ Nein

Wenn ja, wo?

☐ im Arbeitsvertrag

☐ Dienstanweisungen

☐ Stellenbeschreibung

☐ Sonstiges ....

Bitte vorhandene Unterlagen zur Auswertung für Kapitel VI beifügen. Wenn nein, wie werden Aufgaben, Einsatzbereich und Kompetenzen abgeklärt?

....
....
....

1.2.3. Erfassen der Arbeitszeitkapazität der Mitarbeiter

Die Erfassung der Arbeitszeitkapazität kann durch die in den Punkten IV.1.1.1 und IV.1.2.2. genannten Unterlagen oder durch eine Befragung der Mitarbeiter erfolgen.

* Formular IV.1.2.3. Erfassen der Arbeitszeitkapazität und ihre Verteilung auf Leistungs-/Kostenstellen

Bearbeitungshinweis: Unter Arbeitszeitkapazität wird hier die tarifliche bzw. vertraglich geregelte Arbeitszeit verstanden. Mit der Arbeitszeitkapazität soll die Zeit erfaßt werden, die für die Einrichtung normalerweise zur Verfügung stehen soll. In Spalte 7 (Ausfallzeiten) sind Urlaubstage, Feiertage, Fortbildung etc. einzutragen, alle die Zeiten, von denen bekannt ist, daß sie von der "normalen Arbeitszeit" abgezogen werden müssen. Bei Kalkulationen kann von einer Normalarbeitszeit von 1650 bis 1700 Stunden pro Jahr ausgegangen werden. Arbeitet ein Mitarbeiter in mehreren Leistungs-/Kostenstellen (siehe Leistungs-/Kostenstellenplan F.II.11.), so ist der Zeitanteil für jede Leistungs-/Kostenstelle in Spalte 9 anzugeben. Bei fehlenden Unterlagen oder nicht festgelegten Zeitanteilen sind diese zu schätzen. Dabei müssen die Stunden oder der Anteil der Arbeitszeit, die in den einzelnen Kostenstellen geleistet werden, zusammen mit der jeweiligen Kostenstelle angegeben werden.
Beispiel für einen Mitarbeiter der in den Kostenstellen Einsatzleitung (IV), Pflege (V) und Kurse in häuslicher Krankenpflege (VIII) eingesetzt werden soll:
1700 Std = 730 Std (IV), 850 Std (V), 120 Std (VIII) bzw. 43 % (IV), 50 % (V), 7 % (VIII)
Eine Arbeitszeitkapazitätsberechnung ist bei freiwilligen Mitarbeitern nicht in allen Fällen durchführbar. Dies ist nur möglich, wenn Mitarbeiter für bestimmte Aufgaben und für feste Zeiten zur Verfügung stehen.

1.3. Erfassen der tatsächlichen Arbeitszeit der Mitarbeiter

* Formular IV.1.3.1. Tatsächliche Arbeitszeit angestellter Mitarbeiter

| Bearbeitungs-hinweis: | Als Unterlage zur Berechnung der tatsächlichen Arbeitszeit sind vorhandene Unterlagen (siehe P.IV.1.1.1.) wie Personalkarteien, Dienst- und Urlaubspläne heranzuziehen. Zu "sonstigen Ausfallzeiten" (Spalte 10) zählen unbezahlter Urlaub und Zeiten für Fortbildung, Umzug etc. |

* Formular IV.1.3.2. **Arbeitszeit freiwilliger Mitarbeiter Kosten der Arbeitszeit in DM**

| Bearbeitungs-hinweis: | In den Spalten 4 - 16 können jeweils die Arbeitsstunden, wie auch die Kosten der Arbeitszeit eingetragen werden. Liegen keine Arbeitszeitaufzeichnungen vor, können die Stunden bei Pauschalvergütungen aus Abrechnungen ermittelt werden. In diesem Falle sind die Kosten der Arbeitszeit mitzuerfassen (Bearbeitungshinweis zu F.V.2.1.1. beachten!). Sind Jahreswerte pro Mitarbeiter verfügbar, brauchen die Monatswerte nicht ermittelt zu werden. Arbeitet ein Mitarbeiter in mehreren Leistungs-/Kostenstellen, so sind die betreffenden Stellen in Spalte 3 für einen Mitarbeiter untereinander und die jeweilige Arbeitszeit in die entsprechende Zeile einzutragen. Der Zeiteinsatz pro Mitarbeiter für Tätigkeiten in den Räumen der Einrichtung kann auch aus den Formularen III.5.2.1 (Spalte 10) oder III.4.6.1. (Spalte 8) ermittelt werden. Bei der Feststellung der Arbeitszeit freiwilliger Mitarbeiter, die eigene Veranstaltungen bestreiten oder Gruppen leiten, ist die dafür notwendige Vorbereitungszeit zu erfragen und hinzuzuaddieren. |

A

1.3.3. **Erfassen der Gesamtarbeitszeit nach Leistungs-/Kostenstellen**

* Formular IV.1.3.3. **Erfassen der Gesamtarbeitszeit der Mitarbeiter nach Leistungs-/Kostenstellen**

| Bearbeitungs-hinweis: | Mit Hilfe dieses Formulares werden die ermittelten Jahresarbeitszeiten aller Mitarbeiter zusammengefaßt. Zuerst sind die Arbeitszeiten der angestellten Mitarbeiter aus Formular IV.1.3.1. mit Hilfe von Formular IV.1.2.3. Spalte 9 auf die Leistungs-/Kostenstellen zu verteilen. Anschließend sind in den Spalten 3-15 die Zwischensummen zu bilden. Dann sind die Jahresarbeitszeiten der freiwilligen Mitarbeiter aus Formular IV.1.3.2. Spalte 16 in die entsprechenden Leistungs-/Kostenstellen aufzunehmen und wiederum die Zwischensummen zu bilden. |

S

Die Gesamtarbeitszeit aller Mitarbeiter wird, nach den Leistungs-/Kostenstellen aufgeschlüsselt, durch die Addition der Zwischensummen gewonnen.
Für ambulante Pflegedienste ist es für die Kostenberechnung (z.B. Kosten einer Pflegestunde) notwendig, den Zeitanteil, der auf die Leistungs-/Kostenstelle "Pflege" entfällt, aufzuteilen. Es muß zwischen den Zeiten, die ausschließlich für die Pflege zur Verfügung stehen (Pflege und Wege) und den Zeiten für Dienstbesprechungen, Gerätesterilisation, Karteiführung, evtl. anfallende Verwaltungsarbeiten (letztere sind der Kostenstelle Verwaltung zuzuordnen) unterschieden werden. In einer Nebenrechnung (siehe P.IV.1.3.4.) werden für jeden Mitarbeiter solche Zeiten pro Woche ermittelt und mit der Zahl der "Arbeitswochen" multipliziert. Diese erhält man aus Formular IV.1.1.2. Spalte 11 abzüglich der Wochen mit Ausfallzeiten aus Formular IV.1.3.1. Spalte 11 (Urlaub, Krankheit usw.). Zur Ermittlung der "Pflegestunden" müssen also von allen auf diese Leistungs-/Kostenstelle entfallenden Stunden die Stunden für Dienstbesprechungen usw. abgezogen werden. Zur weiteren Verrechnung ist es am einfachsten, wenn diese Zeitanteile innerhalb der Leistungs-/Kostenstelle getrennt angegeben werden.

S 1.3.4. Dienstbesprechungen
Finden regelmäßige Dienstbesprechungen statt?

☐ ja ☐ nein

Wenn ja, wie oft und mit welcher Dauer?

....
....
....

Wer nimmt daran teil?
(siehe auch P.VI. Aufgabenverteilung/Funktionendiagramme)

....
....
....
....

Wenn nein, wie erfolgt die notwendige Information der Mitarbeiter?

....

....

....

1.4. Fort- und Weiterbildung der Mitarbeiter

1.4.1. Wer von den angestellten Mitarbeitern hat im Erhebungsjahr an Fort- und Weiterbildungsveranstaltungen teilgenommen?

Mitarbeiter	Inhalte der Veranstaltung (Schwerpunkte)	Dauer der jeweiligen Veranstaltung in Std.
....	....	....
....	....	....
....	....	....
....	....	....

1.4.2. Gibt es auch Schulungen und Fortbildungsangebote für freiwillige Mitarbeiter?

☐ Ja   ☐ Nein

Wenn ja, wer führt diese durch:

....

Wie oft werden diese Veranstaltungen angeboten?............

....

Wer von den freiwilligen Mitarbeitern hat teilgenommen?

Mitarbeiter	Inhalte der Veranstaltung (Schwerpunkte)	Dauer der jeweiligen Veranstaltung in Std.
....	....	....
....	....	....
....	....	....
....	....	....

1.5. Absicherung der Mitarbeiter

1.5.1. Welche Versicherungen bestehen für die Mitarbeiter?

☐ Unfallversicherung

☐ Haftpflichtversicherungen

☐ Sonstige ....

1.5.2. Sind diese Versicherungen auch für freiwillige Mitarbeiter abgeschlossen, für die <u>kein</u> Arbeitsvertrag existiert und die keine Vergütung oder nur eine Aufwandsentschädigung erhalten?

☐ Ja   ☐ Nein

Wenn nein, in welcher Form sind diese Mitarbeiter abgesichert?

....

....

1.6. Sonstige betriebliche Leistungen. Beschreiben von Sozialleistungen z.B.
Essenszuschuß
Dienstkleidung
Privatnutzung von Dienst-Pkw usw.

....

....

....

....

1.7. Gewinnung und Arbeitsbereiche freiwilliger Mitarbeiter

1.7.1. Wie versucht die Einrichtung, das Potential an freiwilligen Mitarbeitern zu vergrößern?

☐ durch Öffentlichkeitsarbeit (wie?) ....

....

☐ durch Ansprechen einzelner Personen

☐ gar nicht

☐ Sonstiges ....

1.7.2. Welche "Arbeitsbereiche" stehen in Ihrer Einrichtung freiwilligen Mitarbeitern offen?

....

....

2. Sachmittel (Grundstücke, Gebäude, Ausstattung)

Der Aufnahme von Gebäuden, Ausstattung, Räumen und Geräten sollte eine Besichtigung der Einrichtung vorausgehen. Zum einen kann so bei fehlenden Unterlagen die Ausstattung (ähnlich wie bei einer Inventur) direkt aufgenommen werden und zum andern ist die Besichtigung für eine Gesamtbewertung notwendig.
Die Aufnahme der Sachmittel dient zwei Zwecken:
1. Dokumentation der vorhandenen Sachmittel nach Art, Menge (und begrenzt: Qualität) zur Kennzeichnung der Situation und als Beurteilungskriterien für Kosten- und Leistungsvergleiche innerhalb der Einrichtung und mit anderen Einrichtungen.
2. Als Grundlage zur Berechnung der Kosten in den Bereichen kalkulatorische Zinsen, kalkulatorische Abschreibungen und evtl. für die Berechnung einer Instandhaltungspauschale.

2.1. Allgemeines

2.1.1. Stehen für die Einrichtung

☐ ein ganzes Gebäude

☐ mehrere Räume, z.B. eine Wohnung

☐ Sonstiges ....
zur Verfügung?

2.1.2. Eigentümer der Räumlichkeiten (bzw. Grundstücke)

☐ Träger

☐ beteiligte Vertragspartner

☐ Sonstige ....

2.1.3. Wird für die Raumnutzung Miete bezahlt?

☐ Ja   ☐ Nein

Wenn nein, wie wird dieser Teil der Raumkosten erfaßt und berechnet?

....
....
....
....

2.2. Grundstücke und Gebäude (Räumlichkeiten)

Vorhandene Unterlagen wie Baupläne, Grundrisse, Verträge, aber auch Unterlagen zu den Kosten der Räumlichkeiten, z.B. bei Neubauten oder Umbauten sind hier zu sammeln, um einen Überblick über die Situation zu erhalten. Kostendaten und Angaben zur Finanzierung werden bei Punkt IV.3.5. weiterverarbeitet.

* Formular IV.2.2. Erfassen und Beschreiben von Grundstücken und Räumlichkeiten

Bearbeitungs- Es sollen nur Grundstücke (z.B. ein Garten bei
hinweis: einer Altentagesstätte) und Räumlichkeiten aufgenommen werden, die bei der Aufgabenerfüllung der Einrichtung genutzt werden. Die Angaben zu den Raumflächen, Heizleistungen usw. können bei der Kostenstellenrechnung Grundlagen für die Kostenverteilungsschlüssel bilden.

2.3. Ausstattung (Möbel, Geräte usw.)

2.3.1. Welche Unterlagen liegen als Hilfe zur Sammlung von Daten bezüglich der Ausstattung vor?

☐ Inventarlisten

☐ Rechnungen

☐ Abschreibungstabellen /-karteien

☐ Sonstige ....

2.3.2. Erfassen der Ausstattung

* Formular IV.2.3.2. Erfassen der Ausstattung

Bearbeitungs- Als Grundlage zum Erfassen der Ausstattung werden
hinweis: den Inventarverzeichnisse/Karteien herangezogen. Diese Erfassung ist die Grundlage für die spä-

tere Berechnung der Abschreibungen oder des in Anlagegütern gebundenen Kapitals (z.B. bei einer großen Zahl von Pflegehilfsmitteln). Gegenstände mit einem Anschaffungswert über 300 DM müssen deshalb hier auf jeden Fall aufgenommen werden. Sollten Inventarverzeichnisse im benötigten Umfang nicht vorhanden sein, sind die Räume zu besichtigen und alle Gegenstände aufzunehmen. Fehlende Daten wie Anschaffungspreis und Datum sind aus Rechnungsbelegen (auch früherer Jahre, siehe P.IV.3.5.) zu ermitteln. Kleinere Gegenstände wie Besteck, Geschirr, Werkzeuge usw. sind nicht einzeln, jedoch als Gütergruppen aufzuführen. Es ist sinnvoll, die Gegenstände näher zu beschreiben (Farbe, Größe), da die Anschaffungspreise, wenn sie aus Rechnungen ermittelt werden müssen, sonst schwer zuzuordnen sind. Das Erfassen der Ausstattung kann nach Räumen oder nach Leistungs-/Kostenstellen vorgenommen werden. Verleihbare pflegerische Hilfsmittel sollten getrennt erfaßt werden, vor allem, wenn die Kosten des Hilfsmittelverleihs zu berechnen sind.

2.4. Beschreibung der Räume und ihrer Ausstattung

2.4.1. Gestaltung des Eingangs

☐ ebenerdig

☐ Rampe (oder Schienen)

☐ Stufe

☐ Treppe

2.4.2. Bei mehrstöckigen Gebäuden

- Wie sind die Treppen gestaltet?

    ☐ breite/schmale Stufen

    ☐ Handläufe

- Aufzug vorhanden?   ☐ Ja   ☐ Nein

A 2.4.3. Sind genügend Räume für die unterschiedlichen Aktivitäten vorhanden?

☐ Ja ☐ Nein

Wenn nein, welche fehlen? ....

A 2.4.4. Wird den unterschiedlichen Bedürfnissen bei der Raumverteilung Rechnung getragen, so z.B. der Einteilung in "laute Zonen", in denen man sich unterhalten kann, oder in "stille Zonen" für persönliche oder Lesen, Schachspielen usw?

☐ Ja ☐ Nein

Wenn nein, bitte erklären:

....

....

2.4.5. Ist die Beleuchtung in

	gut	ausreichend	ungenügend
den Räumen	☐	☐	☐
Fluren	☐	☐	☐
Sanitäranlagen	☐	☐	☐

A 2.4.6. Ist die

	gut	ausreichend	ungenügend
Lüftung	☐	☐	☐
Klimaanlage	☐	☐	☐
Heizung	☐	☐	☐

2.4.7. Sind die Bodenbeläge rutschsicher in

Räumen ☐ Ja ☐ Nein Bemerkungen: ....

Fluren /Treppen ☐ Ja ☐ Nein ....

Sanitäranlagen ☐ Ja ☐ Nein ....

A 2.4.8. In welchen Räumen können Sie speziell für Filme oder Diavorträge abdunkeln?

....

....
....

A 2.4.9. Welche Feuersicherungen sind installiert?

☐ Feuerlöscher

☐ Feuermelder (auch Telefonnotruf)

☐ Sonstige ....

A 2.4.10. Welche Sitzhöhe bzw. Sitzttiefe haben die Sitzmöbel?

- Sitztiefe: ☐ über 47 cm

☐ unter 47 cm

- Sitzhöhe: ☐ über 45 cm

☐ unter 45 cm

A 2.4.11. Sind alle Räume - auch die Sanitäranlagen - für Rollstuhlfahrer zugänglich?

☐ Ja   ☐ Nein

Wenn nein, welche sind nicht zugänglich?

....

....

A 2.4.12. Welche Orientierungshilfen sind in der Einrichtung vorhanden?

☐ Wegweiser

☐ Beschilderung der Räume mit

☐ Großbuchstaben

☐ Piktogrammen

☐ farbliche Gestaltung

Sonstige: ....

3. **Finanzielle Mittel**

3.1. Welches Buchführungssystem wird für die Einrichtung angewandt?

☐ Einfache Einnahmen-Ausgabenrechnung

Kaufmännische Buchführung

  ☐ einfache

  ☐ doppelte

Kameralistik

  ☐ einfache

  ☐ Betriebskameralistik

3.2. Welche Formen der Buchführung werden angewandt?

☐ manuelle

☐ maschinelle

Bitte die jeweilige Form genauer beschreiben (z.B. Art der geführten Bücher, bei EDV Art der Datenträger usw.)

....
....
....
....

3.3. Werden die Buchungen in der Einrichtung vorgenommen? (Wird z.B. in der Einrichtung nur kontiert und an eine andere Stelle zur Buchung (evtl. Träger) weitergegeben? Liegt die ganze Rechnungslegung bei der Einrichtung oder an anderer Stelle?) (Siehe auch P.IV.3.4.)

Bitte das Vorgehen kurz erläutern:

....
....
....
....

3.4. Werden alle Vorgänge, die die Einrichtung betreffen, bei einer Stelle gebucht bzw. werden alle Kosten der Einrichtung zentral erfaßt?

☐ Ja   ☐ Nein

Wenn nein, welche Stellen sind noch beteiligt und welche Aufwands- bzw. Kostenarten sind dabei betroffen? (z.B. Personal oder Räumlichkeiten werden von einem Vertragspartner gestellt - und die diesbezüglichen Daten werden zuerst dort verbucht):

Buchende (erfassende) Stelle	Art der erfaßten Daten (Kostenarten)
....	....
....	....
....	....
....	....
....	....
....	....
....	....
....	....

3.5. Finanzierung der Einrichtung

3.5.1. Anschaffungskosten und Finanzierung des Anlagevermögens

Für die Erfassung dieser Daten sind Unterlagen des Rechnungswesens wie Anlage-, Abschreibungskarteien und Inventarverzeichnisse, Bilanzen, Finanzierungspläne, Verwendungsnachweise, sowie Unterlagen von Zuschuß- und Darlehensanträgen und -gewährung auszuwerten. Liegen die Daten nicht gesammelt vor, sind zur Ermittlung der Kosten die Daten aus der Buchführung vergangener Jahre heranzuziehen (siehe auch P.IV.2.3.2.).

* Formular IV.3.5.1. Anschaffungskosten und Finanzierung des Anlagevermögens

Bearbeitungshinweis: In Spalte 3 ist zu untergliedern in:
a) Gebäude (Bau/Umbau)
b) technische Anlagen
c) Ausstattung (Grund- und Ergänzungsausstattung)

Die Anschaffungswerte der Ausstattung sind nach Jahren zusammengefaßt aus den Inventarverzeichnissen zu ermitteln (F.IV.2.3.2.). In Spalte 6 ist die Art der jeweiligen Finanzierung z.B. durch Zuschüsse oder Darlehen, Eigenmittel usw. genau anzugeben, da dies bei der Berechnung der kalkulatorischen Zinsen von Bedeutung ist. Für Anlagevermögen, das aus Zuschüssen finanziert ist, werden keine kalkulatorischen Zinsen berechnet, denn die hier gewährten Zuschüsse sind vom Träger im allgemeinen nicht alternativ für andere Projekte einsetzbar, wie dies z.B. bei Eigenmitteln oder Fremdmitteln sonst der Fall ist. In Spalte 8 sind Informationen wie z.B. die Zweckgebundenheit von Zuschüssen zu vermerken, (z.B. nur für PkW oder Geräte).

3.5.2. Aufwands-(Ausgaben-)struktur und Zuführung finanzieller Mittel

Hierzu ist der letzte Jahresabschluß heranzuziehen.

* Formular IV.3.5.2. Aufwands-(Ausgaben-)struktur und Zuführung finanzieller Mittel

Bearbeitungs-
hinweis: In den Spalten 5 und 6 ist u.a. zu unterscheiden, ob die jeweiligen finanziellen Mittel als Zuschüsse (z.B. des Landes) oder als schon im Haushaltsplan veranschlagte Eigenmittel (des Trägers oder der Vertragspartner), als Einnahmen aus Leistungsentgelten, Spenden usw. oder zur Deckung eines Defizites (Abmangeldeckung) eingebracht werden (siehe auch die Aufschlüsselung der Einnahme-/Ertragsarten Seite V/3).

3.5.3. Kapital- und Vermögensstruktur

Aussagen zur Kapital- und Vermögensstruktur im Erhebungsjahr sind nur bei Vorliegen einer Bilanz möglich.

Wird für die Einrichtung eine eigene Bilanz erstellt?

☐ Ja   ☐ Nein

Wenn ja, zur Auswertung beifügen.

Zur Liquidität können nur beschränkte Aussagen gemacht werden. Liquidität kann als Verhältnis von kurzfristig verfügbaren Mitteln (Kassenbestand, Bank- und Postscheckguthaben, Vorräte, Forderungen und Wertpapiere) zu den kurzfristig fälligen Verbindlichkeiten aufgefaßt werden.

Datum ....

1. Kassenbestand
   Bank- und Post-
   scheckguthaben ......DM ....DM

2. Vorräte ......DM ....DM

3. Wertpapiere ......DM ....DM

4. Forderungen ......DM ....DM

5. kurzfristige
   Verbindlich-
   keiten ......DM ....DM

4. Zusammenfassung/Auswertung Kapitel IV: Mittelbereich

   Kennzahlen und   zu ermitteln aus
   Beschreibungen   Formular(F)/Punkt(P):

4.1. Personal

4.1.1. Zahl der Mitarbeiter insg.: .... F.IV.1.1.2.

   - nach Berufsgruppen:

   .... F.IV.1.1.2.

   ....

   ....

   ....

4.1.2. Zahl der Mitarbeiter nach
   dem Anstellungsverhältnis:

   - Vollzeitbeschäftigte: .... F.IV.1.1.2.

   - Teilzeitbeschäftigte: .... F.IV.1.1.2.

   - freiwillige Mitarbeiter: .... F.IV.1.1.2.

4.1.3. Anteil der Mitarbeiter nach
   Anstellungsverhältnis an der
   Gesamtmitarbeiterzahl: .... % F.IV.1.1.2.

   .... % F.IV.1.1.2.

   .... % F.IV.1.1.2.

4.1.4. Anteil der ausgebildeten
Mitarbeiter an der Gesamtmitarbeiterzahl: .... % F.IV.1.1.2.

4.1.5. Personalwechsel (angestellte
Mitarbeiter) .... % F.IV.1.1.2.
Zugänge + Abgänge x 100
Ø Gesamtmitarbeiterzahl

4.1.6. Personalschlüssel F.IV.1.1.2.
Verhältnis angestellte
Mitarbeiter : Nutzer: F.III.3.2.
evtl. differenziert nach
Kostenstellen und/oder
Berufsgruppen (Umrechnung
auf Vollzeit erforderlich):
insgesamt:.......... 1 Mitarbeiter : .....Nutzer
Ko.St.Nr.:.......... 1 Mitarbeiter : .....Nutzer

Ko.St.Nr.:.......... 1 Mitarbeiter : .....Nutzer

4.1.7. Arbeitszeitkapazität insg.: .... Std. F.IV.1.2.3.
(angestellte Mitarbeiter)
- nach Kostenstellen:

Ko.St.Nr.: .... Std.

" : .... Std.

" : .... Std.

" : .... Std.

4.1.8. Tatsächliche Arbeitszeit insg.: .... Std. F.IV.1.3.1.
(angestellte Mitarbeiter)
- nach Kostenstellen:

Ko.St.Nr.: .... Std. F.IV.1.3.3.

" : .... Std.

" : .... Std.

" : .... Std.

4.1.9. Arbeitszeitüberschuß bzw. P.IV.4.1.7.
-defizit (angestellte abzgl.P.IV.4.1.8.
Mitarbeiter):
- nach Kostenstellen:

Ko.St.Nr.: .... Std.

Ko.St.Nr.: .... Std.

Ko.St.Nr.: .... Std.

Ko.St.Nr.: .... Std.

4.1.10. Anteil der Krankheitsstunden
an den Gesamtarbeitsstunden
(angestellte Mitarbeiter):   .... %   F.IV.1.3.1.

4.1.11. Anteil der Überstunden an
den Gesamtarbeitsstunden
(angestellte Mitarbeiter):   .... %   F.IV.1.3.1.

S 4.1.12. Geleistete Pflegestunden
Gesamtarbeitsstunden ab-
züglich. Dienstbesprechungen
in der Ko.St.-Pflege: .... Std. P.IV.1.3.3.

in der Ko.St.-NBH: .... Std. F.IV.1.3.3.

4.1.13. Arbeitszeit freiwilliger   .... Std. F.IV.1.3.2.
Mitarbeiter:
(evtl. nach Kostenstellen)   F.IV.1.3.3.

4.1.14. Anteil der Mitarbeiter,   P.IV.1.4.1.
die an Fort- und Weiter-
bildungsveranstaltungen
teilgenommen haben
Anzahl angestellter Mit-
arbeiter an der Gesamt-
zahl angestellter Mit-
arbeiter: .... %   P.IV.1.4.1.
                                                 F.IV.1.1.2.

Anzahl freiwilliger Mit-
arbeiter an der Gesamtzahl
freiwilliger Mitarbeiter: .... %   P.IV.1.4.2.
                                                 F.IV.1.1.2.

Inhaltliche Schwerpunkte der Veranstaltungen: P.IV.1.4.1.
                                                 P.IV.1.4.2.

....

....

....

....

4.1.15. Arten der Absicherung P.IV.1.5.
und der betrieblichen Lei- P.IV.1.6.
stungen für die Mitarbeiter:

....

....

....

4.2. Sachmittel

4.2.1. Räumlichkeiten der Einrichtung P.IV.2.1.
  P.IV.2.2.
- Zahl der Räume insg.: .... F.IV.2.2.

- Fläche insg.: .... qm

Beurteilung der Räume hin- P.IV.2.4.
sichtlich Größe, Funktion, be-
bedarfsgerechter Gestaltung
und Möglichkeiten der alternativen Nutzung:

....

....

....

....

4.2.2. Ausstattung der Einrichtung F.IV.2.3.2.
  P.IV.2.4.
Beurteilung der Ausstattung
hinsichtlich Umfang, bedarfsgerechten Einsatzmöglichkeiten
- der Möblierung:

....

....

....

- Geräte und Maschinen
....
....
....

S   - pflegerischen Hilfsmittel
....
....
....

- verleihbaren Hilfsmitteln
....
....
....

4.3. Finanzielle Mittel

4.3.1. Buchführungssystem   P.IV.3.1.
                                                    P.IV.3.2.
....
....

Buchführungsorganisation   P.IV.3.3.
                                                    P.IV.3.4.
....
....
....

Bewertung des vorliegenden
Systems und der Organisation
....
....
....
....

4.3.2. Aufwands- und Ertragsstruktur

Prozentualer Anteil der Auf- F.IV.3.5.2.
wandsarten am Gesamtaufwand

Prozentualer Anteil der verschiedenen zugeführten Finanzmittel an den gesamten Finanzmitteln

- Erträge (Leistungsentgelte).......... %

- Erstattungen .... %

- Zuschüsse .... %

- Eigenmittel und Spenden .... %

- Defizit (Abmangel) .... %

- Überschuß .... %

Anteil der Leistungsentgelte
an der Deckung des Gesamtaufwandes .... %

Anteil der Zuschüsse an der
Deckung des Gesamtaufwandes .... %

Anteil der Eigenmittel an der
Deckung des Gesamtaufwandes .... %

.... %

.... %

evtl. Anteil des Abmangels
an der Deckung des Gesamtaufwandes .... %

evtl. Anteil des Überschusses
der finanziellen Mittel über
die Aufwendungen .... %

4.3.3. Kapitalstruktur P.3.5.3. und
 vorliegende Bilanz

Fremdkapital .... DM

Eigenkapital .... DM

Zuschüsse .... DM

Gesamtkapital .... DM

Anteil des Eigenkapitals .... %
am Gesamtkapital

Anteil des Fremdkapitals .... %
am Gesamtkapital

Anteil der Zuschüsse am .... %
Gesamtkapital

4.3.4. Liquidität P.3.5.3. und
 vorliegende Bilanz
Prozentuale Deckung der
kurzfristigen Verbind-
lichkeiten durch ver-
fügbare Vermögensteile
zu bestimmten Zeitpunkten

$$\frac{\text{Zahlungsmittel} \times 100}{\text{kurzfristige Verbindlichkeiten}} \quad \text{........... \%}$$

$$\frac{\text{Zahlungsmittel + kurzfristige Forderungen} \times 100}{\text{kurzfristige Verbindlichkeiten}} \quad \text{........... \%}$$

$$\frac{\text{Zahlungsmittel + kurzfristige Forderungen + Vorräte} \times 100}{\text{kurzfristige Verbindlichkeiten}} \quad \text{........... \%}$$

Formular IV.1.1.2. Erfassen der Personalstruktur Jahr: Blatt Nr.:

| lfd. Nr. | Mitarbeiter/ Qualifikation | Geschlecht | | Alter | Arbeitsverhältnis | | | Betriebszugehörigkeit | | | | Bemerkungen |
| | | m | w | | angestellt | | freiwillige Mitarbeit | im Erhebungsjahr | | | seit | |
					in Tarifgruppe	sonstige Vereinbarung		vom	bis	...... Wochen		
1	2	3	4	5	6	7	8	9	10	11	12	15

Formular IV.1.2.3. Erfassen der Arbeitszeitkapazität und ihre Verteilung auf Leistungs-/Kostenstellen

Jahr: Blatt Nr.:

lfd. Nr.	Mitarbeiter/ Qualifikation	Arbeitszeit in Stunden		Umrechnung auf Vollzeit: 40 Std./ Woche = 1,0	Arbeitszeit in Std. im Erhebungsjahr Spalte 3 (4) x Wochen (Monate) der Betriebszugehörigk. F.IV.1.1.2. Sp.11	Ausfall- zeiten pro Jahr in Stunden	Jahresar- beitszeit in Stunden Spalte 6 abzgl. Spalte 7	stundenmäßige oder prozentuale Verteilung der Arbeitszeit auf Leistungs-/Kostenstellen. Angabe von Stunden bzw. % und Nummern der jeweiligen Leistungs-/Kostenstellen
		pro Woche	oder pro Monat					
1	2	3	4	5	6	7	8	9

- IV/24 -

Formular IV.1.3.1. Tatsächliche Arbeitszeit angestellter Mitarbeiter

Jahr: Blatt Nr.:

lfd. Nr.	Angaben zur Arbeitszeit / Mitarbeiter	tatsächliche Arbeitszeit in Stunden		davon Überstunden		Arbeitszeit in Std. im Erhebungsjahr Spalte 3 (4) x Wochen (Monate) der Betriebszugehörigk. F.IV.1.1.2. Sp.11	Ausfallzeiten in Stunden				Jahresarbeitszeit in Stunden Spalte 7 abzgl. Spalte 11
		pro Woche	oder pro Monat	bezahlt	unbezahlt		Urlaub, Feiertage	Krankheit	Sonstige	insg. Spalten 8 - 10	
1	2	3	4	5	6	7	8	9	10	11	12

Formular IV.1.3.2. Arbeitszeit freiwilliger Mitarbeiter/Kosten der Arbeitszeit in DM   Jahr: Blatt Nr.:

lfd. Nr.	Mitarbeiter	in Leistungs-/Kostenstelle Nr.	Anzahl der Arbeitsstunden im Monat/Kosten in DM im Monat												insg.
			Jan. Std/DM	Febr. Std/DM	März Std./DM	April Std./DM	Mai Std./DM	Juni Std/DM	Juli Std./DM	Aug. Std./DM	Sept. Std./DM	Okt. Std./DM	Nov. Std./DM	Dez. Std./DM	Std./DM
1	2	3	4	5	6	7	8	9	10	11	12	13	14	15	16

Formular IV.1.3.3. Erfassen der Gesamtarbeitszeit der Mitarbeiter nach Leistungs-/Kostenstellen

Jahr: Blatt-Nr.:

lfd. Nr.	Mitarbeiter	Arbeitszeit in Stunden in Leistungs-/Kostenstelle													Summe der Std.	Bemerkungen
		I	II	III	IV	V	VI	VII	VIII	IX	X	XI	XII		
1	2	3	4	5	6	7	8	9	10	11	12	13	14	15	16

Formular IV.2.2. Erfassen und Beschreiben von Grundstücken und Räumlichkeiten

Jahr:　　　　　Blatt Nr.:

lfd. Nr.	Bezeichnung	Fläche in m²	Höhe in m	umbauter Raum in m³	Zahl der Plätze	hauptsächliche Nutzung	wichtige Ausstattungsmerkmale (Fußbodenbeläge usw.)	Art der Beleuchtung/ kWh/Raum	Zahl u.Art der Wasseranschlüsse	Art der Heizung/ Nennleistung der Öfen	Bemerkungen
1	2	3	4	5	6	7	8	9	10	11	12

Formular IV.2.3.2. Erfassen der Ausstattung

Raum bzw. Leistungs-/　　　　　　　　　　　Jahr:　　　　Blatt Nr.:
Kostenstelle:

lfd. Nr.	Bezeichnung	Anzahl	Anschaffungs-datum	Anschaffungs-preis in DM	Bemerkungen
1	2	3	4	5	6

Formular IV.3.5.1. Anschaffungskosten und Finanzierung des Anlagevermögens

Blatt Nr.:

lfd.	Anschaf-fungsjahr	Art der An-schaffung	Anschaffungs-preis in DM	Finanzierung			Bemerkungen
				Geldgeber	Art der Finanzierung	Betrag in DM	
1	2	3	4	5	6	7	8

Formular IV.3.5.2. Aufwands-(Ausgaben-)struktur und Zuführung finanzieller Mittel

Jahr:

lfd. Nr.	Aufwendungen (Ausgaben)		%-Anteil am Gesamtaufwand (Ausgaben)	Zuführung finanzieller Mittel		%-Anteil am Gesamtaufwand (Ausgaben)	Bemerkungen
	Arten	in DM		Arten (Kostenträger)	DM		
1	2	3	4	5	6	7	8
			100			100	

V. BEREICH DER KOSTENDATEN

Mit der Selbstkostenrechnung werden alle Kosten ermittelt, die bei der Aufrechterhaltung der Leistungsbereitschaft und der Leistungserstellung entstehen. Dabei können verschiedene Rechnungszwecke verfolgt werden (siehe P.I.3.3.).

Bei der Durchführung dieser Kostenrechnung sind Alternativen gegeben, die es zum einen ermöglichen, je nach Rechnungzweck bestimmte kalkulatorische Kostenarten einzubeziehen oder auszuschließen. Zum anderen wird einem - je nach vorliegenden Unterlagen - nicht mehr zu vertretenden Rechnungsaufwand Rechnung getragen, indem vereinfachte, aber auch ungenauere Berechnungen durchgeführt werden können (z.b. der Ansatz von Abschreibungen zum Anschaffungswert und nicht zum Zeitwert mit der dabei erforderlichen Hochrechnung durch Indizes).

1. Vorgehen bei der Ermittlung der Selbstkosten

1.1 Allgemeines zum Selbstkostenbegriff

Unter Selbstkosten werden alle Personal- und Sachkosten einschließlich der Kosten der Substanzerhaltung (Instandhaltung, Abschreibung) verstanden, die durch die Leistungsbereitschaft und die Leistungserstellung bei sparsamer Wirtschaftsführung verursacht werden. Ausgangspunkt der Kostenerfassung sind die in der Einrichtung vorliegenden Unterlagen der Buchführung (Finanzbuchführung). Die dort verbuchten Werte müssen für die Kostenfeststellung überprüft, abgegrenzt und durch Nebenrechnungen ergänzt werden (vgl. Teil A, Kapitel V.3.2.2.). Dabei ist folgendes zu beachten:
Es dürfen nur Werte einbezogen werden, die
- leistungsbezogen sind (z.B. fallen neutrale Aufwendungen weg).
- periodenbezogen sind (es werden nur die Werte für die während der Periode verbrauchten Güter eingesetzt).

Bei Unterstellung des genannten Selbstkostenbegriffs können nicht alle Kosten aus der Finanzbuchführung abgeleitet werden. In der Kostenrechnung sind z.B. anstelle der Instandhaltungskosten und der bilanziellen Abschreibungen (im Kaufmännischen Buchführungssystem) Kosten der kalkulatorischen Abschreibungen und der kalkulatorischen Instandhaltung anzusetzen. Auch eventuelle Zusatzkosten wie z.B. kalkulatorische Löhne und kalkulatorische Wagniskosten müssen mit Hilfe von Nebenrechnungen ermittelt werden; die jeweiligen Verfahren sind an entsprechender Stelle angegeben (vgl. Teil A, S. 151 ff.).

Das Instrument ist jedoch so flexibel gestaltet, daß auch Kalkulationen, die einen anderen Kostenbegriff (z.B. den pagatorischen Kostenbegriff) zugrundelegen, durchführbar sind.

1.2. Aufstellen des betriebsspezifischen Kostenartenplanes

Mit Hilfe des beigefügten Kostenartenrahmens (Seite V/3) und den in der Finanzbuchführung verwendeten Konten muß der betriebsspezifische Kostenartenplan entwickelt werden.

* Formular V.1.2. Kostenartenplan

Bearbeitungs-
hinweis: Für eine Kostenarten-/Kostenstellenrechnung, wie sie die Selbstkostenrechnung hier darstellt, müssen die Kostenarten klar und eindeutig ausgewiesen werden. Je nach Größe der Einrichtung und der Art der vorhandenen Finanzbuchführung sind die vorliegenden Konten häufig nicht tief genug gegliedert, d.h. auf einem Konto gebuchte Aufwendungen bzw. Kosten müssen nicht immer derselben Kostenart angehören. Bei einer einfachen Einnahme-Ausgabenrechnung oder einem amerikanischen Journal werden die einzelnen Kostenarten aus den chronologischen Buchungen (Grundbuch, auch Zeitbuch oder Journal) und den dazugehörenden Belegen ermittelt. Beim Vorhandensein getrennter Bücher - Grundbuch und Hauptbuch (Sachbuch) - sind die Konten des Sachbuches und die Belege Ausgangspunkt für die Feststellung der einzelnen Kostenarten.
Je nach Rechnungszweck und gewähltem Selbstkostenbegriff können in die Selbstkostenrechnung unterschiedliche Kostenarten einbezogen werden (siehe P.I.3.3. und Teil A, Kapitel V.3.2.2.). Deshalb sind im Kostenartenrahmen Kostenarten aufgeführt, die in den betriebsspezifischen Kostenartenplan alternativ (und damit auch mit unterschiedlicher Berechnung) aufgenommen werden können.

Beispiel:

7200 Instandhaltungskosten   oder 7850 Instandhaltungspauschale
    (= Aufwand)   (kalk. Prozentsatz vom
                                         Anschaffungswert)
7600 bilanzielle Abschrei-   oder 7810 kalkulatorische Abschrei-
    bungen (im Aufwand ab   bungen ab 300 DM
    800 DM berechnet)   - nach Anschaffungswert
                                         oder
                                         - nach Zeitwert berechnet
7500 Zinsen (= Aufwand)   oder 7820 kalkulatorische Zinsen

Ist der Rechnungszweck beispielsweise die Ermittlung kostendeckender Gebühren (Selbstkostendeckungsprinzip mit Einschluß der Substanzsicherung), sind Abschreibungen vom Zeit-

- V/3 -

KOSTENARTENRAHMEN

6000-6400 Personalkosten
6000 Löhne u. Gehälter
6100 Gesetzl. Sozialabgaben
6200 Aufwendungen f. Altersversorgung
6300 Beihilfen u.Unterstützung
6400 Sonst. Personalkosten
6410 Honorare
6420 Pauschalen für freiw. Mitarbeiter
6430 Fort- u. Weiterbildung
6440 Entschädigungen
6450 Zuschüsse

6500-6600 Kosten der Betreuung
6500 Medizin, Sachkosten
6510 Heilmittel
6520 Pfleg. Hilfsmittel
6530 Verbandsmittel
6540 Geräte, Instrumente
6550 Kosten f. Untersuchungen in fremden Institutionen
6600 Verpflegung u. Betreuung
6610 Verpflegung
6611 Lebensmittel
6612 Getränke
6650 Betreuung
6651 Materialien
6652 Ausflüge

6700 Energie, Brennstoff, Treibstoffe
6710 Strom
6720 Gas
6730 Wasser
6740 Kraftstoff
6750 Öl
6760 Kilometergeld
6770 Fernheizung

6800 Wirtschaftskosten
6810 Hausreinigung
6811 Reinigungsmittel
6812 Fremdreinigung
6820 Wäschereinigung
6830 Hausverbrauch

6900 Verwaltungskosten
6910 Telefon
6920 Büromaterial
6930 Porto- u.Versandkosten
6940 Bankgebühren, Postfach
6950 Werbekosten,Prospekte, Inserate,Öffentlichkeitsarbeit
6960 Zeitungen,Fachliteratur
6970 Reisekosten
6980 Personalbeschaffungskosten
6990 Sonstige Kosten (EDV)

7100 Geringwertige Güter
7110 Pflege
7120 Verleihbare Pflegehilfsmittel
7130 Betreuung

7200 Instandhaltung, Ersatzbeschaffung
7210 Instandhaltung[1])
7211 Außenanlagen
7212 Gebäude
7213 Technische Anlagen
7214 Ausstattung
7215 Geräte und Maschinen
7216 Pflegehilfsmittel
7217 Kfz
7220 Ersatzbeschaffung
7230 Wartung

7300 Abgaben, Steuern, Versicherungen
7310 Abgaben
7311 Müllabfuhr
7312 Schornsteinfeger
7313 Rundfunk-u.Fernsehgeb.
7320 Versicherungen
7321 Kfz-Haftpflicht
7322 Haftpflicht-Personal
7323 Feuer,Einbruch,Diebstahl
7324 Rechtsschutz
7330 Steuern
7331 Kfz-Steuern

7400 Miete[4]), Pacht

7500 Zinsen[2])

7600 Abschreibungen[3]) (bilanzielle)

7700 Sonstige Kosten

7800 Kalkulatorische Kosten
7810 Kalkulatorische Abschreibung[3])
7811 Außenanlagen
7812 Gebäude
7813 Technische Anlagen
7814 Ausstattung
7815 Geräte und Maschinen
7816 Pflegehilfsmittel
7817 Kfz
7820 Kalkulatorische Zinsen[2])
7830 Kalkulatorische Löhne
7840 Kalkulatorische Miete[4])
7850 Instandhaltungspauschale[1])
7860 Kalkulatorische Wagnisse

EINNAHME-/ERTRAGSARTEN

4000-4300 Leistungsentgelte
4010 Selbstzahler
4011 Krankenpflege
4012 Altenpflege
7013 Haus- und Familienpflege
4014 Pflegehilfsmittel
4015 Ambulanz
4100 Zahlungen Dritter
4110 Krankenkassen
4120 Sozialamt
4130 Bundesversicherungsanstalt
4140 Landesversicherungsanstalt
4200 Beiträge
4210 Beiträge für Kurse
4220 Beiträge für Ausflüge
4300 Verpflegung
4310 Essen auf Rädern
4320 Stationäres Mittagessen
4330 Cafeteria

4400 Erstattungen des Personals
4410 Unterkunft
4420 Verpflegung
4430 Telefon
4440 Dienstwagen
4600 Zuweisungen
4610 Krankenpflegevereine
4620 Kirchengemeinde
4630 Träger
4640 Land
4650 Kreis
4660 Sozialamt
4670 Bund
4680 Sonstige
5000 Andere Einnahmearten
5010 Zinsen
5020 Mieten und Pachten
5100 Skonti
5800 Spenden
5900 Sonstige Einnahmen

1)2)3)4) Bei der Selbstkostenrechnung darf nur jeweils eine der alternativ ansetzbaren Kostenarten in Ansatz gebracht werden.

wert (7810) anzusetzen. Für Betriebsvergleiche ist im allgemeinen der Ansatz kalkulatorischer Zinsen (7820 Verzinsung des betriebsnotwendigen Kapitals) und nicht der Ansatz von Fremdkapitalzinsen (7500) zu wählen, um Verzerrungen des Kostenbildes durch unterschiedliche Finanzierungsformen bzw. Kapitalstrukturen zu vermeiden (vgl. hierzu Teil A, S. 150 ff.).

1.3. Erfassen der Kosten nach Kostenarten (Generelles Vorgehen, spezielle Hinweise siehe P.V.2. und P.V.3.).

Die Kostendaten werden so weit als möglich aus den vorliegenden Buchungsaufzeichnungen und Belegen ermittelt. Ist nur ein Grundbuch vorhanden, werden die einzelnen Buchungen überprüft, den zutreffenden Kostenarten zugeordnet und ins Kostenartensammelblatt eingetragen. Beim Vorhandensein eines Sachbuches (von Sachkonten) werden in einer Nebenrechnung die Summen der einzelnen Aufwandskonten aufgenommen. In vielen Fällen sind Abgrenzungen und eine Zuteilung zu verschiedenen Kostenarten notwendig. Dabei werden bei jedem Konto die Werte anhand der Belege überprüft: Kostendaten werden in das Kostenartensammelblatt eingetragen - abgegrenzte Werte werden in der Nebenrechnung beim jeweiligen Konto vermerkt. So kann in Zweifelsfällen die Vollständigkeit der aus der Buchführung übernommenen Daten überprüft werden. Außerdem sind die Werte den Kostenarten gemäß aufzuschlüsseln, wenn ein Konto mehrere Kostenarten beinhaltet, z.B. Konto Kfz-Aufwand:

```
Benzin          6740
Reparaturen     7217
Versicherung    7321
Steuer          7331
```

Bei diesem Arbeitsschritt sind auch die Ertragskonten in die Nebenrechnung aufzunehmen. Hier muß speziell zwischen Erstattungen und Einnahmen unterschieden werden. Erstattungen sind evtl. mit den ermittelten Kosten zu verrechnen; die Werte der Einnahmen (Erträge) werden zur Feststellung der erreichten Kostendeckung benötigt. Dabei sind solche Einnahmen heranzuziehen, die in Zusammenhang mit der Leistungserstellung stehen (vgl. hierzu Teil A, S. 167 f.).

* **Formular V.1.3. Kostenartensammelblatt**

<u>Bearbeitungshinweis:</u> Mit Hilfe des Kostenartensammelblattes werden die Kosten aus den Buchführungsaufzeichnungen erfaßt. Dabei wird in Spalte 1 das Datum der Buchung (Finanzbuchführung), in Spalte 2 die

Kostenartennummer entsprechend des Kostenartenplanes (F.V.1.2.) und in Spalte 3 der Text eingetragen. In Spalte 4 wird der Gesamtbetrag aufgenommen.
Je nach Rechnungszweck kann in den Spalten 5 und 6 eine Aufteilung in fixe und variable Kosten erfolgen. Als fixe Kosten werden die mit der Leistungsmenge sich nicht verändernden Kosten (z.B. Kfz-Steuern), als variable Kosten die mit der Leistungsmenge sich verändernden (km-Geld, Verbrauchsmaterialien) verstanden.
Teilweise können Kostenarten einzelnen Kostenstellen direkt oder ohne große Verrechnungen zugeordnet werden. In Spalte 7 ist dabei die Verteilungsgrundlage bei der Aufteilung der Kosten auf die Kostenstellen (Spalten 8-19) anzugeben. Ist dies nicht möglich, wird die Gesamtsumme in Spalte 4 eingetragen und mit Hilfe von Formular V.1.4. auf die einzelnen Kostenstellen verteilt. (Näheres siehe P.V.1.4.).
Nach der "Erstaufnahme" werden aus diesen Kostenartensammelblättern die Kosten nach einzelnen Kostenarten zusammengefaßt und pro Kostenart (bzw. nach Kostenartengruppen, je nach Umfang) in ein neues Kostenartensammelblatt eingetragen. Diese nach Kostenarten getrennte Aufschlüsselung ist der Ausgangspunkt für alle weiteren Berechnungen. Fehlende oder noch nicht berechnete Kosten werden nun (teilweise über Nebenrechnungen) ermittelt und hinzugefügt (Anleitungen bei den jeweiligen Kostenarten ab P.V.2. und P.V.3.).
Einnahmen/Erträge sind ebenso mit Hilfe eines Kostenartensammelblattes zu erfassen und den jeweiligen Leistungs-/Kostenstellen zuzuordnen, durch deren Leistungen sie erzielt werden.

1.4. Verteilung der Kostenarten auf Kostenstellen

* Formular V.1.4. Verteilung einer Kostenart auf Kostenstellen

Bearbeitungshinweis: Zur Verteilung der Kostenarten auf die Kostenstellen ist der betriebsspezifische Leistungs-/Kostenstellenplan (F.II.11.) heranzuziehen. Die Kostenarten werden auf die Leistungs-/Kostenstellen möglichst verursachungsgerecht verteilt. Soweit die Zuordnung aus den Belegen eindeutig ersichtlich ist, sollte die Verteilung gleichzeitig mit der Kostenerfassung vorgenommen werden (siehe P.V.1.3.). Kostenarten, die

nicht direkt verteilt werden können, sind mit
Hilfe von Schlüsseln zuzuordnen. Zur Bildung
von Schlüsseln sollten Bezugs- bzw. Maßeinheiten herangezogen werden, die eine wesentliche
Einflußgröße der zu verteilenden Kosten darstellen. Dabei können mengenmäßige Kriterien
(Anzahl, Zeit, Raum, Gewicht, techn. Meßgrößen)
und wertmäßige Kriterien (Umsatz-, Einstands-,
Bestands- und Kostengrößen) zugrundegelegt werden. Allerdings ist bei der Verwendung von
Schlüsseln der Rechenaufwand zum erreichbaren
oder gewünschten Grad der Rechengenauigkeit
ins Verhältnis zu setzen.

Beispiel:

Kostenart	Schlüssel
Personalkosten	Zeitansatz in den Kostenstellen
Energie	Nach Zählern; wenn nicht vorhanden:
	Wasser: Zahl der Zapfstellen und geschätzter Verbrauch
	Licht: Zahl der Lampen, KW-Zahl x Brenndauer
	Heizung: beheizter Raum in m^3, Heizdauer, KW-Nennleistung der Öfen und Heizdauer, evtl. nach Nutzung der Räume und Kostenstellen.

2. **Ermittlung der einzelnen Kostenarten - Hinweise und Berechnungsmöglichkeiten**

2.1. Personalkosten

Die Ermittlung der Personalkosten weicht von der bisher geschilderten Kostenermittlung etwas ab. Die Summen der Personalaufwandskonten können meist nicht direkt übernommen werden, die Personalkosten müssen auf die verursachenden Kostenstellen verteilt werden. Bei der Erstaufnahme werden die Personalkosten mit speziellen Formularen ermittelt und erst später in die Kostenartensammelblätter zur Weiterverrechnung aufgenommen.

* Formular V.2.1.1. Erfassen der Personalkosten

Bearbeitungs- Mit diesem Formular werden die Kosten pro Person und Erhebungsjahr ermittelt. Als Unterlagen werden hierzu die Lohn- und Gehaltslisten der einzelnen Mitarbeiter herangezogen. Dabei werden die Jahresbruttowerte einschließlich der Arbeitgeberanteile in Spalte 4 eingetragen. Beihilfen und Zuschüsse, die hier miteinberechnet sind, werden herausgerechnet und in den Spalten 6 und 7 eingetragen. Sind Beihilfen und Zuschüsse nicht in diesen Unterlagen enthalten, werden sie aus den entsprechenden Konten der Finanzbuchhaltung und Belegen ebenso wie die Beiträge zur Berufsgenossenschaft (Spalte 5) und die Kosten der Fort- und Weiterbildung (Spalte 8) ermittelt. In Spalte 11 sind eventuelle Abzüge einzutragen, z.B. noch nicht verrechnete Vorschüsse. In Spalte 9 werden dann die Kosten der Honorarkräfte (bitte zutreffende Kostenstellen aus den Belegen ermitteln und vermerken) und die Pauschalvergütungen für freiwillige Mitarbeiter festgehalten. Es ist nicht notwendig, die Personen einzeln aufzuführen, wenn die Gesamtsummen bekannt sind und nur einer Kostenstelle zuzurechnen sind. Werden die Arbeitszeiten freiwilliger Mitarbeiter ebenfalls aus Abrechnungen ermittelt, ist es sinnvoll, Kosten und die Arbeitszeiten zusammen zu erfassen (siehe F.IV.1.3.2.). Liegen zur Kostenerfassung nur Auszahlungsbeträge (Rechnungen) vor, sind die vom Arbeitgeber abzuführenden Beträge (z.B. pauschalierte Lohnsteuer) noch hinzuzuaddieren. Außerdem muß beachtet werden, daß in Auszahlungsbeträgen noch andere Kosten enthalten sein können wie z.B. Kilometergeld, das bei ambulanten Diensten (Pflege oder Nachbarschaftshilfe) den Wegekosten (keine Reisekosten!) zuzurechnen ist.

* **Formular V.2.1.2. Verteilen der Personalkosten auf die Kostenstellen**

Bearbeitungshinweis: Die Summen der Personalkosten werden aus Formular V.2.1.1. Spalte 12 in Spalte 3 übertragen. Die Verteilung der Personalkosten erfolgt nach der Arbeitszeit in den jeweiligen Kostenstellen. Die Anteile der Arbeitszeit pro Kostenstelle und Mitarbeiter werden aus Formular IV.1.3.3. entnommen. Für jeden Mitarbeiter werden die relevanten Kostenstellen untereinander in Spalte 4, der dazugehörende Arbeitszeitanteil (in Stunden oder Prozent) in Spalte 5 eingetragen. Über eine Nebenrechnung - hier Formular V.1.4. - werden dann die Kosten pro Kostenstelle errechnet und in den Spalten 6-17 eingetragen. Die Endsummen der einzelnen Kostenstellen können dann ins Kostenartensammelblatt oder direkt in den Betriebsabrechnungsbogen übernommen werden.

2.2. Sonstige Kosten

Die folgenden Kostenarten werden, wie unter Punkt V.1.3. und Punkt V.1.4. beschrieben, aus der Finanzbuchführung abgegrenzt und in die Kostenartensammelblätter übernommen. Anschließend muß anhand des Kostanartenplanes überprüft werden, ob alle für die Einrichtung relevanten Kosten erfaßt sind. Fehlende Daten sind zu schätzen und bei der jeweiligen Kostenart aufzunehmen. Die Numerierung der Kostenarten entspricht im folgenden der des Kostenartenrahmens.

2.2.1. Kosten der Betreuung (6500 - 6600)

Hier werden alle Kosten erfaßt, die durch die Betreuung und Versorgung direkt anfallen. Es gehören dazu Kosten der pflegerischen Hilfsmittel, der benötigten Geräte, der Kosten für Lebensmittel bei Essen auf Rädern oder bei einer Cafeteria, Materialien zum Basteln oder die Kosten für Ausflüge. Hier können z.B. auch die Kosten für Blumen bzw. Tischschmuck in einer Altentagesstätte aufgenommen werden.

2.2.2. Energie, Brennstoffe, Treibstoffe (6700)

Bei der Ermittlung der Energiekosten sollten nicht nur die Kostendaten, sondern auch die verbrauchten Mengen o.ä. miterfaßt werden (kWh, cm^3, l, km usw.), da sie die Grundlage zur Schlüsselbildung bei der Verteilung auf die Kostenstellen sein können. Gefahrene Kilometer und evtl. das Kilometergeld sind in Formular III.6.3.3.c. erfaßt und können von dort übernommen werden.

2.2.3. Wirtschaftskosten (6800)

Alle Reinigungskosten, die durch die Reinigung der Einrichtung oder durch die Wäschereinigung anfallen, sind hier zuzuordnen. Bei Fremdreinigung durch eine Gebäudereinigungsfirma sind die Kosten nicht als Personalkosten, sondern an dieser Stelle zu erfassen. Kosten des Hausverbrauchs sind z.B. die Kosten für Glühbirnen, Toilettenpapier usw.

2.2.4. Verwaltungskosten (6900)

Zur Rubrik Verwaltungskosten zählen außer den allgemeinen bei dieser Kostenart erfaßten Kosten diejenigen, die z.B. durch die Vergabe der Abrechnung über EDV an eine Zentralstelle verursacht werden. Das Kilometergeld für den Einsatz von Privatautos im ambulanten Bereich ist nicht als Reisekosten zu betrachten.

2.2.5. Geringwertige Güter (7100)

Hier sind die Kosten für einzelne Güter mit einem Anschaffungswert unter 300 DM einzusetzen - mit folgenden Ausnahmen:

- Wurden mehrere Gegenstände gekauft, die zwar pro Stück einen Anschaffungspreis von 100 - 300 DM haben (z.B. Schreibtischstühle, verleihbare Hilfsmittel), aber insgesamt einen höheren Wert darstellen, werden sie als Gruppe gewertet und abgeschrieben (siehe auch P.V.3.1. Abschreibungen).
- Werden viele kleine Gegenstände beschafft (z.b. Werkzeuge, Geschirr, Besteck), deren Gesamtwert über 300 DM liegt, wird der Gesamtwert der Erstanschaffung in den ersten drei Jahren bis zur Hälfte abgeschrieben. Dieser Wert bleibt als Festwert im Inventarverzeichnis stehen und wird nicht weiter abgeschrieben. Kosten von Gegenständen, die als Ersatz für diese festbewerteten Güter beschafft werden, sind bei der Ersatzbeschaffung (7200) als laufende Kosten einzusetzen.

2.2.6. Instandhaltung/Ersatzbeschaffung (7200)

Kosten der Instandhaltung sind nur Kosten, die bei der Werterhaltung eines Gutes entstehen. Tritt eine Wertsteigerung des Gutes (über 300 DM) auf, müssen dafür Kosten im Rahmen der Abschreibungen festgesetzt werden.

Bei der Ermittlung der Kosten für Instandhaltung können

a) aus der Finanzbuchhaltung abgeleitete aufwandsgleiche Kosten angesetzt werden oder
b) die in der Finanzbuchhaltung ausgewiesenen Werte außer acht gelassen und die Kosten kalkulatorisch mit auf gesicherten Erfahrungswerten beruhenden Prozentsätzen vom Anschaffungswert der Anlagegüter als Instandhaltungspauschale angesetzt werden. Diese Pauschalen werden mit den Abschreibungen zusammen ermittelt (F.V.3.1.1. und F.V.3.1.2.).

Hier sind außerdem die Kosten der Ersatzbeschaffung für die Gruppe der festbewerteten Güter aufzunehmen (siehe P.V.2.2.5.).

2.2.7. Abgaben, Steuern und Versicherungen (7300)

Zu den Versicherungen zählen vor allem die Kraftfahrzeugversicherungen, sowie Gebäudeversicherungen und solche, die im Zusammenhang mit den Betreuten stehen (Haftpflicht, Unfall). Beiträge zur Berufsgenossenschaft sind bei den Personalkosten zu erfassen.

2.2.8. Miete, Pacht (7400)

Hier sind die Kosten für gemietete oder gepachtete Grundstücke und Gebäude bzw. Teile von Gebäuden zu erfassen. Kosten für

Räume in Dienstwohnungen (z.B. ein Ambulanzraum in der Wohnung einer Gemeindeschwester), die bei der Leistungserstellung genutzt wurden und für die Mietzuschüsse gezahlt werden, sind ebenso wie die Kosten von Räumen der eigentlichen Einrichtung aufzunehmen.

2.2.9. Zinsen (7500)

Als Zinskosten werden hier die tatsächlichen Zinsen für das aufgenommene Fremdkapital eingesetzt (aufwandsgleiche Kosten). Für eine Berechnung der Selbstkosten, die einen Zinsansatz des gesamten zur Leistungserstellung benötigten Kapitals berücksichtigt (z.B. für Vergleichsrechnungen), sind die Zinskosten des betriebsnotwendigen Kapitals als kalkulatorische Zinsen (7800) zu berechnen und dort als Kosten anzusetzen. Je nach Rechnungszweck muß zwischen diesen beiden Arten der Zinsberechnung gewählt werden (vgl. Teil A, S. 150 f., 156 ff.).

2.2.10. Abschreibungen (7600)

Als Abschreibungen werden an dieser Stelle lediglich eventuell vorhandene bilanzielle Abschreibungen (kaufmännisches Buchführungssystem) aus der vorliegenden Finanzbuchführung für Güter mit einem Anschaffungswert über 800 DM ermittelt und als Kosten erfaßt.

Auch bei den Abschreibungen ist eine weitere Kostenart, die kalkulatorischen Abschreibungen, in den Rahmen aufgenommen und alternativ ansetzbar. Ist der Rechnungszweck die Ermittlung kostendeckender Gebühren, die Substanzerhaltung gewährleisten sollen, sind kalkulatorische Abschreibungen (7810) anzusetzen (vgl. Teil A, S. 151 ff.).

3. Ermittlung kalkulatorischer Kosten (7800) - Hinweise und Berechnungsmöglichkeiten

Der durch die kalkulatorischen Kosten erfaßte Werteverbrauch wird in der Finanzbuchhaltung nicht oder mit anderen Werten (bilanzielle Abschreibung, Fremdkapitalzinsen) erfaßt. Deshalb müssen die kalkulatorischen Kosten getrennt ermittelt werden.

3.1. Abschreibungen (7810)

Abschreibungen sind auch von Anlagegütern zu berechnen, die aus Zuschüssen finanziert sind. Es kann nicht davon ausgegangen werden, daß auch die Wiederbeschaffung aus Zuschüssen finanziert wird.

Zur Berechnung der Abschreibungen werden zwei Möglichkeiten geboten (vgl. Teil A, S. 151 ff.):

a) die Abschreibung von Anschaffungswerten
b) die Abschreibung von Zeitwerten

Einer Abschreibung von Zeitwerten ist bei steigenden Preisen
unter dem Aspekt der Substanzerhaltung der Vorzug einzuräumen, wenn bei Abschreibungen vom Anschaffungswert keine Verzinsung der Abschreibungsgegenwerte erreicht wird, die dem
Fehlbetrag zwischen angesammelten Abscheibungsgegenwerten und
Wiederbeschaffungskosten entspricht. Sie ist jedoch mit einem
höheren Zeit- und Rechenaufwand verbunden. Im folgenden sind
beide Möglichkeiten der Berechnung aufgezeigt.
Hier ist eine Abstimmung mit den Daten der Finanzbuchführung
erforderlich. Der dort für geringwertige Güter zwischen 300 DM
und 800 DM ausgewiesene Aufwand ist nicht kostengleich zu
setzen. Die Anschaffungskosten dieser Anlagegüter sind in den
Formularen IV.2.3.2. und V.3.1.1.a. bzw. V.3.1.1.b. zu erfassen und Abschreibungen für sie anzusetzen.
Als Abschreibungsverfahren wird für Güter ab einem Anschaffungswert von 300 DM die lineare Abschreibung vorgeschlagen.
Als Hilfe ist eine Abschreibungstabelle[1] mit Vorschlägen für
die ansetzbare Nutzungsdauer im Anhang beigefügt.

3.1.1. Abschreibung vom Anschaffungswert

* Formular V.3.1.1.a. Abschreibung von Gebäuden und technischen Anlagen (Anschaffungswert)

Bearbeitungs-   Die Anschaffungswerte bzw. Bau-/Umbaukosten
hinweis: sind von Formular IV.3.5.1. zu übertragen. Die
                weiteren Berechnungen ergeben sich aus dem Tabellenkopf. Werden Anschaffungen während des
                Jahres getätigt, ist die Abschreibung der anteiligen Nutzungsdauer entsprechend anzugeben
                (Spalte 7). Werden die Instandhaltungskosten
                pauschal berechnet, werden die Kosten in DM
                (Spalte 13) nach dem in Spalte 12 einzusetzenden Prozentsatz vom Anschaffungswert errechnet. Zur Ermittlung der Gesamtabschreibungen
                im Erhebungsjahr sind in allen Formularen die
                Summen der Spalte 7 "Abschreibung im Erhebungsjahr" aufzuaddieren.

* Formular V.3.1.1.b. Abschreibung der Ausstattung
                    (Anschaffungswert)

Bearbeitungs-   Aus den Inventarverzeichnissen (F.IV.2.3.2.)
hinweis: sind alle Sachgüter über einem Anschaffungswert
                von 300 DM in die Abschreibungsformulare zu

---

[1]: Erarbeitet unter Verwendung von:
SEIDEL, G. (1977): Buchführung und Bilanzierung im Krankenhaus. Band 1:
  Grundwerk mit Anlagen. Nördlingen. Abschreibungstabellen S. 169 - 174.
BADEN-WÜRTTEMBERGISCHE KRANKENHAUSGESELLSCHAFT e.V. (Hrsg.) (1981):
  Stichwörterkatalog "Krankenhaus-Rechnungswesen". Stuttgart. Abschreibungssätze S. 3 - 18. Stand 8/1981.
BETZ, U. u.a. (1985): Datensammlung für die Kalkulation der Kosten und
  des Arbeitszeitbedarfs im Haushalt. Kuratorium für Technik und Bauwesen in der Landwirtschaft e.V. (Hrsg.). 3. Auflage. Darmstadt.

übernehmen. Sind jedoch viele gleichartige Güter mit einem Anschaffungswert von 100 - 300 DM enthalten (z.B. Stühle oder verleihbare Pflegehilfsmittel), werden sie als Gruppen mitaufgenommen und abgeschrieben (siehe auch P.V.2.2.5.). Werkzeuge, Besteck, Geschirr usw. werden in den ersten drei Jahren bis auf die Hälfte des in den Inventarlisten ausgewiesenen Anschaffungspreises abgeschrieben. Später werden sie mit diesem Festwert (nicht abzuschreiben) in die Abschreibungsformulare (Spalten 10 und 11) aufgenommen. Ersatzbeschaffungen für diese Güterkategorie gehen als Kosten in die laufende Betriebsrechnung ein. Eine Erhöhung des Bestandes jedoch muß neu aufgenommen werden, der bisherige Festwert erhöht sich entsprechend.

3.1.2. Abschreibung vom Zeitwert (Restzeitwert)

Die Ermittlung der Abschreibung vom Zeitwert wird mit Hilfe von Preisindizes vorgenommen. Da anzunehmen ist, daß in vielen Fällen keine fortgeschriebenen Unterlagen zur Ermittlung der Abschreibungen vorliegen und eine nachträgliche jährliche Umrechnung mit Preisindizes einen sehr hohen Zeitaufwand bedeuten, wird ein vereinfachtes Verfahren vorgeschlagen:

- Sind die Restwerte der Sachgüter zum Anfang des Berechnungszeitraumes nicht bekannt, werden sie bis zu diesem Datum als Restwerte durch Abschreibung vom Anschaffungswert berechnet. Diese Restwerte werden dann mit Hilfe von Preisindizes auf den Zeitwert (Restwert) umgerechnet, die restliche Nutzungsdauer und der Abschreibungsbetrag für das Erhebungsjahr ermittelt. Bei älteren Einrichtungen ist jedoch zu bedenken, ob die Umrechnung mit Preisindizes nicht schon in Abständen von drei bis fünf Jahren erfolgen sollte.

Welcher Index zur Umrechnung zu verwenden ist, hängt von der jeweiligen betrieblichen Situation ab. Für Einrichtungen, denen bei ihren Anschaffungen ein hoher Preisnachlaß gewährt wird, kann als Index der Index der Großhandelsverkaufspreise[1]) nach dem Warenverzeichnis für die Binnenhandelsstatistik vorgeschlagen werden. Ansonsten ist eventuell der Index der Einzelhandelspreise nach dem Warenverzeichnis der Binnenhandelsstatistik[2]) zu verwenden. In beiden Fällen können der Gesamtindex oder die Einzelindizes der betreffenden Gütergruppen gewählt werden. Letzteres bedeutet allerdings einen höheren Rechenaufwand. Zur Berechnung des Umrechnungsfaktors:

$$\text{Umrechnungsfaktor} = \frac{\text{Index des Erhebungsjahres}}{\text{Index des Anschaffungsjahres}}$$

[1,2]: vgl. Angabe dieser Indizes im Statistischen Jahrbuch für die Bundesrepublik Deutschland, das jährlich vom Statistischen Bundesamt herausgegeben wird.

* Formular V.3.1.2.a. Abschreibung von Gebäuden und technischen Anlagen (Zeitwert)

Bearbeitungs-   Zur Umrechnung von Bauten auf den Zeitwert kann
hinweis: der Preisindex für Bauwerke[1]) herangezogen werden.
                Die weitere Bearbeitung erfolgt analog
                nur mit Umrechnung auf den Zeitwert (siehe
                P.V.3.1.2. und F.V.3.1.1.).

* Formular V.3.1.2.b. Abschreibung der Ausstattung (Zeitwert)

Bearbeitungs-   Siehe Bearbeitungshinweise zu Formular V.3.1.2.a.
hinweis: und Formular V.3.1.1.b.

3.2. Kalkulatorische Zinsen (7820)

Bei der Berechnung der kalkulatorischen Zinsen werden nur Vermögensteile zugrundegelegt, die zur Erstellung von Leistungen benötigt werden: das betriebsnotwendige Anlage- und Umlaufvermögen. Dabei wird für die Zinsberechnung beim abnutzbaren Anlagevermögen vereinfacht vom halben Anschaffungswert (Methode der Durchschnittswertverzinsung) ausgegangen. Das betriebsnotwendige Umlaufvermögen ist mit kalkulatorischen Durchschnittswerten anzusetzen. Das betriebsnotwendige Anlage- und Umlaufvermögen ergeben zusammen das betriebsnotwendige Vermögen. Um das betriebsnotwendige Kapital zu ermitteln, sind davon zinsfrei zur Verfügung stehende Beträge als Abzugskapital abzuziehen. Die kalkulatorischen Zinsen errechnen sich aus dem betriebsnotwendigen Kapital und dem Zinssatz. Als Zinssatz wird der Jahresdurchschnitt des Zinssatzes von langfristigen (öffentlichen) Anleihen wie Pfandbriefe und Kommunalobligationen vorgeschlagen. Auch bei der Berechnung der kalkulatorischen Zinsen ist der Rechnungszweck zu berücksichtigen. Für zwischenbetriebliche Vergleiche werden Zinsen auf das gesamte betriebsnotwendige Kapital berechnet. Für Gebührenberechnungen jedoch sind die Anteile des betriebsnotwendigen Vermögens auszuklammern, die mit Zuschüssen und Zuweisungen der öffentlichen Hand finanziert sind. Dafür wird eine doppelte Begründung angeführt:
Erstens ist es dem Nutzer nicht zuzumuten, Kostenbeiträge oder Gebühren zu bezahlen, die Zinskosten für Kapital enthalten, das er selbst als Steuerzahler aufgebracht hat. Zweitens ist Zuschüssen kein Kostencharakter (Alternativ- oder Opportunitätskosten) nachzuweisen, da sie zweckgebunden sind und nicht alternativ eingesetzt werden können (vgl. Teil A, S. 156 ff.).

---

1): vgl. Angabe dieses Indexes im Statistischen Jahrbuch für die Bundesrepublik Deutschland, das jährlich vom Statistischen Bundesamt herausgegeben wird.

* Formular V.3.2. Ermitteln des kalkulatorischen Zinses

Bearbeitungs-   Aus Formular IV.3.5.1. werden die Werte des An-
hinweis: lagevermögens aus Spalte 4 übertragen. Eventuell
gewährte Zuschüsse sind aus den Spalten 6 und 7 desselben Formulars ausgewiesen und können von dort aus übernommen werden.
Das Umlaufvermögen stellt in den Einrichtungen der offenen Altenhilfe keine großen Werte dar, da im allgemeinen umfangreiche Lager nicht vorhanden sind. Der Wert des Umlaufvermögens ist aus den Aufzeichnungen des Rechnungswesens und aus Nebenrechnungen zu Periodenbeginn und -ende zu ermitteln oder zu schätzen und als Durchschnittswert anzusetzen.

4. Erstellen des Betriebsabrechnungsbogens

4.1. Erfassen primärer Kosten im Betriebsabrechnungsbogen

Ausgangspunkt für den Betriebsabrechnungsbogen sind die Kostenartensammelblätter. Von den dort ausgewiesenen Beträgen sind in der Buchführung ausgewiesene Erstattungen (keine Erträge aus Leistungen!) abzusetzen (siehe P.V.1.3.), bevor weitere Berechnungen durchgeführt werden. Es kann je nach Rechnungszweck sinnvoll sein, bestimmte Erstattungen nicht abzuziehen. Dies ist z.B. der Fall, wenn bei der Kostenstelle Fuhrpark die durchschnittlichen Kosten pro Kilometer ermittelt und der Erstattungssatz der privat gefahrenen Kilometer überprüft werden soll.

Die in den Kostenartensammelblättern gesammelten und auf die Kostenstellen verteilten Kosten werden für jede einzelne Kostenartengruppe (z.B. 6800 Wirtschaftkosten, 6900 Verwaltungskosten usw.) aufaddiert.

* Formular V.4.1. Betriebsabrechnungsbogen

Bearbeitungs-   Hier ist zu beachten, daß in diesen Betriebs-
hinweis: abrechnungsbogen sowohl Einzel- als auch Gemeinkosten aufzunehmen sind.
In Spalte 2 werden die Kostenartengruppen, in Spalte 3 die jeweils zugehörigen Kosten dieser Kostenartengruppe eingetragen. Für jede Kostenartengruppe muß auch die Verteilung dieser Kosten auf die betreffenden Kostenstellen vorgenommen werden. Sind alle Kostenartengruppen eingetragen, die im Betriebsabrechnungsbogen berücksichtigt werden sollen, werden alle Zahlenspalten aufaddiert.

Damit sind die Gesamtkosten der Einrichtung sowie die Kosten der einzelnen Leistungs-/Kostenstellen transparent gemacht. Durch weitere Kostenanalysen können dann Schwachstellen aufgedeckt werden.

Im allgemeinen folgt nun eine Umlage der Kosten der Hilfskostenstellen (Vorkostenstellen) auf die Hauptkostenstellen (Endkostenstellen). Damit werden die Kosten der innerbetrieblichen Leistungen bzw. die Kosten der Leistungen, die Vorbedingung zur Erstellung der Hauptleistungen sind, auf die Hauptkostenstellen verrechnet.

4.2. Umlage der Vorkostenstellen auf Endkostenstellen

Bei der Umlage der Vorkostenstellen auf die Endkostenstellen werden die Kosten der innerbetrieblichen Leistungen verteilt, die diese Kostenstellen (Hilfskostenstellen) an die Hauptkostenstellen abgegeben haben. Dabei wird ein einfaches Verfahren gewählt, das die Verrechnung von Kosten gegenseitig leistender Kostenstellen nicht berücksichtigt. Die in den leistenden Stellen anfallenden Kosten werden entsprechend der Beanspruchung auf die empfangenen Stellen umgelegt (siehe P.II.11. und vgl. Teil A, Kapitel V.3.3.2.).

Mit Hilfe von Formular V.4.2. Kostenstellenumlage werden die Kosten der jeweiligen Kostenstelle auf die darauffolgenden Kostenstellen verteilt.

* Formular V.4.2. Kostenstellenumlage

Bearbeitungs- In Spalte 2 werden die Kostenstellen eingetra-
hinweis: gen, auf die die Kosten der abgebenden Kosten-
               stelle zu verteilen sind. In Spalte 4 wird die
               auf die jeweilige Kostenstelle entfallende Zahl
               der Schlüsseleinheiten eingetragen, die mit
               dem Wert pro Einheit (Spalte 5) den Betrag er-
               gibt, der auf diese Kostenstelle zu verrechnen
               ist.

Beispiele für Verteilungsschlüssel:

    Gebäude   - m^2

    Verwaltung   S - Zahl der Einsatzstellen
                       je Kostenstelle
                  - Zahl der Mitarbeiter
                     je Kostenstelle
                  - Zeitaufwand pro Kostenstelle
                     in % (geschätzt oder erfaßt)

Reinigung	- m² je Kostenstelle
Fuhrpark	- km bzw. Fahrtstunden je Kostenstelle
gemeinsame Einsatzleitung	- Zahl der Mitarbeiter je Kostenstelle - Zeitaufwand pro Kostenstelle in %
Betrieb allg.	A - nach Zahl der Veranstaltungen je Kostenstelle - Nutzung der Räume je Kostenstelle

Die mit Hilfe von Formular V.4.2. errechneten Werte werden dann bei jeder Umlage in den Betriebsabrechnungsbogen eingetragen. Zuletzt bleiben nur noch die Hauptkostenstellen bzw. Endkostenstellen übrig, auf die dann die gesamten Kosten der Einrichtung verteilt sind.

Ob und wie eine Kostenstellenumlage durchgeführt wird, kann nur im Hinblick auf den verfolgten Rechnungszweck erfolgen. Dies soll an zwei Beispielen aufgezeigt werden.

Beispiel 1:

Annahme: Sozialstation, die selbstkostendeckende Leistungsentgelte ermitteln will und davon ausgeht, daß sie ihre gesamten Kosten mit diesen Leistungsentgelten decken muß (fiktive Daten).
Gewählte Kostenstellen:
I   Betrieb allgemein
II   Verwaltung
III Fuhrpark
IV   Einsatzleitung
V   Ambulante Kranken- und Altenpflege
VI   Verleih von Hilfsmitteln
VII Essen auf Rädern

In diesem Beispiel erfolgt eine Umlage aller Vorkostenstellen auf die Hauptkostenstellen, denn alle Kosten müssen bei der Ermittlung der selbstkostendeckenden Leistungsentgelte berücksichtigt werden. Die Einrichtung müßte für einen Hausbesuch 16,76 DM und für ein Essen 7,31 DM verlangen, um Kostendeckung zu erreichen.

Betriebsabrechnungsbogen Beispiel 1

Ko.art.Nr.	Kostenstellen / Kostenarten	Gesamtkosten DM	Verteilungsgrundlage	Hilfskostenstellen				Hauptkostenstellen		
				I	II	III	IV	V	VI	VII
1	2	3	4	5	6	7	8	9	10	11
6000	Personalkosten	251 000,-	Gehaltsabr.	3 000,-	20 000,-		20 000,-	175 000,-		33 000,-
6500	Kosten der Betr.	82 000,-	Rechnungen					2 000,-		80 000,-
6700	Energie	8 000,-	=	3 000,-		5 000,-				
6800	Wirtschaftsko.	500,-	=	500,-						
6900	Verwaltungsko.	5 300,-	=		3 000,-		1 300,-	1 000,-	1 000,-	
7100	Geringw. Güter	2 050,-	=		100,-	200,-		500,-		250,-
7200	Instandhaltung	5 820,-	=	200,-		5 620,-				
7300	Abgaben, Steuern Versicherungen	4 010,-	=	180,-		3 710,-		120,-		
7400	Miete	6 960,-	=		1 248,-	720,-	1 248,-	1 248,-	1 560,-	936,-
7500	Zinsen	-	=							
7800	Kalk. Abschreib.	16 500,-	Abschr.-Kart.		1 000,-	10 500,-	500,-	1 500,-	3 000,-	
	Summe 6000-7800	382 140,-		6 880,-	25 348,-	25 750,-	23 048,-	181 368,-	5 560,-	114 186,-
	Umlage Betrieb		m2					1 376,-	1 720,-	1 032,-
	Umlage Verwaltg.		Arbeitszeit		1 376,-	1 336,-		13 362,-	1 336,-	10 690,-
	Umlage Fuhrpark		gefahrene km					16 369,-	295,-	10 422,-
	Umlage Einsatzl.		Arbeitszeit					12 212,-	2 442,-	9 770,-
	Kosten pro Hauptkostenstelle							224 687,-	11 353,-	146 100,-
	Leistungseinheit			m2	Arb.std.	km	Arb.std.	Hausbesuch		Essen
	Leistungsmenge			80	870	46 000	870	13 400		20 000
	Kosten/Leistung			86,- DM	30,72 DM	0,59 DM	28,07 DM	16,76 DM		7,31 DM

Beispiel 2:

Annahme: Sozialstation, deren Träger Raumkosten (Miete, Heizung, Möbel) und Verwaltung (Personal, Telefon, gesamtes Büromaterial usw.) aus Eigenmitteln finanziert, die sonstigen Kosten (einschl. Abschreibung von Kraftfahrzeugen, Geräten und Hilfsmitteln für die Pflege) mit Zuschüssen und Leistungsentgelten für bestimmte Leistungsstellen decken muß.
Die Kostenstellen entsprechen denen in Beispiel 1.

In diesem Beispiel sind die Kosten der Vorkostenstellen Betrieb und Verwaltung nicht auf die Hauptkostenstellen umzulegen, da diese Kosten nicht in die Berechnung der Leistungsentgelte einbezogen werden müssen. Dadurch reduziert sich die zur Kostendeckung erforderliche Gebührenhöhe für den Hausbesuch auf 15,24 DM und für ein Essen auf 6,54 DM. Die in Kostenstelle VI und VII ausgewiesenen Defizite können hier durch die für Kostenstelle I und II bereitgestellten, aber nicht ganz verbrauchten Eigenmittel gedeckt werden.

Betriebsabrechnungsbogen Beispiel 2

Ko.art.Nr.	Kostenstellen / Kostenarten	Gesamtkosten DM	Verteilungsgrundlage	Hilfskostenstellen I	II	III	IV	Hauptkostenstellen V	VI	VII
1	2	3	4	5	6	7	8	9	10	11
6000	Personalkosten	251 000,-	Gehaltsabr.	3 000,-	20 000,-		20 000,-	175 000,-		33 000,-
6500	Kosten der Betr.	82 000,-	Rechnungen					2 000,-		80 000,-
6700	Energie	8 000,-	"	3 000,-		5 000,-				
6800	Wirtschaftsko.	500,-	"	500,-						
6900	Verwaltungsko.	5 300,-	"		5 300,-			500,-	1 000,-	250,-
7100	Geringw. Güter	2 050,-	"		100,-	200,-				
7200	Instandhaltung	5 820,-	"	200,-		5 620,-				
7300	Abgaben, Steuern Versicherungen	4 010,-	"	180,-		3 710,-		120,-		
7400	Miete	6 960,-	"	6 960,-						
7500	Zinsen	-								
7800	Kalk. Abschreib.	16 500,-	Abschr.-Kart.	1 500,-		10 500,-		1 500,-	3 000,-	
	Summe 6000-7800	382 140,-		15 340,-	25 400,-	25 030,-	20 000,-	179 120,-	4 000,-	113 250,-
	Umlage Fuhrpark		gefahrene km			km 46 000 0,54 DM		15 127,-	272,-	9 631,-
	Umlage Einsatzl.		Arbeitszeit			-	Arb.std. 870 23,- DM	10 000,-	2 000,-	8 000,-
	Kosten pro Hauptkostenstelle							204 247,-	6 272,-	130 881,-
	Leistungseinheit Leistungsmenge Kosten/Leistung							Hausbesuch 13 400 15,24 DM		Essen 20 000 6,54 DM
	Erreichte Kostendeckung:									
	Eigenmittel	44 000,-		16 000,-	28 000,-			60 000,-		9 500,-
	Zuschüsse	69 500,-						247,-	500,-	2 393,-
	Spenden	3 140,-							4 000,-	117 500,-
	Leistungsentgelte	265 500,-						144 000,-		
	Summe	382 140,-		16 000,- +660,-	28 000,- +2 600,-			204 247,- -	4 500,- -1 772,-	129 393,- -1 488,-
	Über-/Unterdeckung	-								

4.3. Zur Auswertung des Betriebsabrechnungsbogens

Nach der Kostenstellenumlage sind die Selbstkosten der einzelnen Hauptkostenstellen ausgewiesen. In den Betriebsabrechnungsbogen können zusätzlich zu den Kosten die Arbeitszeitkapazität sowie die in den einzelnen Kostenstellen effektiv geleistete Arbeitszeit aufgenommen werden. Die Daten sind aus Formular IV.1.2.3. und aus Formular IV.1.3.3. zu entnehmen. Die Angabe des Leistungsangebotes und seiner Inanspruchnahme, sowie die Zahl der Nutzer ergeben eine zusammenfassende Übersicht über die Daten, die wesentliche Grundlage für Wirtschaftlichkeitsüberlegungen darstellen und die als Grundlagen für die Nachkalkulation bzw. für Planungen benötigt werden. Hierzu sind die Formulare III.3.2. bis III.5.2.2. heranzuziehen.

4.3.1. Hinweise für Wirtschaftlichkeitsüberlegungen

Mit dem Betriebsabrechungsbogen wird für die Einrichtung Kostentransparenz auch in einzelnen Betriebsbereichen (Kostenstellen) erreicht. Die Daten der einzelnen Betriebsbereiche können nun speziell untersucht werden. Erfolgsaussagen sind möglich, wenn die IST-Kosten der erstellten Leistungen mit den Zielvorgaben verglichen werden.

4.3.2. Hinweise für Gebührenkalkulationen (vgl. Teil A, Kapitel V.3.4.)

Die Kosten pro Kostenträger sind aus dem Betriebsabrechnungsbogen durch eine einfache Divisionsrechnung oder evtl. eine Divisionsrechnung mit Äquivalenzziffern zu ermitteln. Dies ist möglich, weil die Kostenstellen in dieser Kostenrechnung so angeordnet sind, daß sie mit den Kostenträgern zusammenfallen.

Bevor eine Gebührenkalkulation für die Leistungsarten durchgeführt wird, muß geprüft werden, ob nicht vorher von der ermittelten Kostensumme bestimmte Beträge abzuziehen sind. Dies sind z.B. Zuschüsse für diese spezielle Leistungsart, die gewährt werden, um die Gebührenhöhe in sozial vertretbarem Maß zu halten. Bei Nachkalkulationen werden hierbei die auf die jeweiligen Leistungs-/Kostenstellen entfallenden Zuschüsse abgezogen, wie sie nach Formular IV.3.5.2. und nach Punkt V.1.3. (Verteilung der Einnahmen/Erträge mit Hilfe eines Kostenartensammelblattes) ermittelt sind. Es ist zu beachten, daß hier keine sonstigen Einnahmen/Erträge (z.B. Leistungsentgelte) abgezogen werden dürfen. Lediglich Einnahmen, die speziell zur Kostenreduzierung fest zur Verfügung stehen, sind vor der Kalkulation abzuziehen. Eine weitere Möglichkeit der Gebührensenkung für einzelne Bereiche ist durch die Verrechnung einer eventuellen (und weiterhin zu erwartenden) Überdeckung einer anderen Leistungs-/Kostenstelle gegeben. Bei Vorkalkulationen ist darauf zu achten, daß ebenfalls nur Beträge abgezogen werden können, die der Einrichtung mit Sicherheit zur Gebührensenkung zur Verfügung stehen.

Eine einfache Divisionsrechnung wird zum Beispiel bei der Ermittlung von Kostensätzen pro Hausbesuch oder pro tatsächlich erbrachter Pflegestunde durchgeführt. Dabei werden die Kosten der jeweiligen Kostenstelle durch die Anzahl der Hausbesuche bzw. der Pflegestunden dividiert, die in dieser Kostenstelle durchgeführt wurden.

Eine Äquivalenzziffernrechnung könnte bei der Ermittlung von Gebührensätzen für verleihbare Hilfsmittel angewendet werden. Hier können zum Beispiel die unterschiedlich teuren Hilfsmittel entsprechend ihres Anschaffungspreises mit Wertigkeitsziffern (z.B. Badewannensitz = 1, Gehwagen = 2, Lifter = 4, Krankenbett = 5) gewichtet werden; man erhält gleichwertige Rechnungseinheiten.

Beispiel:

Verleih dieser Geräte in Wochen:

	Wochen	x	Äquivalenz-ziffer	=	Rechnungs-einheit (RE)
Badewannensitz	30	x	1	=	30
Gehwagen	36	x	2	=	72
Lifter	52	x	4	=	208
Krankenbett	50	x	5	=	250
					560

Kosten der Kostenstelle z.B. 520,- DM : 560 RE = 0,93 DM/RE

Daraus können folgende Werte als Grundlage für Gebühren ermittelt werden:

Badewannensitz	pro Woche	(0,93 DM)	1,-- DM
	pro Monat		4,-- DM
Gehwagen	pro Woche	(1,86 DM)	1,90 DM
	pro Monat		7,60 DM
Lifter	pro Woche	(3,72 DM)	3,75 DM
	pro Monat		15.-- DM
Krankenbett	pro Woche	(4,65 DM)	4,65 DM
	pro Monat		18,60 DM

Eine Äquivalenzziffernrechnung ist auch bei der ambulanten Kranken- und Altenpflege möglich, wird aber m.e. dem Gedanken der ganzheitlichen Pflege im ambulanten Bereich mit dem Schwerpunkt Altenpflege nicht gerecht. Zeitvorgaben, die als Kriterium zur Bildung von Äquivalenzziffern bei verschiedenen Leistungen herangezogen werden können, sind als problematisch zu beurteilen.

Für die Kosten der Leistungserstellung kommen folgende Kostenträger und Leistungseinheiten in Betracht:

- bei Leistungen, die schwerpunktmäßig in der Häuslichkeit der Nutzer erbracht werden,
  - der Hausbesuch   (DM/Hausbesuch)
  - die Pflegestunde   (DM/Pflegestunde)
  - der Einsatztag   (DM/Einsatztag)
  - die Einsatzstunde   (DM/Einsatzstunde)
  - die Einzelleistung   (z.B. das Essen, die Fußpflege, die Massage)
  - das ausgeliehene Hilfsmittel usw. (DM/Leistung).

- bei Leistungen, die schwerpunktmäßig in den Räumen der Einrichtung erbracht werden,
  - die einzelne Veranstaltung   DM/Veranstaltung
  - ein Kurs   DM/Kurs
  - der Nutzer pro Veranstaltung/Kurs   DM/Nutzer einer Veranstaltung/eines Kurses
  - der Nutzer pro Leistungsstelle   DM/Nutzer einer Leistungsstelle
  - der Öffnungstag   DM/Öffnungstag

4.3.3. Zur Feststellung der erreichten Kostendeckung (vgl. Teil A, S. 167 f.)

Mit Hilfe des Betriebsabrechnungsbogens und der Zusammensetzung der Einnahmen/Erträge (siehe P.V.1.3. und F.IV.3.5.2.) kann der Grad der Kostendeckung insgesamt wie auch in den einzelnen Betriebsbereichen festgestellt werden. Letzteres erfordert die Zuordnung der Einnahmen/Erträge zu der Leistungs-/Kostenstelle, durch deren Leistung sie erzielt werden (siehe P.V.1.3). Dies ist auch im Betriebsabrechnungsbogen Seite V/17 (Beispiel 2) aufgezeigt.
Beim Vergleich der entstandenen Kosten mit den jeweiligen Einnahmen/Erträgen ist nun der Grad der Kostendeckung zu errechnen und im Vergleich mit der Zielvorgabe zu bewerten.

- V/23 -

5. Zusammenfassung/Auswertung Kapitel V: Bereich der Kostendaten

| Kennzahlen und Beschreibungen | zu ermitteln aus Formular (F)/Punkt (P): |

5.1 Kostenartenplan   F.V.1.2.

5.2 Kostenartensummen und prozentuale Verteilung

Kostenartengruppe:

Personalkosten	...... DM	...... %	F.V.2.1.1.
Kosten der Betreuung	...... DM	...... %	F.V.1.3. Zusammenfassung
Energie usw.	...... DM	...... %	vgl. P.V.4.1.
Wirtschaftskosten	...... DM	...... %	
Verwaltungskosten	...... DM	...... %	
Geringwertige Güter	...... DM	...... %	
Instandhaltung/ Ersatzbeschaffung	...... DM	...... %	
Abgaben, Steuern, Vers.	...... DM	...... %	
Miete, Pacht	...... DM	...... %	
Kalk. Abschreibungen	...... DM	...... %	
Kalk. Zinsen	...... DM	...... %	
Kalk. Löhne	...... DM	...... %	
insgesamt	...... DM	100 %	

(Diese Aufschlüsselung kann auch für jede Kostenstelle vorgenommen werden).

5.3 Kostenstellensummen
(vor und nach Umlage sowie prozentuale Verteilung)

Kostenstelle	vor Umlage DM	%	nach Umlage DM	%	
I:	.......DM	....%	.......DM	....%	F.V.4.1.
II:	...... DM	....%	.......DM	....%	
III:	...... DM	....%	.......DM	....%	

IV:.............. ...... DM ....% ....DM ....%

V:............... ...... DM ....% ....DM ....%

VI:.............. ...... DM ....% ....DM ....%

VII:............. ...... DM ....% ....DM ....%

VIII:............ ...... DM ....% ....DM ....%

IX:.............. ...... DM ....% ....DM ....%

X:............... ...... DM ....% ....DM ....%

XI:.............. ...... DM ....% ....DM ....%

XII:............. ...... DM ....% ....DM ....%

insg:............ ...... DM 100 % ....DM 100 %

5.4. Kosten pro Leistung (vor oder nach Kostenstellenumlage)

Kostenstelle   DM   : Zahl der   =   DM
                                Leistungen

I:...............   ...... :   ......   = ... DM
                                                        F.V.4.1.
II:..............   ...... :   ......   = ... DM
                                                        F.III.3.2.
III:.............   ...... :   ......   = ... DM
                                                        F.III.4.5.
IV:..............   ...... :   ......   = ... DM
                                                        F.III.5.2.1.
V:...............   ...... :   ......   = ... DM
                                                        F.III.5.2.2.
VI:..............   ...... :   ......   = ... DM
                                                        F.III.
VII:.............   ...... :   ......   = ... DM   6.3.3.c.

VIII:............   ...... :   ......   = ... DM
                                                        P.III.7.5.
IX:..............   ...... :   ......   = ... DM
                                                        P.III.7.7.3.
X:...............   ...... :   ......   = ... DM

XI:..............   ...... :   ......   = ... DM

XII:.............   ...... :   ......   = ... DM

insg.:...........   ......

5.5. Kosten pro Arbeitsstunde (insg./pro Kostenstelle)

Kostenstelle	DM	:	Arbeits-zeit/Std.	
I:...................	....	:	....	F.V.4.1.
II:...................	....	:	....	F.IV.1.3.3.
III:...................	....	:	....	
IV:...................	....	:	....	
V:...................	....	:	....	
VI:...................	....	:	....	
VII:...................	....	:	....	
VIII:...................	....	:	....	
IX:...................	....	:	....	
X:...................	....	:	....	
XI:...................	....	:	....	
XII:...................	....	:	....	

5.6. Grad der erreichten Kosten- F.V.4.1.
deckung insgesamt oder pro F.V.1.3.
Kostenstelle (Einnahmen/
 Erträge)
$$\frac{\text{Einnahmen/Erträge in DM} \times 100}{\text{Kosten}} = \text{....... \%}$$ P.V.1.3.

Kostenstelle

I:................... $\frac{\text{DM} \times 100}{\text{DM}} = ...\%$

II:................... $\frac{\text{DM} \times 100}{\text{DM}} = ...\%$

III:................... $\frac{\text{DM} \times 100}{\text{DM}} = ...\%$

IV:................... $\frac{\text{DM} \times 100}{\text{DM}} = ...\%$

V:.................... $\dfrac{\text{DM} \times 100}{\text{DM}}$ = ...%

VI:................... $\dfrac{\text{DM} \times 100}{\text{DM}}$ = ...%

VII:.................. $\dfrac{\text{DM} \times 100}{\text{DM}}$ = ...%

VIII:................. $\dfrac{\text{DM} \times 100}{\text{DM}}$ = ...%

IX:................... $\dfrac{\text{DM} \times 100}{\text{DM}}$ = ...%

X:.................... $\dfrac{\text{DM} \times 100}{\text{DM}}$ = ...%

XI:................... $\dfrac{\text{DM} \times 100}{\text{DM}}$ = ...%

XII:.................. $\dfrac{\text{DM} \times 100}{\text{DM}}$ = ...%

insgesamt: $\dfrac{\text{DM} \times 100}{\text{DM}}$ = ...%

Formular V.1.2. Kostenartenplan

6000 - 6400	Personalkosten	7300	Abgaben, Steuern, Versicherungen
6500 - 6600	Kosten der Betreuung	7400	Miete, Pacht
6700	Energie, Treibstoffe	7500	Zinsen
6800	Wirtschaftskosten	7600	Abschreibungen
6900	Verwaltungskosten	7700	Sonstige Kosten
7100	Geringwertige Güter	7800	Kalkulatorische Kosten
7200	Instandhaltung, Ersatzbeschaffung		

Formular V.1.3. Kostenartensammelblatt

Jahr: Blatt Nr.:

Da-tum	Kostenart		DM insgesamt	DM fix	DM var.	Vert. grundl.	DM pro Kostenstelle											
	Nr.	Text					I	II	III	IV	V	VI	VII	VIII	IX	X	XI	XII
1	2	3	4	5	6	7	8	9	10	11	12	13	14	15	16	17	18	19

- V/29 -

Formular V.1.4. Verteilung einer Kostenart auf Kostenstellen

Kostenart:

Nr. :   Jahr: Blatt Nr.:

| Kostenstelle | | Verteilungs- | Schlüssel- | DM pro | DM pro |
Nr.	Bezeichnung	grundlage	einheiten/ Kosten- stelle	Schlüssel- einheit	Kostenstelle Sp. 4 x Sp. 5
1	2	3	4	5	6

Formular V.2.1.1. Erfassen der Personalkosten

Jahr: Blatt Nr.:

lfd. Nr.	Mitarbeiter/ Qualifikation	Daten-quelle	Gestellungs-gelder Lohn/Gehalt incl.Sozial-abg.u.Arbeit-geberanteile	Beiträge zur Be-rufsge-nossen-schaft	Bei-hilfen	Zuschüsse (Kleider-geld etc.)	Fort- u. Weiter-bildung	Pauschalen für frei-willige Mitarbeiter Honorare	Son-stiges	evtl. Abzüge	Summe insgesamt Spalte 4-10 abzgl. Spalte 11
1	2	3	4	5	6	7	8	9	10	11	12

Formular V.2.1.2. Verteilen der Personalkosten auf die Kostenstellen

Jahr: Blatt Nr.:

lfd. Nr.	Mitarbeiter/ Qualifikation	Summe in DM	Kosten- stelle	Arbeits- zeit- anteil	DM/Kostenstelle und Jahr											
					I	II	III	IV	V	VI	VII	VIII	IX	X	XI	XII
1	2	3	4	5	6	7	8	9	10	11	12	13	14	15	16	17

Formular V.3.1.1.a. Abschreibung von Gebäuden und technischen Anlagen (Anschaffungswert)

Raum: Kostenstelle: Jahr: Blatt Nr.:

lfd. Nr.	Bezeichnung	Bau/ Umbau- jahr	Anschaffungs- wert in DM	Nut- zungs- dauer in Jahren	Abschreibung in DM		Nut- zungs- dauer in Jahren	bisherige Abschrei- bung DM Sp.8 × Sp.6	Wert in DM am		Instandhaltung	
					pro Jahr Sp.4 : Sp.5	im Erhe- bungs- jahr			1.1. ... Sp.4 abzgl. Sp.9	31.12. ... Sp.10 abzgl. Sp.7	%	in DM Sp.12 von Sp.4
1	2	3	4	5	6	7	8	9	10	11	12	13

Formular V.3.1.1.b. Abschreibung der Ausstattung (Anschaffungswert)

Raum: Kostenstelle: Jahr: Blatt Nr.:

| lfd. Nr. | Bezeichnung | Anschaffungs- | | Nut- zungs- dauer in Jahren | Abschreibung in DM | | Nut- zungs- dauer in Jahren | bisherige | Wert in DM | | Instandhaltung | |
		datum	wert in DM		pro Jahr Sp.4 : Sp.5	im Erhe- bungs- jahr		Abschrei- bung DM Sp.8 × Sp.6	1.1. ... Sp.4 abzgl. Sp.9	31.12. ... Sp.10 abzgl. Sp.7	%	in DM Sp. 12 von Sp.4
1	2	3	4	5	6	7	8	9	10	11	12	13

Formular V.3.1.2.a. Abschreibung von Gebäuden und technischen Anlagen (Zeitwert)

Raum:　　　　　Kostenstelle:　　　　　　　　　　　　　　Jahr:　　　　　Blatt Nr.:

lfd. Nr.	Bezeichnung	Bau/ Umbau-jahr	Anschaf-fungswert in DM	Nut-zungs-dauer/ Jahre	bisherige		Wert am	Um-rech-nungs-faktor	Zeitwert (Rest-wert) Sp.8 x Sp.9	Rest-nut-zungs-dauer/ Jahre	Abschreibung in DM		Wert am .... Sp.10 abzügl. Sp.13	Instandhaltg.	
					Nut-zungs-dauer/ Jahre	Abschr. DM					pro Jahr Sp.10 : Sp.11	im Erhe-bungs-jahr		%	in DM Sp.15 von Sp.4
1	2	3	4	5	6	7	8	9	10	11	12	13	14	15	16

Formular V.3.1.2.b. Abschreibung der Ausstattung (Zeitwert)

Raum: Kostenstelle: Jahr: Blatt Nr.:

lfd. Nr.	Bezeichnung	Anschaffungs-datum	Anschaffungs-wert in DM	Nut-zungs-dauer/Jahre	bisherige Nut-zungs-dauer/Jahre	bisherige Abschr. DM	Wert am	Umrech-nungs-faktor	Zeitwert (Rest-wert) Sp.8 x Sp.9	Rest-nut-zungs-dauer-Jahre	Abschreibung in DM pro Jahr Sp. 10: Sp. 11	Abschreibung in DM im Erhe-bungs-jahr	Wert am ..... Sp.10 abzügl. Sp.13	Instandhaltg. %	Instandhaltg. in DM Sp.15 von Sp.4
1	2	3	4	5	6	7	8	9	10	11	12	13	14	15	16

Formular V.3.2. Ermitteln des kalkulatorischen Zinses

Jahr:

I Anlagevermögen

    1. Nicht abnutzbares Anlagevermögen zu Anschaffungswerten   _____ DM

        abzügl.evtl. Zuschüsse (bei Gebührenberechnungen)   -_____ DM
        = _____ DM   = _____ DM

    2. Abnutzbares Anlagevermögen zu Anschaffungswerten   _____ DM

        abzügl.evtl. Zuschüsse (bei Gebührenberechnungen)   -_____ DM
        = _____ DM : 2
        = _____ DM   + _____ DM

        = _____ DM

II. Umlaufvermögen zu Durchschnittswerten   + _____ DM

    Betriebsnotwendiges Vermögen   = _____ DM

    Abzugskapital   - _____ DM

    Betriebsnotwendiges Kapital   = _____ DM
    ================

Betriebsnotwendiges Kapital x Zinssatz   = Kalkulatorische Zinsen

_____ x _____ %   = _____ DM
    ================

Formular V.4.1. Betriebsabrechnungsbogen

Jahr:

Ko. art. Nr.	Kosten- stellen / Kosten- arten	Gesamtkosten DM	Vertei- lungs- grund- lage	Kosten- stelle I	Kosten- stelle II	Kosten- stelle III	Kosten- stelle IV	Kosten- stelle V	Kosten- stelle VI	Kosten- stelle VII	Kosten- stelle VIII	Kosten- stelle IX	Kosten- stelle X	Kosten- stelle XI	Kosten- stelle XII
1	2	3	4	5	6	7	8	9	10	11	12	13	14	15	16

Formular V.4.2. Kostenstellenumlage

Jahr: Blatt Nr.:

Kostenstelle: zu verteilender Wert:
Nr:

Kostenstelle Nr.	Bezeichnung	Verteilungsgrundlage	Schlüsseleinheiten/ Kostenstelle	DM pro Schlüsseleinheit	Umlage pro Kostenstelle in DM Sp. 4 x Sp. 5
1	2	3	4	5	6
zu verteilender Wert insgesamt:					

VI. AUFGABENFESTSTELLUNG UND ANALYSE DER AUFGABENVERTEILUNG/ FUNKTIONENDIAGRAMME

Durch die unterschiedlichen Schwerpunkte im Leistungsangebot der Einrichtungen ergeben sich auch unterschiedliche Aufgaben für die Mitarbeiter. Deshalb wurden für eine Aufgabenanalyse die wichtigsten Aufgaben zusammengestellt für

1. Sozialstationen und Zentralen für ambulante Dienste, die ihre Leistungen schwerpunktmäßig außerhalb der Räumlichkeiten der Einrichtung anbieten.

2. Altentagesstätten, die ihre Leistungen schwerpunktmäßig innerhalb der Räumlichkeiten der Einrichtung anbieten.

3. Dienstleistungszentren mit beiden Schwerpunkten; beide Aufgabenverteilungen sind anwendbar - doppelt genannte Aufgaben sind nur einmal zu berücksichtigen. Die Aufgabenverteilungen sind deshalb vorher auf die Einrichtung abzustimmen.

Mit diesem Instrument können bestehende Aufgaben- und Funktionsverteilungen dargestellt und bewußt gemacht werden. Eine Überprüfung der bestehenden Regelungen und eventuell notwendige Änderungen können daraufhin vorgenommen werden. Außerdem bietet dieses Hilfsmittel die Grundlage für Stellenbeschreibungen, organisatorische Veränderungen und Planungen.

* Formular VI.1. **Aufgabenverteilung/Funktionendiagramm für Sozialstationen**

* Formular VI.2. **Aufgabenverteilung/Funktionendiagramm für Altentages- und Altenbegegnungsstätten**

Bearbeitungs-
hinweis: In Spalte 1 sind die übergeordneten Aufgabenbereiche eingetragen, denen die einzelnen Aufgaben zugeordnet werden können. Diese Aufgabenbereiche sind lediglich als Beispiele für mögliche Zuordnungen zu werten; sie können je nach Organisationsform einer Einrichtung anders benannt oder differenzierter ausgearbeitet werden.

Als "Zentrale Aufgaben" sind zu Beginn die in den Hauptleistungs-/Hauptkostenstellen anfallenden Aufgaben angesprochen. Die Spalte 3 ist deshalb für alle Leistungsbereiche analog zum betriebsspezifischen Leistungs-/Kostenstellenplan (F.II.11.) zu ergänzen. In den Zeilen 1-6 sind die in der Einrichtung vorhandenen Hauptleistungsstellen einzutragen. In die Spalten 4-16 des Tabellenkopfes sind die Aufgabenträger (Stellen) einzutragen, die Aufgaben in diesen Leistungsstellen ausführen. Werden gleiche Leistungen von verschiedenen Personen ausgeführt (z.B. Krankenpflege durch Krankenschwestern), so können diese auch in einer Gruppe zusammengefaßt werden.

Im Anschluß an die Zentralen Aufgaben werden dann die Aufgaben der vor- und nachgeordneten Leistungsbereiche abgefragt. In den Spalten 4-16 des Tabellenkopfes sind evtl. weitere vorkommende Aufgabenträger (Stellen) aufzuführen. Das können auch Gruppen oder Gremien sein, z.B. eine Arbeitsgruppe des Trägers, die die Leistungsangebote festlegt.

Daran anschließend sind den Aufgabenträgern (Stellen) die Aufgaben und die jeweiligen Funktionen zuzuordnen. Dabei können einer Stelle pro Aufgabe mehrere Funktionen zugeordnet werden.

Die Funktionen sind wie folgt zu kennzeichnen:

P = Planung

E = Entscheidung

EM = Mitspracherecht

A = Anordnung

D = Durchführung

DB = Beteiligung an Durchführung

K = Kontrolle

Formular VI.1. Aufgabenverteilung/Funktionendiagramm für Sozialstationen − VI/3 −

Bereich	lfd. Nr.	Aufgaben	Aufgabenträger		4	5	6	7	8	9	10	11	12	13	14	15	16
1	2	3			4	5	6	7	8	9	10	11	12	13	14	15	16
Zentrale Aufgaben	1	LEISTUNGSBEREICH: Ambulante Pflege, Gesundheit, Rehabilitation	HAUPTLEISTUNGSSTELLE:															
	2	LEISTUNGSBEREICH: persönliche Hilfe, Beratung	HAUPTLEISTUNGSSTELLE:															
	3	LEISTUNGSBEREICH: Hilfe zur Selbsthilfe	HAUPTLEISTUNGSSTELLE:															
	4	LEISTUNGSBEREICH: häusliche Hilfen, Hauswirtschaft	HAUPTLEISTUNGSSTELLE:															
	5	LEISTUNGSBEREICH: Ernährung, Beköstigung	HAUPTLEISTUNGSSTELLE:															
	6	LEISTUNGSBEREICH: Kommunikation, Freizeit, Information	HAUPTLEISTUNGSSTELLE:															
Aufgaben der Gesamtleitung	1	Festlegen des Leistungsangebots Aufstellen von Richtlinien für die Arbeit der Einrichtung																
	2	Aufstellen des Haushaltsplanes Aufstellen des Stellenplanes/Personalplanung																
	3	Einstellen von Mitarbeitern																
	4	Kontrolle der Gesamteinrichtung																
	5	Zuteilen der Aufgaben Kompetenzen und Verantwortung																
	6	Abgrenzen und Festlegen der Zuständigkeit von Fachpersonal und Helfern (hauptamtliche und freiwillige Mitarbeiter)																
	7	Durchführen der Dienstaufsicht																
	8	Verhandlungen mit Trägern und kommunalen Dienststellen und Kostenträgern																
	9	Mitarbeit und Teilnahme in Ausschüssen und Gremien																
	10	Öffentlichkeitsarbeit																
Allgemeine Aufgaben	1	Zusammenarbeit mit anderen Berufsgruppen und Einrichtungen: − Trägern − Seelsorgern/Vertretern der Kirchengemeinden − Sozialarbeitern − Ärzten − Pflegekräften − Helfergruppen − Beratungsstellen − Nachbarschaftshilfen − Behörden: Sozialamt, Gesundheitsamt − Krankenhäuser − Altenheimen/Altenbegegnungsstätten − Ausbildungsstätten																

rtsetzung Seite VI/4

Formular VI.1. Aufgabenverteilung/Funktionendiagramm für Sozialstationen   - VI/4 -

Bereiche	lfd. Nr.	Aufgaben / Aufgabenträger	4	5	6	7	8	9	10	11	12	13	14	15	16
1	2	3													
	2	Entgegennahme von Hilfeersuchen													
	3	Erstbesuche													
Allgemeine Aufgaben	4	Vermitteln zwischen Ratsuchenden und - Seelsorgern - Sozialarbeitern - Ärzten - Sozialamt - Gesundheitsamt - speziellen Pflegehilfen - Nachbarschaftshilfen - Selbsthilfegruppen - Familie - Nachbarschaft - Altentagesstätte - Alten- und Pflegeheim - Rehabilitationseinrichtungen													
	5	Besuche in Notfällen													
	6	Erledigen der Aufnahmeformalitäten für die Nutzer der Einrichtung													
	7	Erstellen von Pflegeplänen													
	8	Leistungsdokumentation - Leistungsarten beim Nutzer in der Einrichtung - Stundenzettel - Fahrtenbücher - Statistiken über Leistungen Nutzer													
	9	Anleiten von Angehörigen													
	10	Durchführen von Kursen													
	11	Gewinnen/Aktivieren freiwilliger Mitarbeiter													
	12	Aufbau bzw. Hilfe beim Aufbau von - familiären und nachbarschaftlichen Kontakten - Nachbarschaftshilfen - sonstigen Helfergruppen													
	13	Einkaufen von Pflegehilfsmitteln, Medikamenten und Geräten Verwalten dieser Sachmittel Rechnungskontrolle dieser Sachmittel													
	14	Reinigen und Sterilisieren von Instrumenten und Geräten													
Aufgaben der Einsatzleitung	1	Erstellen der Dienstpläne - Festlegen der Dienstzeiten - Einsatzkoordination - Bereitschaftsdienst - Urlaubs-/Krankheitsvertretung													
	2	Ansetzen und Durchführen von Mitarbeiterbesprechungen - Beraten und Unterstützen von Mitarbeitern - Hilfe beim Erstellen von Pflegeplänen - Informationsaustausch													
	3	Einführen neuer Mitarbeiter													
	4	Durchführen der Fachaufsicht													
	5	Aus- und Fortbilden der Mitarbeiter - Vorstellen neuer Pflegetechniken - Anleiten, fachliche Begleitung von Praktikanten, ZDL's, freiwilligen Mitarbeitern - eigene Kurse - Entsenden zu Fortbildungskursen													

Fortsetzung Seite VI/5

Formular VI.1. Aufgabenverteilung/Funktionendiagramm für Sozialstationen   - VI/5 -

Bereiche	lfd. Nr.	Aufgaben / Aufgabenträger	4	5	6	7	8	9	10	11	12	13	14	15	16
1	2	3	4	5	6	7	8	9	10	11	12	13	14	15	16
Aufgaben der Verwaltung	1	Telefondienst													
	2	Erledigen des Schriftwechsels und der Schreibarbeiten													
	3	Ablage- und Registraturarbeiten/Archivierung													
	4	Anlegen und Verwalten Inventarlisten und Anlagenkartei													
	5	Erstellen der Abrechnungen mit Mitarbeitern - Lohn und Gehalt - Telefon - Fahrtkosten - Zivildienst - Nachbarschaftshilfe - Sonstige Dienste													
	6	Ausstellen der Rechnungen zur Abrechnung mit - Selbstzahlern - Krankenkassen - sonstigen Kostenträgern													
	7	Verwalten von Spenden													
	8	Führen der Bücher Vewalten der Belege Erstellen der Monatsabschlüsse Erstellen des Jahresabschlusses													
hauswirtsch. Aufgaben	1	Reinigen und Warten von - Gebäude(n), Räumen - haustechnischen Anlagen (Heizung) - Außenanlagen													
	2	Beseitigen des Abfalls													
	3	Instandhalten von - Gebäuden - Ausstattung - Geräten													

Formular VI.2. Aufgabenverteilung/Funktionendiagramm für Altentagesstätten — VI/6 —

Bereiche	lfd. Nr.	Aufgaben / Aufgabenträger		4	5	6	7	8	9	10	11	12	13	14	15	16
1	2	3														
Zentrale Aufgaben	1	LEISTUNGSBEREICH: Ambulante Pflege, Gesundheit, Rehabilitation	HAUPTLEISTUNGSSTELLE:													
	2	LEISTUNGSBEREICH: persönliche Hilfe, Beratung	HAUPTLEISTUNGSSTELLE:													
	3	LEISTUNGSBEREICH: Hilfe zur Selbsthilfe	HAUPTLEISTUNGSSTELLE:													
	4	LEISTUNGSBEREICH: häusliche Hilfen, Hauswirtschaft	HAUPTLEISTUNGSSTELLE:													
	5	LEISTUNGSBEREICH: Ernährung, Beköstigung	HAUPTLEISTUNGSSTELLE:													
	6	LEISTUNGSBEREICH: Kommunikation, Freizeit, Information	HAUPTLEISTUNGSSTELLE:													
Aufgaben der Gesamtleitung	1	Festlegen des Leistungsangebots Aufstellen von Richtlinien für die Arbeit der Einrichtung														
	2	Aufstellen des Haushaltsplanes Aufstellen des Stellenplanes/Personalplanung															
	3	Einstellen von Mitarbeitern															
	4	Kontrolle der Gesamteinrichtung															
	5	Zuteilen der Aufgaben Kompetenzen und Verantwortung															
	6	Abgrenzen und Festlegen der Zuständigkeit von Fachpersonal und Helfern (hauptamtliche und freiwillige Mitarbeiter)															
	7	Durchführen der Dienstaufsicht															
	8	Verhandlungen mit Trägern und kommunalen Dienststellen und Kostenträgern															
	9	Mitarbeit und Teilnahme in Ausschüssen und Gremien															
	10	Öffentlichkeitsarbeit															
Allgemeine Aufgaben	1	Festlegen von Programminhalten															
	2	Belegen von Räumen															
	3	Verwalten von Geräten															
	4	Bereitstellen und Bedienen von Geräten (z.B. Projektoren)															
	5	Einkaufen und Verwalten von Materialien															
	6	Bibliotheksführung															
	7	Betreuen von Besuchern															
	8	Leiten von Gruppen															
	9	Führen von Unterlagen und Statistiken über - Leistungen - Besucher															

Fortsetzung Seite VI/7

Formular VI.2. Aufgabenverteilung/Funktionendiagramm für Altentagesstätten - VI/7 -

Bereiche	lfd. Nr.	Aufgaben / Aufgabenträger	4	5	6	7	8	9	10	11	12	13	14	15	16
Allgemeine Aufgaben	10	Öffentlichkeitsarbeit, z.B. - Ausstellungen - Werbung - Sammlungen - Motivierung möglicher Besucher zur Teilnahme - Berichte													
	11	evtl. Vermitteln zwischen Ratsuchenden und - Ärzten - Seelsorgern - Sozialarbeitern - Sozialamt - Sozialstationen - Nachbarschaftshilfe - Alteneinrichtungen													
	12	Zusammenarbeit mit anderen Einrichtungen und Berufsgruppen: - Träger - Kirchengemeinden /Seelsorgern - Behörden: Sozialamt, Gesundheitsamt - Vereinen - kommunalen Einrichtungen - Einrichtungen der Altenhilfe - Institutionen der Erwachsenenbildung - gesundheitspflegerischen Dienstleistungsunternehmen (Masseur, Fußpfleger etc.) - Ärzten - Beratungsstellen - Ausbildungsstätten													
	13	Hilfe beim Aufbau von Seniorengemeinschaften (Interessengruppen)													
	14	Gewinnen freiwilliger Mitarbeiter													
Aufgaben beim Personaleinsatz	1	Koordination des Mitarbeitereinsatzes													
	2	Ansetzen und Durchführen von Mitarbeiterbesprechungen (auch Helfergruppen): - Information - Beratung und Unterstützung													
	3	Einführen von Mitarbeitern/Anleiten von Praktikanten													
	4	Durchführen der Fachaufsicht													
	5	Aus- und Fortbilden der Mitarbeiter - Interne Fortbildung - Entsenden zu Fortbildungskursen/-tagungen													
Aufgaben der Verwaltung	1	Telefondienst													
	2	Erledigen des Schriftwechsels und der Schreibarbeiten													
	3	Ablage- und Registraturarbeiten													
	4	Anlegen und Verwalten von Inventarlisten und Anlagenkartei													
	5	Erstellen von Abrechnungen mit Mitarbeitern - Lohn und Gehalt - Pauschalen - Auslagenersatz													
	6	Einziehen von Gebühren oder Erstattungen bei Nutzern													
	7	Verwalten von Spenden													
	8	Führen der Bücher													
	9	Verwalten der Belege													
	10	Erstellen der Monatsabschlüsse													
	11	Erstellen des Jahresabschlusses													

Fortsetzung Seite VI/8

Formular VI.2. Aufgabenverteilung/Funktionendiagramm für Altentagesstätten — VI/8 —

Bereiche	lfd. Nr.	Aufgaben / Aufgabenträger	4	5	6	7	8	9	10	11	12	13	14	15	16
1	2	3	4	5	6	7	8	9	10	11	12	13	14	15	16
Hauswirtsch. Aufgaben	1	Beköstigung/Mahlzeitenbereitung: - Mahlzeitenbereitung - Mahlzeitenverteilung (Bewirten/Abräumen) - Geschirr reinigen													
	2	Einkaufen und Verwalten von - Lebensmitteln und Getränken - Reinigungsmitteln													
	3	Abrechnen der Lebensmittel													
	4	Beseitigen des Abfalls													
	5	Reinigen und Warten von - Gebäude(n)/Räumen - haustechnischen Anlagen (Heizung) - Außenanlagen													
	6	Instandhalten von - Gebäude(n) - Ausstattung - Geräten													

VII. ANHANG

Abschreibungstabelle

Bezeichnung der Güter	Nutzungsdauer in Jahren	Bezeichnung der Güter	Nutzungsdauer in Jahren
1. Gebäude	50	9. Kücheneinrichtungen und -geräte	
2. Außenanlagen		Arbeitstische	10
		Schränke	20
Tore, Schranken	20	Herde und Öfen	15
Fahrradständer	10-20	Spülmaschinen	10
Müll- und Abfallbehälter	10	Bratautomaten	10
Wege, Rampen, Treppen	10	Kessel	10
Kfz-Stellplätze	50	Kippbratpfannen	5-10
		Wurst/Brotschneidemaschinen	8-10
3. Betriebstechnische und Heizungsanlagen		Wärmeschränke	10
		Kaffeemaschinen	10
		Rühr- und Schlagmaschinen	8
Elektroinstallationen	25-30	Kühl- und Gefriergeräte	10
Warmwasserinstallationen	30		
Abwasserinstallationen	25-30	10. Raumpflegegeräte	
Wasserenthärtungsanlagen	15		
Aufzüge	12-20	Staubsauger, Bohnergeräte	10
Heizungs- und Warmwasserversorgungsanlagen	25	Geräte zur Hofreinigung, Schneeräumer	10
Öfen	20-30		
Warmwasserspeicher	15	11. Einrichtung und Ausstattung der Wäscherei/Näherei	
4. Fernmeldeeinrichtungen/Schwachstromtechnik		Waschmaschinen, Schleuder- und Trockengeräte	10
Sämtliche Fernsprecheinrichtungen	10	Wäschebehälter und -wagen	10
Feuermelder	20	Bügelmaschinen, -eisen, -bretter	10
Blitzschutzanlagen	25	Nähmaschinen	10
Antennenanlagen	20		
Türklingeln, Türöffner; Sprechanlagen	15-20	12. Werkstatteinrichtungen und -maschinen	
5. Sanitäranlagen		Werktische, Hobelbänke, Werkzeugschränke	15
Sanitäranlagen	20-30	Drehmaschinen und -bänke	10
Badeanlagen	20-30	Sonstige Maschinen	10-15
		Schraubstöcke	10-15
6. Mobiliar/Sonstige Raumausstattung		13. Verleihbare Hilfsmittel und medizinische Geräte	
Tische, Schränke, Regale	15-20		
Sitz- und Liegemöbel	15-20		
Polstermöbel	10-15	Krankenbetten	15
Teppiche	10	Bettgalgen	15
Heimtextilien (Vorhänge)	8-10	Nachttische, Schränke	15
Rundfunk-, Fernseh-, und phonotechnische Geräte	10	Fahrstühle	10
		Gehböcke, -räder, -wagen	10
Klaviere	15	Krankenheber, Lifter	10
Lampen	10	Absauggeräte	8-10
Kleinheizgeräte	10	Blutdruckapparate	8
Sonstiges allgemeines Mobiliar	8-12	Badewannen-, Duschsitze	8
		Inhalationsgeräte	10
7. Büroeinrichtungen und -geräte		Matratzen	8
		Toilettenstühle	10
Anrufbeantworter	10	Sauerstoffgeräte, Feuchtzerstäuber	10
Schreibmaschinen	10	Steckbecken	8-10
Diktiergeräte	5	Personenwaagen	10
Karteigeräte, Registraturen	12	Sterilisiergeräte	10
Kopiergeräte	5-8		
Rechner	10	14. Fuhrpark	
Büromöbel	15-20		
		Alle Fahrzeuge (PKW, LKW, Mofas, Fahrräder)	5
8. Demonstrationsmittel			
Dias, Filme, Wandkarten	3-10		
Projektoren	10		
Informationstafeln,	12		
Projektionswände	10-15		